法商话语翻译及外语教学研究论文集

刘红艳　刘明宇◎主编

知识产权出版社
全国百佳图书出版单位

图书在版编目（CIP）数据

法商话语翻译及外语教学研究论文集 / 刘红艳，刘明宇主编．—北京：知识产权出版社，2017.10
ISBN 978-7-5130-5212-2

Ⅰ．①法… Ⅱ．①刘… ②刘… Ⅲ．①外语教学—教学研究—高等学校—文集②外语—翻译—教学研究—高等学校—文集 Ⅳ．① H09-53 ② H059-53

中国版本图书馆 CIP 数据核字（2017）第 255875 号

内容提要

本书内容是高等教育外语教学与翻译研究成果的汇集。研究内容和方向包括法商话语，中外文化、语言的差异与特点，文学名篇、修辞的鉴赏与分析，翻译方法与技巧，词汇学习的方法与理论，四级考试，听、说、读、写教学与考试，教学模式和分级教学及其在新技术 / 网络条件下的运用与优化，教学法等。论文的作者主要为活跃在教研一线的北京工商大学外国语学院教师。

本书可供从事外语教学与翻译研究的教师参考借鉴，还可对在校大学生、研究生的学习提供指导和帮助。

责任编辑：安耀东　　　　**责任印制**：孙婷婷

法商话语翻译及外语教学研究论文集

FASHANG HUAYU FANYI JI WAIYU JIAOXUE YANJIU LUNWENJI

刘红艳　刘明宇　主编

出版发行：	知识产权出版社有限责任公司	**网　　址**：	http：//www.ipph.cn
电　　话：	010-82004826		http：//www.laichushu.com
社　　址：	北京市海淀区气象路 50 号院	**邮　　编**：	100081
责编电话：	010-82000860 转 8534	**责编邮箱**：	anyaodong@cnipr.com
发行电话：	010-82000860 转 8101	**发行传真**：	010-82000893
印　　刷：	北京中献拓方科技发展有限公司	**经　　销**：	各大网上书店、新华书店及相关专业书店
开　　本：	720mm × 1000mm　1/16	**印　　张**：	26.5
版　　次：	2017 年 10 月第 1 版	**印　　次**：	2017 年 10 月第 1 次印刷
字　　数：	363 千字	**定　　价**：	81.00 元

ISBN 978-7-5130-5212-2

目录

CONTENTS

法商话语

语言、文学与文化类

翻译类

教育教学类

法商话语

语言、文学与文化类

翻译类

教育教学类

从法律程式语角度看《美国合同法（第二次重述）》*

邱天然　刘红艳**

摘　要：程式语可以作为判断翻译文本规范化程度高低的重要标准。基于这一理论，本文对《美国合同法（第二次重述）》中 create 的 6 种搭配的汉译进行探索，发现法律程式语翻译的策略在于尽量贴合同一法系内相近的表述方式，但也不能过于僵化，拘泥于现有的几种表达。本文对此展开进一步研究。

关键词：程式语；词语搭配；法律英语

1　引言

程式语（formulaic sequences）又称程式语序列，是指多词单位按照固定或半固定模式整体储存在大脑中的语言型式。“程式语”概念经常与“整体”“约定俗成”或“习惯用语”概念联系在一起，作为一种普遍存在的语言使用现象，它并不依靠语法规则生成，而是稳定存在的语言使用模式。法律语言作为法律意义的符号系统，是法律文本中及司法、执法、用法活动中所使用的具体语言，是人类社会中不可或缺的一部分。特别是具有高

* 本文是北京市教委学科建设项目“国际法商英语学科建设”的部分成果。

** 邱天然，北京工商大学外国语学院 2015 级国际法商英语硕士研究生，研究方向为法商话语。刘红艳，北京工商大学外国语学院教授，研究方向为基于语料库的话语研究、学习者语料库研究、言语障碍患者即席话语研究。

度准确性、概括性及典范性的立法文本，其中存在着大量的法律程式语。对于立法文本中法律程式语翻译的探究，对中外法律交流及实践均具有现实意义。

2 研究背景

Wray & Perkins 首次提出程式语“formulaic sequences”这一术语，指出其本质为“整体储存在大脑，使用时整体提取”的多词单位。此后，一批学者尝试进一步规范程式语概念，虽然定义各有侧重，但是学界关于程式语特性的认知比较一致。

法律程式语可以被视为一种法律实践中固定下来的，具有语义、语用功能的结构，其使用贯穿了整个立法、司法过程。方琰认为，“法律程式语包括在法律活动应用中形成的规范、严谨、统一的词汇或句式结构”。然而此种归纳本身缺乏理论支持，词汇与句式分属语法的两个层面，很难统称为程式语，实则为程式语（词）及型式句。康传彪从系统功能的角度对法律英语的程式化语言结构进行阐述和探讨，总结出四种程式化语言结构，即四种型式句。当然，法律英语是一个混合体，它的程式化语言结构显然还不止这几个，且各个特点相互交错重叠、相互影响，还有待进一步的研究。总的来说，对于法律程式语的研究目前尚处于初始阶段，且仅仅集中在法律程式语的型式及分类两方面，尚有巨大的探究空间。

3 法律程式化语言的语义表达

法律程式化语言不仅有其形式上的标志，同时也有着重要的语用功能。不仅如此，作为法律语言的程式化形式，其语义表达更为重要。

3.1 法律程式语语义类型

法律程式语的语义类型，可以从两个维度来进行区分。首先，从法律的功能上来分，可以将其分为赋予权利的法律语义表达和规定义务的法律语义表达。如授权、允许等的表达为赋予权利的语义表达，而如禁止、命令类的语义表达则为规定义务的语义表达。其次，从法律程式语的施为用意的强弱可以分为显性语义表达和规约性语义表达两大类。《美国合同法（第二次重述）》中各类法律程式语出现频率统计如表 1 所示。

表 1 《美国合同法（第二次重述）》法律程式语数量统计

语义表达类别 / 次数	实现功能 / 次数	程式语 / 次数
显性语义表达 /284	赋予权利 /48	有权 /（享 / 具）有……权 / 权利 / 资格 / 权力 / 权益 /48
	规定义务 /236	禁止 / 严禁 /3
		有 / 履行……义务 /92
		有 / 承担……责任 /141
规约性语义表达 /577	赋予权利 /189	可以 /189
	规定义务 /388	应当 /316
		不得 /48
		必须 /1
		应 /23

3.2 两种程式语语义分析

显性语义表达在立法语篇的表述中主要起调节作用，从表 1 中可以看出，它们一共出现了 284 次，在赋予权利和规定义务这两类表述中约占 33%。显性程式语虽然所占的比例偏低，但也涵盖了赋予权利的实现功能和规定义务的实现功能。

在规约性语义表达中，赋予权利主要是通过表示许可意义的程式语“可以”来表述。“可以”也是在赋予权利的表述中最为常见的规约性程式语。而“应当”“不得”“必须”等程式语则常被用在表述规约性的义务规定上。而其中应用最为广泛也最为频繁的是“应当”这一程式语。

3.3 法律程式语语义辨析

由上述分析我们可以得知，赋予权利的显性程式语表述主要是通过“有权”“有……权”“享有……权 / 权利 / 权益”“具有……权力”“有……资格”等来实现的，规定义务的显性程式语表述主要通过“有……责任义务”“承担……责任 / 义务”“履行……责任 / 义务”和“禁止”“严禁”等来实现的。赋予权利的规约性语义表达是以“可以”这一个程式语来实现的，规定义务的规约性语义表达则是以“必须”“应当”“不得”等程式语来实现的。因此可以得出，法律语言在立法语篇中的运用规范在很大程度上其实就是对这些法律程式语语义表述的正确运用。

由于本文所选取的研究对象《美国合同法（第二次重述）》中，与 create 搭配的词有 contract（合同）、relations（关系）、power/right（权利）、duty（责任）、obligation（义务）、security interest（担保物权），主要是显性程式语，所以下文将进一步对显性程式语进行语义辨析。

中美《合同法》中的显性程式语里最为常见的就是与“权力”“权利”“权益”“责任”“义务”有关的程式语搭配了，下面针对这两类进行语义辨析及程式语搭配分析。

3.3.1 “权力”“权利”“权益”语义辨析及与“有”“享有”“具有”的搭配

“权力”与“权利”的区别主要表现在以下几点：首先，两者的行为主体与行为属性不同。从行为主体来看，权力的主体是被授予权力的国家机关和特定的工作人员。而权利的主体一般是公民与法人和其他社会组织。从行为属性来看，权力行为则一般是公务行为包括立法行为、行政行为、司法行为等，权力又称“职权”，是一种公共权力，而权利行为一般是民事行为与社会政治行为；其次，两者的强制性不同，权力具有国家的直接强制力，然而当权利不能实现或遭到侵犯时，权利人不得自行对相对人施以强制力，而应请示国家行使权力予以保护或救济。

“权益”即指合法权益，就是法律确认的并受法律保护的公民、法人和其他组织所享有的一定的社会权利和利益。

在程式化的搭配中，“有”可以分别和“权”“权利”和“权益”搭配，形成“有……权”“有……权利”和“有……权益”的结构。“具有”则与“权力”搭配构成“具有……权力”的结构。而“享有”分别与“权利”和“权益”搭配，形成“享有……权利”和“享有……权益”的结构。

3.3.2 “责任”“义务”语义辨析及与“有”“承担”“履行”的搭配

“义务”是指人们必须实施的、为或不为一定行为的必要尺度，是要强制履行的。在法律上的对应关系为“权利”。一般来说，权利可以放弃，但义务必须履行。“责任”的基本解释是分内应做的事没做好分内事而应承担的过失。“责任”的主观色彩更重，而“义务”更加强调一种客观上的要求。“责任”是特定的，受特定的条件影响，对应于某团体个人或特定的工作、任务、岗位、能力等，而“义务”强调“必须”，具有泛指性。

在搭配关系上，“有”可以分别与“责任”和“义务”搭配，构成“有……责任”和“有……义务”两种结构，“承担”则只能和“责任”形成“承担……责任”的结构；同时，“履行”也只能和义务搭配构成“履行……义务”的结构。

4 《美国合同法（第二次重述）》中 create 的汉译

本文的研究对象《美国合同法（第二次重述）》中，create 一词共出现 23 次，其中 create + contract（合同）出现 8 次；create + relations（关系）出现 2 次；create + power/right（权利）出现 4 次；create +duty（责任）出现 7 次； create + obligation（义务）出现 1 次；create + security interest（担保物权）出现 1 次。

4.1 create + contract（合同）

汉译本中对于该类搭配的翻译分为三种。第一种译为“创设”，举例如下：

例 1：A contract cannot be created by acceptance of an offer after the power of acceptance has been terminated in one of the ways listed in §36.

译文：如果受要约人的承诺能力依据 §36 所列方式终止之后，则该受要约人的承诺并不创设一个合同。

例 2：If an offer prescribes the place，time or manner of acceptance its terms in this respect must be complied with in order to create a contract. If an offer merely suggests a permitted place，time or manner of acceptance，another method of acceptance is not precluded.

译文：如果一个要约规定了承诺的地点、时间或方式，则该要约在此方面的条款就必须保持一致以创设合同。如果一个要约只是就允许的承诺地点、时间或方式提出建议，则并不排除使用其他的承诺方式。

第二种译为“缔结”，举例如下：

例 3：Option contract created by party performance of tender.

一方当事人以履行义务缔结选择合同。

例 4：Where an offer invites an offeree to accept by rendering a performance and does not invite a promissory acceptance，an option contract is created when the offeree tenders or begins the invited performance or tenders a beginning of it.

译文：如果一个要约邀请受要约人以履行义务的方式做出承诺，而不需要做出允诺性的承诺，则如果受要约人履行或开始履行被邀请的义务，那么选择权合同就算缔结。

第三种译为“达成”，举例如下：

例 5：An offer contemplating a series of independent contracts by separate acceptances may be effectively revoked so as to terminate the power to create future contracts, though one or more of the proposed contracts have already been formed by the offeree's acceptance.

译文：如果一个要约预计通过独立的承诺达成一系列独立的合同，则要约人可以有效地撤销该要约以终止受要约人的承诺能力，尽管一个或一个以上被提议的合同已经由受要约人做出承诺而成立。

通过检索分析《中华人民共和国合同法》可发现，与“合同”一词相搭配的词有：订立、效力、履行、变更、转让、权利义务终止、成立、有效、无效、生效。《美国合同法（第二次重述）》中 create + contract 的内涵意义显然是指合同的“订立”或“成立”，所以应当选用这两个词来进行翻译。

4.2 create + relations（关系）

汉译本中对于该类搭配的翻译为“建立……关系”，法条如下：

例 6：A term of contract is that portion of the legal relations resulting from the promise or set of promises which relates to a particular matter, whether or not the parties manifest an intention to create those relations.

译文：合同的条件就是由于当事人就特定事项做出了一个或一系列的允诺，由此引起他们之间部分法律关系的存在，不管当事人是否做出意思表示要建立这些法律关系。

例 7：A voidable contract is one where one or more parties have the power, by a manifestation of election to do so, to avoid the legal relations created by the contract, or by ratification of the contract to extinguish the power of avoidance.

译文：如果合同的一方或多方当事人有权通过意思表示，或通过订立一个取消撤销权的合同，撤销该合同已经建立的法律关系，则该合同为可撤销的合同。

通过检索分析《中华人民共和国合同法》可发现，与“关系”一词相搭配的词有：设立、变终止、知道。在《中华人民共和国合同法》中没有出现“建立”一词，但通过查阅《现代汉语辞海》可知，建立有两种解释：①开始成立；②开始产生。“建立……关系”在汉语中是可以接受常见搭配，如“建立外交关系”。

4.3 create + power/right（权利）

汉译本中对于该类搭配的翻译分为两种。第一种译为“创设”，法条如下：

例 8：An offer may create a power of acceptance in a specified person or in one or more of a specified group or class of persons，acting separately or together，or in anyone or everyone who makes a specified promise or renders a specified performance.

译文：要约可以在一个明确的人或一个或多个明确的、单独或集体行动的群体或团体之中，或者也可以在做出明确允诺或实施明确义务的任何人之中创设一种承诺的权利。

第二种译为“产生”，法条如下：

例 9：In an action based on a joint right created by a promise，the promise by making appropriate objection can prevent recovery of judgment against him unless there are joined either as plaintiffs or as defendants all the surviving joint obligees.

译文：在依据因允诺而产生的共同权利而提起的诉讼中，允诺人通过适当的反对可以避免就对之不利的判决进行救济，除非所有存续的共同债权人为共同诉讼中原告或被告。

通过检索分析《中华人民共和国合同法》可发现，与“权利”一词相搭配的词有：享有 / 有、确定、行使、排除、转让、终止、消灭、主张、转移。由上文 3.3.1 显性程式语语义辨析可知，在程式化的搭配中“权利”可以与“有”“享有”进行搭配，但由于中国与美国法律体系上的差异，这里的具体语境强调“权利”的从无到有，而不是“拥有、享有”，所以可以翻译成“确定”或者“产生”。

4.4 create +duty（责任）

汉译本中对于该类搭配的翻译分为四种。第一种译为“创设”，法条如下：

例 10：the promises are in terms joint and do not create several duties or joint an d several duties...

译文：允诺的条款具有共同性，并不能创设数种责任或连带责任……

第二种译为“引起”，举例如下：

例 11：Where two or more parties to a contract promise the same performance to the same promisee they incur only a joint duty unless an intention is manifested to create several duties or joint and several duties.

译文：如果两个或两个以上的合同当事人对同一受允诺人允诺履行同一义务，则他们之间所承担的应属共同责任，除非有意思表示允诺行为引起的是单独责任或是连带责任。

第三种译为“产生”，举例如下：

例 12：By statute in most stated some or all promises which would otherwise create only joint duties create joint and several duties.

译文：依据多数州的法令，那些只能以其他方式产生共同责任的部分或全部允诺也可以产生连带责任。

第四种译为“负有”，举例如下：

例 13：A promise in a contract creates a duty in the promisor to the promisee to perform the promise even though he also has a similar duty to an intended be neficiary.

译文：合同的允诺也使得允诺人对受允诺人负有履行允诺的义务，尽管允诺人对意向中的受益人也负有履行允诺的义务。

这些法条中，duty 一词有时译成“责任”，有时译成“义务”，通过查阅《元照英美法词典》可知其含义主要有：①指依照法律规定应当承担的或者依照约定独自承担的责任，如欠他人的、应偿还的债务，对方当事人则相应地享有权利。在侵权行为法中，如果当事人违反注意义务从事某项行为，也会产生使其承担相应法律责任的法律关系。也可用于指官员或受托人的职责等。②指对货物或交易征收的税，尤指关税。这种意义上的责任是加诸物品而非人身的。在有些情况下，duty 也会译成义务，如 duty of disclosure（告知义务）、breach of duty（违反义务）等。

通过检索分析《中华人民共和国合同法》可发现，与“责任”一词相搭配的词有：免除、限制、加重、承担、约定、确定、追究。且由前文 3.3.2 可知“责任”“义务”能与“有”“承担”“履行”进行搭配。经过对以上法条内涵意义的分析，可知例 10、例 11、例 12 都是讲“责任 / 义务”的出现和产生，所以应当选用“产生”或“确定”来进行翻译。例 13 是指一方对另一方有责任，使用“负有”来翻译是正确的。

4.5 create + obligation（义务）

汉译本中对于该类搭配的翻译为“创设”，法条如下：

例 14：Where a conveyance or a document containing a promise also purports to contain a return promise by the grantee or promisee，acceptance by the grantee or promisee is essential to create any contractual obligation other than an option contract binding on the grantor or promisor.

译文：如果包含允诺的信息或文书中声称还包含受让人或受允诺人的相应承诺，则受让人或受允诺人的承诺对于创设任何合同义务至关重要，但是对转让人或允诺人有约束力的选择权合同义务除外。

通过检索分析《中华人民共和国合同法》可发现，与“义务”一词相搭配的词有：确定、履行、转移、转让、终止、承担、确立、违反。与上文4.4原理相同。由于本法条是讲“义务”的出现和产生，所以应当选用“产生”或“确定”来进行翻译。

4.6 create + security interest（担保物权）

汉译本中对于该类搭配的翻译为“创设”，法条如下：

例15：In addition *the Uniform Commercial Code* requires a writing signed by the debtor for an agreement which creates or provides for a security interest in personal property or fixtures not in the possession of the secured party.

译文：另外，《统一商法典》规定由债权人书面签署一个协议，该协议对被担保人并不享有的动产或固定设备创设或规定了一个担保利益。

通过查阅《元照英美法词典》security interest 词条可知，该词解释为：“指根据担保协议而在特定财产上所获得的权益，以担保债务的履行，如果一方当事人违约则设定该担保权益的财产可被出卖，并以出卖所得清偿所担保的债务。例如抵押权，根据《统一商法典》‘U.C.C.’第9篇而设定的担保权益。通常，优先权或留置权也被作为保护权益，但其大多数系根据法律规定而非当事人约定所产生。”因此，用来与担保物权搭配、描述其出现的词，应选用“产生”。

5 法律程式语的翻译策略

对于法律翻译，已有许多专家学者提出了多种应对策略。赫基明确提出，在法律翻译中，应该少使用“标记”策略，而是使用加注等解释的方法告诉读者某一个概念的具体含义。沙尔切维奇一直以来坚持法律翻译的交际观。针对术语翻译而言，她认为不同法律体系的术语大多数情况下在概念上是不对等的。因此，译者面临的最大挑战就是找到合适的方法以弥补概念上的不对等，同样具有丰富法律翻译经验的李克兴则认为“译文中法律术语的译法应与同一法律体系内的有关管辖法中该术语的表达法（如有）保持一致”。中国法律从本质上来说，属于大陆法系，所以在英译时应该贴近大陆法系国家在表达相类似概念时的习惯表达。

通过对本文研究对象“create”翻译的分析，我认为在翻译法律程式语时应当遵循以下几点：①确定该程式语所在的法律文本的内涵意义，如例14，首先应当理解本法条中 to create any contractual obligation 的含义是“让任何合同义务产生、出现”。②应当熟悉目标语的法律文本写作风格及常用词语搭配，如果相似法律体系内存在有关该程式语的表达，则优先选用一致的表达。如例 5 法条中“create...contracts”的内涵意义显然是指订立、成立合同，所以直接用《中华人民共和国合同法》中已有的表达“订立合同”进行翻译。③如果没有一致的表达，或因为法律体系差异无法让翻译对号入座，也不要从目标语法律文本中生搬硬套不合适的搭配，应当选用目标语在表达相类似概念时的习惯表达。例 14 中虽然“让任何合同义务产生、出现”这类意思表达在《中华人民共和国合同法》中没有能对应的表达，但是在其他大陆法系国家中该类意思常用“产生”来与义务进行搭配，所以最终选定“产生任何合同义务”来作为“to create any contractual obligation”的译文。

6 结语

法律程式语是凝结于法律实践中成熟的表达型式，具有相当的规范性及准确性。在使用上具有简洁、清晰、易于操作的特点。对法律程式语的研究，一方面，可以进一步规范法律语言的使用，提高法律实践的活动效率。另一方面，可以让法律英语专业学生能够更加有效地实现对法律语言的认知，在语言学科及法律专业中均具有积极意义。诚然，法律程式语研究正处于开始的阶段，对其进一步的研究亟待继续进行，详尽的数据统计工作也应继续开展。

法商翻译中语言结构特点及长句翻译策略探讨

李学勤　王　宁*

摘　要：法律语言及商务语言有别于日常生活中的交流语言、文学语言等，其二者之间也存在一定差别。译者要熟练掌握法商英语用语结构特点，从而在翻译长句时能够结合文本特点分析句构，同时选择合适用语。本文就通过对比分析法商英语与普通英语语言及其翻译策略，探讨法商翻译中长句翻译策略。

关键词：法商翻译；法商文本特点；长句翻译策略

1　法商语言特点概述

随着经济社会的发展，法律与商务在人们生活、工作中的地位日渐凸显。为适应法商应用范围的扩大，以法律与商务为方向的法商英语是英语翻译学习者必将涉足的领域。无论法律还是商务，为保证相同条款在各方都得以准确理解，避免误会，这两类文本均有一定的规则和形式，因此只有掌握其翻译技巧，才能实现恰当转换。

* 李学勤，北京工商大学副教授，主要研究方向为翻译教学、应用语言学。王宁，北京工商大学英语专业学生。

1.1 法律文本基本特点

法律语言作为一种专门用途语言，主要被用于各大法律实践活动中。法律语言由于其特殊的法律意义和功能，形成了一定的特点和规律。因此，研究法律语言在译出语和译入语中的行文特点和规律是学习法律文本翻译的关键所在。

1.1.1 法律语言区别于普通用语及其他专业用语

主要有两种原因：第一，作为专门用途英语，为求语意准确、表达精练、严谨规范，法律语言拥有许多专业术语、专业释义和用法等；第二，法律语言在其句构和句法层面上有鲜明特征。

1.1.2 法律英语的句构特点

（1）法律英语中常用专业术语及一些习惯性表达句式。

（2）不同于中文使用习惯，法律英语中多使用长句和超长句，且句子语法结构较复杂，多复合句及各种修饰语、并列成分、插入语等句子成分。其修饰成分一般句套句，层层限定、环环相扣，十分烦琐复杂。多使用陈述句，且为保证信息完整性和严密性，防止产生歧义，句意完整、语法构成完整，很少有省略的情况。[1] 因此，在一定程度上降低了产生理解错误的可能。

（3）为避免造成混乱和误解，法律英语语句中不使用代词，均使用具有准确指向性意义的名词。

1.2 商务文本基本特点

商务文本一般包括商务广告、商业信函、商务合同、协议、经济贸易评论、招商通告、商标、请柬和说明书等形式。不同的文本形式具有信息性、呼吁功能、标志性、法律意义、礼仪性、祈使命令性不同功能和混合性质等。因此，需要译者根据特定的文本形式选择相应的翻译方式和表达要点。与法律文本相比，个别类型商务文本对文字和句式表达的准确性与严密性要求相对较低，例如商务广告、商标等，则可采用意译、修辞译法等适当改变其原有句式结构或措辞，以求达到同等或更高的汉语表达效果。其他如商务合同、协议类的特点与法律文本特点、译法基本一致，除专业术语要求精细外，个别还有固定的惯用句式或表达方式，同样要求语意准确、表达精练、严谨规范。

2 法商长句翻译策略及示例

根据上文论述，在进行法商翻译时，应注意区分文本类型，并根据其特定的语言结构特征来选择相应的翻译方法。

普通英语长句翻译大多使用“切割法”，即在原文句子的主从句连接处、连词或关系代词处按意群和原文逻辑关系将句子分割开，提取句子的主干部分，即主、谓、宾部分，同时分清各部分从句及修饰语所修饰的成分，分析原文逻辑关系得出译文。此方法同样应用于法商英语翻译。在普通英语句子结构上，定语从句是使句子复杂化和超长的主要原因，也是英语难易度的一个重要指标。[2] 而在法商英语中，除定语从句外，还大量使用状语、插入语等句式，加大了理解和翻译的难度。因此在使用切割法翻译长句子化零为整的过程中要注意分析各意群之间的逻辑关系，同时注意译入语在法商文本的用语习惯和规定，实现双语之间语意连贯通顺、有逻辑的准确转换。

除相关专业术语及格式外，还应注意法律、商务文本中常使用的各类句式，并针对其特点调整译文语序，使得译文与原文的意义和重点保持一致。为强调被动动作和突出动作承受者，或侧重对有关事项客观描述、规定等，法律英文常使用被动句；法律语言常在表达规则、条文，具体规定各项权利义务及法律后果时使用 if 句式，用于表示假定、处理、制裁；还有用于表达法律责任及义务的 shall 句式、用于罗列条款的平行句式、经长期实践形成的一系列惯用句型等，译者在翻译和学习时应注意区分其特点，并规范使用。

注意法商英语中特殊的表达习惯，法律及商务文本不使用代词；法商语言一贯简练通顺，因此翻译时要注意使用最精简的词汇和语言。

例句：In the case of /default on the part of the Contractor in carrying out such instruction within the time specified therein or，if none，within a reasonable time，/ the Employer shall be entitled to employ and pay other persons to carry out the same and [all costs consequent thereon or incidental thereto] shall，after due consultation with the Employer and the Contractor， be determined by the Engineer, and shall be recoverable from the Contractor by the Employer，and maybe deducted by the Employer from any monies due or to become due to the Contractor and the Engineer shall notify the Contractor accordingly，with a copy to the Employer. [3]

译文：如果承包人一方在规定的时间内，或者在合理的时间内未执行上述指示，则雇主有权雇用他人执行该项指示，并向其支付有关费用。工程师应在与雇主和承包人及时协商之后，确定由此造成的或伴随产生的全部费用，并应由雇主从承包人处收回，也可以由雇主从应支付或将支付给承包人的任何款项中扣除，工程师应相应地通知承包人，并将一份副本呈交雇主。[3]

分析：例句中，以“in the case of”引导条件状语，说明该条例成立的条件：default on the part of the Contractor in carrying out such instruction within the time specified therein or，if none，within a reasonable time； “if none”引导条件状语从句 within a reasonable time。主句部分，中括号中 all costs 后跟修饰定语 consequent thereon or incidental thereto，同时“all costs”为其后三句的主语；after due consultation with the Employer and the Contractor 为插入语，表明上述三句执行的条件。

要点：①注意句中 therein、thereon、thereto 的用法；

②注意 shall 译为中文时的措辞方法；

③翻译为中文时，注意主语的转换、连词使用及句式变化等；

④被动句和主动句的转换。

3 结语

法商类文本本身对语言运用有着极高的准确、严谨、规范和统一的要求，因此在法商范畴的学习和翻译过程中皆需慎之又慎。应根据译出语和译入语的语言结构与环境特点选择准确恰当的翻译策略，必要时调整表达方式，实现两种语言间的准确转换。

参考文献

[1] 陈建平 . 法律文体翻译探索 [M]. 杭州：浙江大学出版社，2007.

[2] 唐义均 . 汉英翻译技巧实例 [M]. 北京：外文出版社，2017：120–121.

[3] 傅伟良 . 法律英语翻译看这本就够了（英译中）[M]. 北京：石油工业出版社，2010：132–133.

国内法庭话语研究综述 *

雷振辉　刘红艳 **

摘　要：文章通过在知网模糊搜索主题“法庭话语”，根据搜索结果文献标题、关键词和摘要，选取1986年至2017年有关法庭话语研究期刊文章111篇、硕士论文80篇和博士论文12篇，从研究视角、理论基础、研究范畴和研究对象四个方面，进行标注、归纳、总结和评述。结果表明，国内学者多从法庭互动的角度，基于系统功能语法、目的原则、言语行为理论和语言博弈论等理论，针对语用学范畴研究最多，其中话语标记语研究和语用策略研究所占比重最大，其他范畴还包括权力范畴、机构话语范畴、角色范畴、评述范畴和多模态范畴。文章最后总结了法庭话语的研究特点，并展望未来法庭话语的研究方向。

关键词：法庭话语；范畴；特点；方向

1　文献概述

笔者以“法庭话语”为主题在知网进行模糊搜索，根据文献标题、关键词和摘要，选取1986—2017年有关法庭话语研究期刊文章111篇、硕

* 本文是北京市教委学科建设项目“国际法商英语学科建设”的部分成果。

** 雷振辉，北京工商大学外国语学院2015级国际法商英语硕士研究生，研究方向为法商话语。刘红艳，北京工商大学外国语学院教授，研究方向为基于语料库的话语研究、学习者语料库研究、言语障碍患者即席话语研究。

士论文80篇和博士论文12篇，共计203篇，其中包括“法庭话语”（59篇）、“庭审话语”（17篇）、“法庭互动”（13篇）、“调解话语”（10篇）、“审判话语”（9篇）、“法庭辩论”（8篇）等主题。

由图1可知，语用范畴是法庭话语研究的热门，64%的文献是有关语用研究的，其次依次为权力范畴15%，机构话语范畴10%，角色研究范畴5%，评述范畴3%和多模态范畴3%。如表1，在语用研究中，策略研究和话语标记语研究文献数量最为突出，其他热门研究内容还包括人际功能、预设、模糊语和目的等。

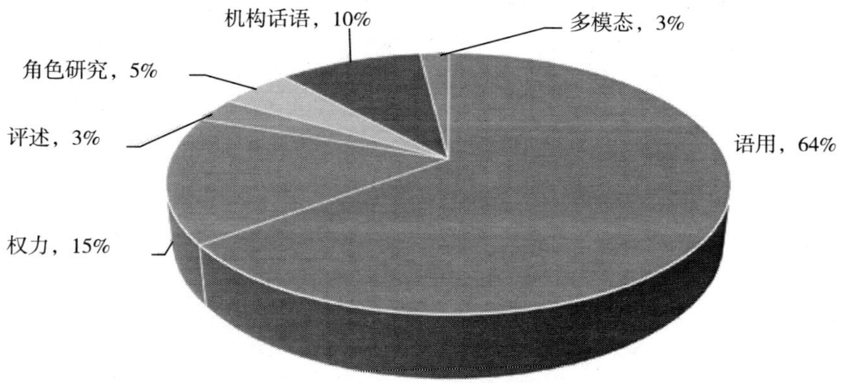

图1 法庭话语研究范畴统计

表1 语用研究内容统计

研究内容	数量／篇
策略	26
话语标记语	24
人际功能	9
预设	8
模糊语、目的	7
话语互动、话语修正	6
礼貌现象、重复	5

续表

研究内容	数量 / 篇
言语行动	4
会话含义、修辞、隐喻、不礼貌现象	3
话语冲突性、合作原则、话语对应结构、角色、口译、态度、话语信息量、语境	2
话语不匹配性、称谓语、打断、对抗语言、法官、法庭话语特点、角色反应、话语构建、关联、合作问题、话语言据性、话语意义、回声问、会话活动类型、启示、强制功能、情态动词、认知、适用性、话语特征、衔接、语法、语篇及物性、语气隐喻、指示语、重述、重音、转述言语行动	1

由表 2 可知，系统功能语法、目的原则、关联理论、言语行为理论和顺应论为研究学者使用最多的理论框架。值得注意的是，期刊文献中 42% 的文献没有理论基础，而在硕博论文中，仅有 8% 的论文没有理论支撑，甚至 19% 的论文使用了多种理论。

表 2　文献理论基础统计

理论基础	数量 / 篇
系统功能语法	18
目的原则	18
关联理论	14
言语行为理论	12
顺应论	11
语言博弈论	8
合作原则、礼貌原则、语用预设理论、会话分析	6
评价理论、批判性话语分析理论	5
论话轮转换模式	3
不礼貌原则、身份构建论	2
概念隐喻理论、框架理论、拟剧论、社会认知分析、同一性理论、修辞理论、预警理论	1
多重理论	18

在期刊文献中，核心期刊文献 49 篇，普通期刊文献 62 篇，包括核心期刊 26 种，普通期刊 48 种，其中法庭话语研究产物最多的期刊包括《修辞学习》《当代修辞学》《外语学刊》和《法治与社会》，其他有关法庭话

语研究期刊文献发表分布较为均匀，超过 75% 的期刊仅发表 1 篇有关研究文献。在硕士论文中，华中师范大学（18 篇）、西南政法大学（12 篇）和广东外语外贸大学（8 篇）发表最多。在博士论文中，中国政法大学、上海外国语大学和华中师范大学分别发表3篇、3篇和2篇，位居发表论文数量前三。

在所有发表文献中，以第一作者数据统计，柯贤兵发表数量最多，为 12 篇，其次依次为廖美珍（9 篇）、杨悦（5 篇）和江玲（5 篇）。

图 2 为 1986 年至 2017 年发表的文献数量统计，有关法庭话语的研究从 1986 年开始，稳步上升在 2012 年至 2014 年时发表文献数量达到巅峰，平均每年发表文献数量 25 篇，3 年发表文献数量占除 1986 年其余 16 年全部发表文献数量的 36.9%，之后逐步下降，至 2017 年发表数量仅为 2 篇，这有可能是由于法庭话语研究热潮已过导致发表数量减少，也可能是知网数据涵盖不够全面或更新不及时等原因导致的。

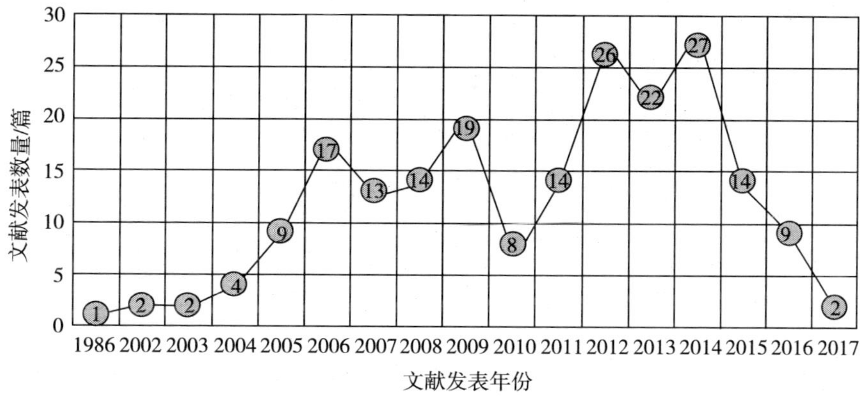

图 2 文献发表年份数量统计

2 研究内容

本文中，作者以文献内容归类，以文献的覆盖全面程度为标准，兼顾作者和文献影响力，选取部分文献进行评述，意图使读者对法庭话语研究获得最为全面的了解，对法庭话语未来研究有更加清晰的认识。

2.1 语用研究

根据表1数据统计显示，语用研究最热门的内容包括策略、话语标记语、人际功能、预设、模糊语、目的、话语互动、话语修正、礼貌现象、重复和言语行动等。

柯贤兵利用话语博弈论，描述了法庭调解话语博弈模型，全面研究了其中目的博弈、空间博弈和策略博弈。策略博弈又包括互动策略、合作策略、礼貌策略、顺应策略和说服策略，运用了称谓语、评价话语、模糊语、预设话语和含义话语等语用方式。[1] 该篇文章涵盖内容广泛，覆盖了大部分语用现象，对初次想了解法庭话语语用研究的学者有很大帮助。

国内话语标记语的研究很多，主要分为根据语用目的概述具体话语标记语和从具体话语标记语确定其功能，但由于语境和使用者的不同，很难全面概括话语标记语的具体语用功能，这也导致了话语标记语的研究结果大同小异。胡桂丽从法庭话语互动目的入手，根据Fraser的话语标记语分类，基于目的原则，具体说明了话语标记语的使用情况[2]，是典型的根据话语目的寻找具体话语标记语的研究。由小而大的确定话语标记语功能的研究结果可大致概括为话语标记语具有元语用功能[3]、语用功能[4]和语篇功能[5]，这三者分别注重的是对之前说话者所说的话语的评价，使用话语标记语所达到的目的和前后话语的连贯性。

人际功能研究则主要包括说话双方角色研究、言语行为功能研究、指称研究、语气研究、情态研究和基调研究等。李诗芳在系统功能语法的框架内，通过上述研究，指出庭审下受限的合作、冲突、控制和支配人际意义，说话人所影响的对象包括受话人和第三者。[6]

2.2 权力研究

权力研究作为法庭话语研究的第二热点，大量国内学者都对此做了研究。由于权力研究范围广并具有一定深度，尽管有些期刊文献影响更大，例如吕万英教授的冲突话语研究[7]，但作者在这里选取两篇博士论文进行评述，以求最全面的描述国内权力研究的框架和内容。

在赵洪芳[8]的研究中，基于合作原则、目的原则、顺应论，从词汇、句式、语用等方面，阐述法官、公诉人、律师、原告、被告和证人之间的权力关系，概述不同角色之间的话语策略，为司法实践提供了极大的参考意义，也为权力在其他话语中的研究提供了完善的分析框架。而李祥云[9]的研究则基于12个一审离婚官司，从词汇、话轮、打断、重叠、话题提出和改变等方面，指出法庭中男性和女性在话语使用上的不同，并且女性更易受到不公正待遇。这两篇文章各具鲜明特色，一篇在于权力研究的全面性，一篇在于法庭话语性别研究的创新性，尽管性别研究在国外并不罕见，但在国内却不多见，此次研究的203篇文章中仅有3篇是关于法庭话语与性别的。两篇文章的特点也决定了此类研究需要收集和研究大量的语料，才能使研究结果更具代表性和可靠性，这可以通过学者发表大量期刊论文进行小范围论证。

2.3 机构话语研究

机构话语研究是一种大话语研究，它不仅是针对某一语言现象展开研究，而是以宏观的角度，对法庭话语的特性和话语构建进行研究。

宋建是首位讨论法庭话语特征的学者，他提出法庭话语的法定专业性和高度精确性。[10]之后，余素青将法庭话语特征扩展为制度性特征、法律专业性特征、基调严肃性特征、即兴口语特征和口头书卷语体特征，提出法庭话语的总体功能、序列功能和言语行为功能。[11]廖美珍基于框架理论，根据法庭审判的不同阶段，将法庭话语分为基本情况核实框架、调查框架、询问框架、举证质证框架、辩论框架、宣判框架、目的框架和故事框架，阐述法庭中不同角色的框架建构和框架互动[12]，这使得读者充分了解法庭各阶段话语特点与不同话语角色的目的。在机构话语研究下，国内学者对法庭话语下的小话语逐步开展研究。柯贤兵对司法调解话语的本质、特点、原则、依据、策略进行了深入研究[13]，唐玉富则比较了民事法庭调解话语和对抗话语[14]，两篇文章对我国法律制度改革和法庭调解成功率的提高具有重要意义。

2.4 角色研究

角色研究则是以角色身份研究为主。程朝阳在论文中根据说话人在调解话语中的不同作用，将法官定义为组织者、调控者、说服者和宣教者，将原告定义为控诉者和申辩者，将被告定义为申辩者和反诉者。[15]柯贤兵进一步概括了调解人如何使用不同话语构建不同身份，以有效处理与被调解人之间的人际关系的策略，有助于调解的顺利进行。[16]

2.5 文献评述

不同学者对文献的评述具有不同的角度和标准，可概括为国内外研究评述、以不同学科角度研究评述、语言学内研究评述和专著评述。

肖明星在文献综述中将研究分为国内国外两部分，并在国外研究中简述了法庭话语在社会学、语言学、心理学和人类学的研究重心，为国内学者提供开阔思路[17]，但由于文章过于简短，读者不能详细了解在某一学科中学者是如何完成具体研究的。徐静和陈海庆将评述重点放在语篇研究上，运用文献检索的方法，经过统计和分析，认为模糊语、权力、话语标记语、预设等内容是法庭话语研究趋势和热点问题，还指出语料的选择和来源多为中国法庭，提出法庭话语研究的未来应当使用更为先进的多媒体设备收集语料，国外法庭语料研究将成为趋势。[18]相较于上一篇文章，该文章由于选题具体，故研究描述也更为具体，并提供了每项研究内容的参考文献，使读者了解相关具有代表性的文章，但由于只是提供参考文献，读者还需自行阅读以了解文章内容。另一类评述是有关书籍和专著的。曹嫣针对桑德拉·黑尔的 *The Discourse of Court Interpreting*：*Discourse Practices of the Law*，*the Witness and the Interpreter*，从作者、内容、贡献、局限性和意义五个方面开展评述[19]，能使得学习者了解专著框架和不同学者思想。

2.6 多模态研究

多模态研究是指通过对多媒体技术的运用，分析法庭话语的超文本信息，包括图像、情境、语音、形态和着装等，以达到研究或论证目的。国内多模态研究尚处于起步阶段，将多模态理论运用到法庭话语分析可谓少之又少。国内法庭话语的多模态研究主要利用专业媒体软件，分析法庭话语音频和视频资料。

徐静和陈海庆利用 PRAAT 语音分析软件，研究了调群、调核和声调所传达出的信息群、信息焦点和身份与权势信息。[20] 郭铭欣利用 ELAN 视频分析软件，从法庭场地布局、动态审讯过程和话语参数，对比分析中美法庭不同角色之间的权势关系和动态权力构建过程。[21] 从形式上看，两篇文章分别从音频和视频两个角度研究，但语言研究依旧是重点，没有特别针对面部动作、身体动作等非语言信息进行研究，没有突出视频模态研究特色。

3 特点和发展

本篇文章通过对 203 篇期刊文献和硕博论文的分析统计，发现法庭话语在语用范畴研究最多，话语策略和话语标记语是语用研究的主要内容；研究热潮在 2012—2014 年达到顶峰，随后呈现下降趋势；硕博论文中的理论使用率远高于期刊文献中的使用，且近 1/5 的硕博论文使用了多重理论。

基于现有法庭话语研究特点，笔者提出以下法庭话语研究方向，供其他学者参考：①现有法庭话语研究侧重点多为“话语”，可以加强如权力研究的以“法庭”为特点的研究，例如法庭话语的逻辑思维研究和法言法语在法庭话语中的运用研究等；②加强法庭话语的跨学科研究，例如从人类学角度研究法庭中某一文化背景下的当事人话语使用研究和从社会学角度研究某一社会系统下的当事人话语使用研究；③加强多模态研究中的非语言因素部分研究，例如面部表情或行为举止研究。

参考文献

[1] 柯贤兵 . 中国法庭调解话语博弈研究 [D]. 武汉：华中师范大学，2012.

[2] 胡桂丽 . 目的原则下的刑事审判话语标记语研究 [J]. 外语学刊，2009（4）：81–84.

[3] 何静秋 .all right 在法庭审判话语中的动态顺应分析 [J]. 山西财经大学学报，2012（S2）：58–67.

[4] 孙炳文 . 从关联视角看庭审互动中话语标记语的语用功能 [J]. 当代修辞学，2015（1）：56–61.

[5] 曾杰，孙炳文 . 法庭话语标记语语篇功能的认知分析 [J]. 湖北工业大学学报，2014（3）：70–73.

[6] 李诗芳 . 法庭话语的人际意义研究 [D]. 长春：东北师范大学，2007.

[7] 吕万英 . 法官话语的权力支配 [J]. 外语研究，2006（2）：9–13.

[8] 赵洪芳 . 法庭话语、权力与策略研究 [D]. 北京：中国政法大学，2009.

[9] 李祥云 . 离婚诉讼话语中权力和亲密关系的性别解读 [D]. 济南：山东大学，2008.

[10] 宋建 . 略谈法庭语言的特征 [J]. 汉语学习，1986（4）：36–38.

[11] 余素青 . 法庭言语的功能及其特征分析 [J]. 前沿，2009（5）：155–159.

[12] 廖美珍 . 法庭审判话语框架分析 [J]. 当代修辞学，2012（6）：83–91.

[13] 柯贤兵 . 能动司法视野下的法庭调解话语建构 [J]. 湖北科技学院学报，2014（1）：24–26.

[14] 唐玉富 . 调解语言与法庭对抗语言的比较 [J]. 三峡大学学报（人文社会科学版），2012（4）：69–73.

[15] 程朝阳 . 法庭调解话语与角色研究——一种语用分析的进路 [J]. 法律适用，2008（3）：48–52.

[16] 柯贤兵 . 程序性调解话语中调解人的身份认同建构研究 [J]. 广西社会科学，2011（5）：139–142.

[17] 肖明星 . 法庭话语研究的文献综述 [J]. 文学教育（中），2012（6）：45.

[18] 徐静，陈海庆 . 中国法庭会话语篇研究：回顾与展望 [J]. 当代修辞学，2011（5）：82–87.

[19] 曹嫞 .《法庭口译的话语：法律、证人和译员的话语实践》述介 [J]. 英语研究，2013（3）：80–84.

[20] 徐静，陈海庆 . 庭审会话语篇语调特征及其信息输出研究 [J]. 当代修辞学，2012（2）：57–63.

[21] 郭铭欣 . 多模态话语分析视角下中美法庭话语中的权力构建研究 [D]. 北京：北京工商大学，2017.

从精确性视角浅析两岸三地对法律术语“Plea Bargain”的翻译

刘 婧 杜仓宇 *

摘 要：法律的目的是实现公平正义。作为表达法律核心概念的法律术语，必须具备易理解性，同时避免产生歧义。精确性是法律术语的灵魂，同时也是法律术语翻译的生命力所在。本文从精确性视角，浅析两岸三地对“Plea Bargain”这一法律术语的翻译。

关键词：两岸三地对“Plea Bargain”的翻译；精确性

1 引言

中国共产党十八届四中全会通过的《关于全面推进依法治国若干重大问题的决定》指出：“全面推进依法治国，总目标是建设中国特色社会主义法治体系，建设社会主义法治国家。”完成依法治国的总目标，需要继承和发扬中华文明优秀法治传统，同时也需要吸收和借鉴其他文明合理的法治发展成果。法律翻译，作为吸收和借鉴其他文明法治成果的手段与媒介，其对法律术语翻译的精确与否，对我国社会主义法治建设有着重要的影响。

* 刘婧，北京工商大学外国语学院副教授，主要研究方向为翻译理论与实践、教学法。杜仓宇，北京工商大学外国语学院硕士研究生，主要研究方向为法律英语翻译、英语教育。

2 法律术语翻译的精确性

“法律术语具有法定的语义，有法定的适用范围，要求特定的语境。法律术语的正确使用是法律严肃性和公正性的保证。”[1] 每一法律术语都代表特定的法律行为规范。英文法律术语或是含有特定法律意义的普通词，或是现代英语已不再使用的中古英语，或来自拉丁语，或来自法语。概括而言，英文法律术语具有以下特点：①庄严性；②缜密性；③简明性；④精确性。[2] 法律追求公平正义，作为表达法律核心概念的法律术语，必须具有易理解性，同时避免产生歧义。因此，精确性是法律术语的灵魂，也是法律术语翻译的生命力所在。

3 “Plea Bargain”简介

“Plea Bargain”是起源于美国的一项刑事诉讼制度，在 1970 年美国联邦最高法院对布雷迪诉美利坚合众国（*Brady v. United States*）一案的判决中正式确立。随后，1974 年 7 月 1 日修订的《联邦诉讼规则》第 11 条，对“Plea Bargain”这一制度正式做出了明文规定。

《布莱克法律词典》（*Black's Law Dictionary*）对“Plea Bargain”的解释为：The plea bargain is any agreement in a criminal case between the prosecutor and defendant whereby the defendant agrees to plead guilty to a particular charge in return for some concession from the prosecutor. This may mean that the defendant will plead guilty to a less serious charge，or to one of the several charges，in return for the dismissal of other charges； or it may mean that the defendant will plead guilty to the original criminal charge in return for a more lenient sentence.[3] 即“Plea Bargain”指在刑事案件中，控辩双方达成的，被告承认某一控罪以换取控方让步的任何协议，包括：被告承认一项较轻的控罪，或承认数项控罪中的某一项，以换取控方撤销其他控罪；或被告认罪，以换取较轻的量刑。

4 两岸三地对“Plea Bargain”翻译精确性的对比分析

4.1 内地对“Plea Bargain”的翻译

内地在引入“Plea Bargain”这一概念时，将其译为“辩诉交易”，如法制网2016年9月2日发表的文章《认罪认罚从宽制度实质上区别于美国的辩诉交易制度》，《人民法院报》2017年2月10日第8版刊登的文章《美国辩诉交易制度新发展与前瞻》等。但笔者认为这一翻译的精确性尚值得商榷。

首先，将“Plea Bargain”译为“辩诉交易”犯了望文生义的简单错误。《英汉法律词典》中“plea”一词的解释为：诉讼（*n.*）、答辩（*n.*）、请求（*n.*）；“bargain”一词的解释为：交易（*n.*）、契约（*n.*），做交易（*vt.*）、讨价还价（*vi.*）、达成协议（*vi.*）。“辩诉交易”这一翻译将“plea”和“bargain”两个英文单词的中文翻译简单地拼凑在一起，属于典型的望文生义。

其次，将“Plea Bargain”译为“辩诉交易”，忽视了原语的深层次意义。“Plea Bargain”这一制度在美国产生，有其独特的社会历史文化背景，目的是为了实现有效打击犯罪、保障人权与提高司法效率之间的有机平衡。“辩诉交易”这一翻译将“plea”译为“辩诉”仅表达了行为的双方主体，忽视了行为的本质；同时，将“bargain”译为“交易”，不能准确表达这一制度的目的和出发点。

最后，将“Plea Bargain”译为“辩诉交易”不符合汉语社会文化。“交易”在《现代汉语词典》中的解释为：以货币或服务为媒介进行的交换。在汉语社会文化中，当“交易”一词与国家公权力联系在一起时，往往表示一种腐败行为，比如“权钱交易”。因此，将“Plea Bargain”译为“辩诉交易”，易让人误解为代表国家行使公诉权的检察机关与犯罪嫌疑人“做交易”，严重损害了国家公诉机关公正廉洁的形象，也易使群众质疑法律的权威。

内地将“Plea Bargain”译为“辩诉交易”，从法律术语翻译精确性视角看，不能很好地实现翻译所要求达到之目的，没有达到“翻译要充分满足翻译说明的要求”[4]，“辩诉交易”这一翻译，形式上看似忠实于原文，实质上其在汉语语境中的交际效果与“Plea Bargain”在原语语境中的交际效果大相径庭。

4.2 我国香港和台湾地区对“Plea Bargain”的翻译

在我国香港和台湾地区出版发行的大量法学教材、法学论述和新闻报道中，“Plea Bargain”在这两个地区均译为“认罪协商”，如台湾大学法律学院王皇玉教授的法学论述《认罪协商程序之法社会学考察：以台湾刑事司法改革为例》（*Plea Bargaining in Legal Sociological Perspective: the Case of Taiwan Criminal Judicial Reform*）[5]、香港《文汇报》近期的报道《章莹颖案嫌犯首次开口 自曝正在服用抗抑郁药》，等等。

从法律术语翻译精确性视角看，“认罪协商”这一翻译很好地达到了“翻译要充分满足翻译说明的要求”，揭示了“Plea Bargain”这一制度的本质，符合创立这一制度的根本目的和出发点，能够很好地实现翻译所要求达到之交际目的。将“plea”译为“认罪”，符合“plea”“答辩”这一含义，且将其更加具体化；将“bargain”译为“协商”，符合“bargain”的原有之意，同时，“协商”一词揭示了控辩双方地位平等，暗合法律面前人人平等之法律精神。从其内在逻辑结构看，“认罪协商”充分揭示了“Plea Bargain”这一法律术语的内涵，“认罪”是“协商”的前提条件，同时“认罪”之目的在于“协商”。

4.3 结论

综上所述，从法律术语翻译精确性视角看，对“Plea Bargain”这一法律术语的翻译，香港和台湾地区的翻译“认罪协商”比内地的翻译“辩诉交易”更符合汉语的社会文化环境，更符合忠实原则，实现翻译要求达到的交际目的与功能。

参考文献

[1] 张法连 . 英美法律术语汉译策略探究 [J]. 中国翻译，2016（2）：100–104.

[2] 刘瑞玲 . 试论法律术语翻译的精确性 [J]. 外语学刊，2010（4）：125–127.

[3] GARNER，B A，ed. Black’s law dictionary（7th Ed.）[M]. St. Paul，Minn.：West Group，2000.

[4] CHRISTIANE N. Translating as a purposeful action：functionalist approaches explained[M]. Shanghai：Shanghai Foreign Language Education Press，2001.

[5] 王皇玉 . 认罪协商程序之法社会学考察：以台湾刑事司法改革为例 [J]. 台湾大学法学论丛，2008（4）：65–113.

基于问题学习的法商方向 MTI 翻译教学研究*

刘 婧**

摘 要： 本文以基于问题学习的相关理论为指导，探讨基于问题学习的法商方向 MTI 翻译教学模式。本文认为，教师在课堂教学中，模拟真实的翻译情境，引导学生参与翻译问题的求解，体验真实的翻译过程，发展思维能力，师生共同将翻译教学从教授"翻译能力"转向"译者能力"和"译者素养"的协作建构中。因此，本文运用"创设问题情境""组织学生小组""师生合作互动""法商翻译案例反思与翻译结果评价"等策略，并探索这些翻译策略在结合理论的课堂教学中运用的可行性。

关键词： 基于问题学习；法商方向 MTI 翻译教学；法商翻译教学策略

1 引言

根据国务院学位委员会《专业学位设置审批暂行办法》和国务院学位委员会、教育部《关于加强和改进专业学位教育工作的若干意见》，经研究和论证，于 2007 年在我国设置翻译硕士专业学位。

北京工商大学外国语学院于 2011 年获得国际法商英语专业硕士学位

* 北京工商大学学位与研究生教育项目——基于问题学习的翻译专业硕士教学模式研究。

** 刘婧，北京工商大学外国语学院副教授，主要研究方向为翻译理论与实践、教学法。

授予权，是国内首个将英语语言文学、法学、管理学融合于一起的硕士点。本硕士点下设两个研究方向：法商话语研究和法商翻译研究。2014 年获批翻译硕士专业学位授予点，该学位点旨在培养具有扎实的英汉双语基本功、较强的翻译实践能力、比较系统地掌握国际法律商务知识、能胜任国际法律商务实践和语言翻译工作的高层次、应用型、专业性笔译人才。其培养目标、培养模式、课程设置、教学模式均围绕法商专业优势与特色展开。在此背景下，笔者在法商方向 MTI 翻译教学中融入基于问题学习的翻译教学方法。基于问题学习的翻译教学汲取了建构 — 阐释主义认识论的精髓，将翻译教学目标从教授“翻译能力”转向“译者能力”的协作建构及至“译者素养”的培养。[1]

2　基于问题学习的翻译教学模式

基于问题的学习（problem-based learning，PBL）理论是 20 世纪 90 年代建构主义教学理论之一，代表新的教学范式，提倡以学习者为中心，赋予学习者“将理论与实践相结合、将知识与技能相结合，对特定的问题提出不同解决思路的”能力。[2] 基于问题学习的翻译教学模式以过程为取向，以建构主义学习理论为依据，注重激发学习者的自主能动性，注重翻译教学过程中师生的互动与协商。

教师不仅仅是知识的讲授者，还是学习的促进者与合作者。问题式学习翻译教学以真实语境中的翻译语料为翻译任务，师生在协商探讨中解析翻译任务，教师引导学生体验翻译过程的复杂性，获得翻译心得，在对不同译文的分析中寻求最佳译文。在翻译硕士专业教学中，教师和学生都被看作课堂教学的主体。虽然，在角色定位上教师侧重于主导而学生侧重于参与，但教师要充分尊重学生的意见。[3]

3　基于问题学习的法商翻译教学

在基于问题学习的法商翻译教学过程中，学生面对具体的翻译问题，运用已有的翻译理论对问题进行分析解决。与以往教师全课堂讲授不同的是，学生要参与到课堂教学中来。参与式教学是课堂中实践教学的新型范式。每个学生既是译者又是翻译评论者，从而在真正意义上提高学生的翻译实践能力，同时又能增强学生的创新意识和批判性思维。[4]

基于问题学习的法商翻译教学注重互相学习，在讨论协商中解决问题。教师可采用以下几种策略：

3.1 创设问题情境

教师基于真实的翻译任务设计问题情境，并对翻译任务的背景和情况做简要介绍。这些翻译任务与现实紧密结合，既能激发学生兴趣获取新知识，又能在译前准备中对源语文本的文体风格、术语及内容的准确度有一定了解，增强对同伴译文及自己译文进行评判的能力。

3.2 组织学生小组

学生小组的工作在课前就已开始，通过网络及语料库查询术语、翻译要点等。再以 PPT 的形式展示翻译成果，小组成员讲述翻译过程、心得与体会，与其他小组和教师讨论译文的优缺点，确定相对统一的译文，在集体智慧中提升团队学习能力。

3.3 师生合作互动

师生的合作互动开始于课前。教师从网络、翻译核心期刊、出版物等渠道中精心收集、选取翻译任务，考虑源语文本的难易度及对现实社会、经济、文化、商贸、法律等方面的涵盖，采取源语文本的文字、音视频等多种载体形式，交由学生带着问题在课前准备。学生在做课堂翻译实践呈现及分析讨论时进行引导、鼓励、质疑等，师生互动研究。研究即发现问题、讨论问题和解决问题，换句话说，研究能力中首先要具备提出问题的能力，随后才是解决问题的能力。问题导向是培养思辨能力的重要手段。[5]

3.4 法商翻译案例反思与翻译结果评价

基于理论的法商方向 MTI 的教学以实践尤其是法商实践为核心，突出实践性与实用性，与案例教学的特点相吻合。教师设计案例情境，引导学生对案例进行讨论、分析、归纳、总结，培养学生发现问题、提出问题及分析解决问题的能力。案例学习法的目的就是将学习置于真实的情境中，使学生获得寻求知识而非接受知识的能力。[6] 教师了解每位学生的翻译实践，以便有效引导。通过精选的法商方面的翻译案例，学生将译作和教师译品对比分析，反思翻译实践中出现的问题，对整个翻译过程进行思考。对于翻译结果的评价有学生自评、学生互评、小组评价及教师评价等几种形式，多元化的评价有助于培养学生的译者素养。

4 结语

基于问题学习的翻译教学方法与传统的教学方法相辅相成，促进学生学习的积极性与创造性。学生在学习过程中培养批判性思维，灵活利用所学知识解决实际问题。教师也在教学过程中创新教学模式，从而提高学生的专业素养。如何凸显专硕培养中译者的“专”、有效提升译者的专业翻译能力，是今后教学研究与实践的重点。[7]

参考文献

[1] 杨晓华 . 基于问题学习的翻译教学研究——以 MTI 文化翻译课程为例 [J]. 中国翻译，2012（1）：35–39.

[2] JOHN R. Savery overview of problem-based learning：Definitions and distinctions[J]. Interdisciplinary journal of problem-based learning，2006，1（1）：9–20.

[3] 王玉西 . 探索案例教学法在翻译硕士专业教学中的应用 [J]. 中国翻译，2012（4）：41–44.

[4] 曹进，靳琰 . 市场驱动下的翻译硕士培养模式——以西北师范大学为例 [J]. 中国翻译，2016（2）：50–54.

[5] 刘和平，王茜 . 翻译思辨能力发展特征研究——以 MTI 翻译理论与实务课程为例 [J]. 中国翻译，2015（4）：45–50.

[6] DAVID J. Supporting problem solving in PBL [J]. Interdisciplinary journal of problem-based learning，2011，5（2）：95–112.

[7] 贾一诚 . 译者能力与专硕翻译教学——简论美因茨大学翻译培养模式对我国 MTI 翻译教学的启示 [J]. 西安外国语大学学报，2015（4）：70–73.

商务英语开设内容与形式的统计

卢丹军 *

摘 要：商务场景下所应用到的英语，与我们日常所理解的英语有一定的区别，基本上是为了适应不同商务场合而提出并使用的词汇和语句，所以，商务英语的学习就与我们日常的英语教学存在一定差异。那么应该开设什么样的内容以及如何开设这门课程，基于现有商务英语课程有开设的必要性的假设，本文研究商务英语课程的内容及形式应如何完善与改进能够更加满足日益变化的市场环境对此类人才的需求的问题，根据调查提出了一些参考建议。

关键词：商务英语；BEC；课程设置；课程改进

1 研究方法介绍

本文主要采用调查法和文献研究法。在调查北京多所开设商务英语课程高校的实际情况的基础上，参照现有关于商务英语方面研究的文献资料，对所研究内容进行充实和完善。调查过程中按照一定的目的和计划，搜集研究对象有关的材料，从而弄清事实，分析、概括、发现问题。通过调查主要有三个目的：①掌握课题研究的第一手材料和数据，加强课题研究的

---

* 卢丹军，北京工商大学外国语学院讲师。

针对性。作为教育研究的对象和现象是复杂的，各种因素是不断地变化着的。因而，为研究解决问题，就必须掌握课题研究的第一手材料和数据，加强课题研究的针对性。②为课题研究提供事实依据。课题研究及教育科研应努力做好三个服务：为行政决策服务，为做好工作服务，为教育改革实践服务。所有这些服务都要以事实为依据。③明了现状，敢于创新。社会越是向前发展，我们要研究的问题涉及的方面就越多。因而，我们必须了解和把握现实情况。要善于发现新问题，解决新问题，提出新见解，形成新理论，推进教育科学和教育事业的发展。

2 商务英语的一般性分析

2.1 商务性与英语性的偏向现状分析

商务英语应当是在深厚的英语基础上，再强调商务。教给学生如何在商务领域中运用英语是教学目的，教给学生在商务活动中必备的英语词汇、在合同、谈判、信函等商务环节的英语运用技巧等。各高校对开设商务英语课程做了许多有益的探索，课程内容与框架也基本形成。但由于我国的商务英语教学时间短，学科发展尚处于初始阶段，所以专业课程体系还不完善，存在着诸多不足。据调查，学生对普通英语类课程满意度较高，而对商务英语基础课和商务英语专业课以及专业技能类课程的满意度则明显下降。普遍认为，商务知识类与语言知识类课程比例失调；商务知识类课程时间太少，内容笼统；方向不明确，针对性不强；实践性课程时间不足；学术性课程过多，职业导向性课程太少，商务知识与英语知识结合度不够；商务理论和技能课程与英语脱节等。可以说，商务课程与语言课程的比例失衡，开设何种商务课程，商务理论如何与实践结合，商务课程如何与语言课程衔接等，是目前商务英语课程存在的主要问题。

2.2 商务英语的主要课程设置

自商务英语专业设立以来，各高校根据其人才培养目标，围绕商务和英语两大核心，设计各自的课程内容和课程体系。普遍采取的思路是：将四年教学分为低年级阶段和高年级阶段两个阶段，低年级阶段致力于英语语言基础知识的学习，高年级阶段致力于英语、经贸专业知识的学习及专业技能的培养。但在具体课程类型的设置上，不同高校有不同的规划和区分。调查显示，目前北京部分高校商务英语专业（或专业方向）开设了以下课程：

（1）综合商务英语（实用性比较强、会写商务投资计划、商谈模拟、听力、阅读、商务词汇拓展等）。

（2）商务英语阅读与写作（商务类词汇较大、阅读上会涉及国家时事等，写作上有商务会议记录格式、便条等）。

（3）管理学（企业运营模拟，形式上每班分两个公司，设立董事长和各部门经理及部员等职位，以不同角度做策划、谈企业发展等）。

（4）商务英语视听说（外教上课，主要是听力，特点是 Role-play，会做一些广告策划展示或销售场景展示）。

此外，基于当前北京部分高校商务英语课程的设置，北京部分用人单位也对不同商务英语方向出身的毕业生采取不同的选聘标准，主要包括需要有剑桥商务英语中级以上证书，口语等级证书等，用人单位在必要时还会采取面试等方式对应聘者进行测试。

2.3 现行商务英语课程的特征和问题

（1）结构单一，未实现多元化发展（大部分高校局限于 BEC 的教学）。

（2）大班教学，学习效果不佳。

（3）实用性、应用性有待加强。

（4）商务知识与语言知识比例失调。

（5）教学内容过时，覆盖面不广。

3 总结

国际社会的形势瞬息万变，国际市场和国际商务情况也在不断变化，随之而来的需求也呈现出多元化态势。我们应以一种开放的姿态应对种种变化，在实践过程中不断完善课程体系，推陈出新，以建立起一种科学的、反映时代发展需求的课程体系。社会对人才的需求随时代的发展而变化，高等教育也必须随时代的发展而变化。可以说，没有一个一劳永逸的商务英语课程体系。当然，商务英语学科框架内可有各种层次。在课程设置时，我们应考虑到各学校的特点和层次。在商务英语学科的大框架下，构建不同层次与类型的商务英语课程体系和内容必然的选择。 总之，科学合理地设置商务英语课程，其最终目的是让学生掌握实用的理论和技能，为国家乃至世界培养优秀的商务人才。

BTBU 商务英语阅读延续教学之我见

陆 敏*

摘 要：商务英语阅读是一门以国际商务为语言背景的应用性英语学科，学生在学习时不仅要培养自己的阅读能力，更要掌握相关的商务背景知识框架和大量的商务词汇，鉴于目前学时远远不够，延续教学给学生提供了一个很好的平台。与此同时，在实际的操作中延续教学还存在着一些问题，笔者结合自己的教学情况就此进行了分析，并就完善延续教学提出了自己的建议。

关键词：商务英语阅读；延续教学现状；发展建议

1 引言

“缩减学分，压缩总学时”是我国高校为了适应当下经济社会发展对人才需求而实施的改革。改革的目的在于突出各高校的培养特点，建设本科特色教育。与此同时通过深层次的改革接轨国际，使国内高校教学逐步迈向国际化教育前沿。[1] 在缩减学分的前提下，课后延续的比重加大。延续教学的有效进行可以使得学生进一步消化课堂教学内容、拓展知识、有效促进学生主动思考并提升其自主学习能力。从目前的教学情况来看，作为一个相对新生的事物，延续教学还有许多需要完善的地方。笔者就自己在教学中遇到的情况做一个粗浅的分析，以期对以后的教学有所帮助。

* 陆敏，北京工商大学外国语学院讲师，主要研究方向为商务英语、英语教育。

2 商务英语阅读延续教学的现状

从几年的延续教学的情况来看，很多学生的延续教学时间利用得不好，自主学习能力不强。而且能够用于延续教学的平台少，因此延续教学的效果不佳。

2.1 可供延续用的平台少且质量不高

近几年本院选用的商务英语阅读教材中涉及了贸易与政府、市场营销、国际经济合作、财务与管理、金融与证券、人力资源管理等内容。每个单元涉及的内容都很多，但是受学时所限，我们已经尽量将每个单元压缩到3~4周讲完。笔者在教学中竭尽所能构建每个主题的知识框架并扩大学生的商务词汇量，以期所有这些知识的输入能有助于提高学生的商务英语阅读能力。因此不论是商务背景知识还是词汇量都比较大，仅靠课堂学生是不能够充分地消化吸收的（这是近几届学生的学习现状）。延续教学的出现有效地解决了学生复习巩固的时间问题。遗憾的是，目前大学英语引进了若干个平台，师生利用起来比较方便。而商务英语专业因为其较强的专业性，没有太多的校外资源可以利用。唯一引进的商务英语平台并没有太多可供商务英语阅读所用的资源；即便有，也不能与课本所讲各单元一致，无法对课堂所学内容进行深化和补充。

2.2 学生的自主学习能力不强

每次的延续课，笔者均会下发与单元主题有关的商务资料及新闻资讯以促进学生对主题的理解。但学生缺乏主动性，使得整体的学习效果大打折扣。学生的自主学习能力不强具体表现在：①对材料只是泛泛而过，不求甚解；②不会借助宝贵的网络资源扩大自己的知识面。

3 对延续教学的建议

针对上述问题，笔者认为可以从以下几个环节入手，完善延续教学。

3.1 充分利用网络、报刊等资源，弥补平台不足

针对平台少且信息滞后的问题，笔者认为可以在完成课堂教学之后，充分利用报刊资源，下载相关的新鲜资讯供学生阅读，最大限度地丰富商务英语阅读素材，与此同时因为所选内容与课程主题紧密结合、与时事息息相关，从而能够提升学生商务英语学习的兴趣。当然，还可以鼓励学生充分利用网络资源，查阅与主题有关的信息，根据自己的吸收能力进行个性化学习。

3.2 优化延续教学的形式，培养学生的自主学习能力

延续教学是学生对教师所授内容的内化过程，教学形式直接影响学生学习消化的效果。[2] 通过几轮的教学，笔者认为可以采用测试、小组讨论、开放式问题等激发学生的学习动力，避免填鸭式教学。教师可以提供与课堂教学主题有关的资料，要求学生自学，然后通过测试、课堂陈述等形式了解学生对知识点的消化、吸收情况；也可以提出开放式问题，鼓励学生自己利用网络资源对单元主题内容进行补充。

总之，为了进一步深化和补充课堂教学，教师在教学过程中要根据学生的实际学习情况，灵活运用教学方法，总结经验，完善延续教学。

参考文献

[1] 孙晓荣，刘翠玲，孙冬．高校延续教学组织形式研究 [J]. 黑龙江教育（高教研究与评估），2015（6）：35.

[2] 侯丽颖．延续教学法在第二外语中的应用研究 [J]. 中国轻工教育（教学改革与实践），2016（6）：65.

外贸函电英语的特点*

石宝华**

摘　要：随着全球化的发展，中国与世界的联系愈加紧密，外贸函电成为国际交流的主要工具。外贸函电英语具有简洁、清晰等特点。本文探讨了外贸函电英语的特点，为外贸函电英语的翻译打下了基础。

关键词：外贸函电；外贸函电特点

随着全球化的发展，中国与世界的联系愈加紧密，我国的对外贸易也在不断地扩大。外贸英语作为国际贸易的交流工具之一，获得了很大的重视。外经贸人员通过了解外贸函电的特点及翻译策略，能够更好地理解和处理贸易活动中出现的商务信函。

1　简洁

外贸英语函电专业词汇的简洁性在于使用一些缩写词就能明确交易双方的权利和义务，减少商务谈判时间，达到有效沟通的作用。

1.1　避免使用陈旧的商业术语

陈旧的与传统的商业术语（commercial jargon）对书信的内容没有什么

* 本文为北京工商大学青年教师科研启动基金项目成果。

* 石宝华，北京工商大学外国语学院助教，主要研究方向为英语翻译。

作用，应该避免使用。[1-2]

例 1：

Wordy：We wish to acknowledge receipt of your letter of November 14 with the check for Stg.10 enclosed and wish to thank you for same.

Concise：We appreciate your letter of November 14 and the check for Stg. 10 you sent with it.

1.2 长话短说

通常商业人士每天需要阅读大量的书信，对开门见山、长话短说、直接切题的信特别欢迎。因此，写信要力求长话短说。

例 2：

Wordy：Please see that an enquiry is conducted to determine the reason.

Concise：Please find out the reason.

例 3：

Wordy：We express our regret at being unable to fulfill your order on this occasion.

Concise：We are sorry we cannot meet your present order.

2 正确

商业书信必须写得正确，因为它涉及买卖双方的权利、义务、利害关系，是各种商业单据（如合同）的根据。

2.1 正确的叙述

商业书信的内容要叙述得正确，既不要说得不够（understatement），也不要说得过头（overstatement）。

例 4：This stove is absolutely the best（or：the very best） on the market.

译文：这种炉子是市场上绝对最好的炉子。

这句话是用来介绍商品的，但没有具体介绍商品的性能，而是抽象地断定这种炉子是“市场上绝对最好的”。这样介绍商品，不但不能达到推销的目的，反而使人对写信人有“卖狗皮膏药”的感觉。

改写：Our model A195 is designed on modern lines，without any increase in fuel consumption，25% more heat than the older models. So you will agree that it is the outstanding stove for economy of fuel.

2.2 正确理解和运用商业术语

一般常用的商业术语用字简洁，意义明确，使用得好，工作进行得顺利，使用得不好，就会引起混乱、误解，甚至产生不必要的纠纷。

例 5：You ask very short delivery for your order.

写信的人原意是说“你们要求赶快交你们的订货”。可是 short delivery 不是快点交货的意思，而是“短交”的意思，这就用错了商业术语。

因此，应该说：Your require quick（prompt）delivery of your order.

参考文献

[1] 张培基 . 英汉翻译教程 [M]. 上海：上海外语教育出版社，2009.

[2] 徐晓婷 . 外贸英语特点及其翻译标准 [D]. 保定：河北大学，2010.

从合作原则角度浅析商务英语演讲的翻译

王海洋　刘红艳*

摘　要： 自从改革开放以来，中国的国际地位不断上升，国际商务交流不断增多，商务演讲逐渐成为常见的一种商业形式，对于商务演讲的翻译也逐渐成为热点关注对象。因此作为国际贸易活动的主要交流工具，商务演讲翻译的准确与否直接关系到两国之间的沟通效果，也会影响到经济利益。鉴于商务演讲在商业活动中的重要性以及面对不断加深的国际合作，本文旨在从合作原则的角度，从质量（quantity）、数量（quality）、关系（relation）和方式（manner）四个方面，通过例证，对商务英语演讲翻译的特点进行研究，浅析商务演讲的翻译特点：精确、简洁、清晰、灵活。旨在为商务英语演讲翻译的教学、学习和实践带来指导与帮助。

关键词： 合作原则；商务英语；商务演讲；翻译

1　引言

在中国经济飞速发展的过程中，商务演讲起着两国互相了解、交换信息、促进贸易关系的至关作用。这其中对于演讲内容的正确翻译是最基本、

* 王海洋，北京工商大学外国语学院国际法商英语专业研究生，主要研究方向为法商话语研究。刘红艳，北京工商大学外国语学院教授，研究方向为基于语料库的话语研究、学习者语料库研究、言语障碍患者即席话语研究。

也是最重要的要求，演讲内容如果翻译出错，很容易导致双方的误会和不快，从而导致沟通受阻，商业项目进展中断，甚至造成双方产生误解，造成合作破裂甚至构成商业纠纷。而简练、正式、专业的高质量译文可以帮助两国之间进行有效的交流，推动商务合作和经济发展。了解商务演讲翻译的特点有利于译者把握译文风格，进行信息的准确、有效传递。

译者要做到上述要求，语用学相关的知识与理论必不可少。语用学“既是理解语言使用语言的学问，也是研究语言合适得体的学问”。[1] 它将语言研究的视角“从抽象回到具体，从理性思辨走向实例分析，从研究单句扩大到篇章，从注重抽象的语言系统变成注重实际的语言运用”。[2] 它“既研究发话人借助语言符号和语境表达意义的编码过程，也研究听话人对话语的解码和推理过程”。[3] 因此语用学对翻译研究具有极大的价值，其中合作原则是语用学核心理论之一，也是当前学界研究热点话题之一，对商务演讲翻译有着重要的意义。本文旨在从合作原则的角度，通过对商务英语演讲翻译的研究，浅析商务演讲的翻译策略及其翻译特点。希望为商务英语演讲翻译的教学、学习和实践带来指导与帮助。

2 文献综述

商务演讲是国家领袖、政府官员、企业领导等发表的有关政府及公司的财务情况和经济策略的论述文，旨在宣扬其政策、表述真实情况、力求双方协作、取得进展等。从问题上来说，商务演讲既具备说明功能又拥有议论功能。因此，商务演讲翻译水准是商务活动能否顺利的必要条件。简练、准确、专业的高水平翻译可有助于两方及多方之间进行有效沟通、展开合作并且取得进展。“翻译研究是探讨译者解读原文、在译文重构原文意义的学问。”[4] 因此，在当前大环境下，商务英语逐渐成为热门学科，对于商务演讲的翻译也应该引起关注。

作为语用学的主要内容，合作原则在国内引起了广泛的关注，至今，有关合作原则的文章仍是学界研究的热点，利用合作原则进行的分析研究也在逐年增多，大致可分成以下三类：“理论译介、理论研究和应用研究”。[5]对于应用研究来说，合作原则与翻译是很重要的一个方向。在过去20年中，合作原则在各类翻译中都有所体现，包括文学翻译、政府工作报告翻译、信函翻译、广告翻译等，但是对于商务领域的翻译，通过在中国知网上查找，发现仍然处于起步阶段，对于商务演讲翻译的研究，更是少之又少。

语言学家Grice 1975年在*Logical Conversation*一文中说道：“我们的谈话交流常规情况下并不是由一系列互不关联的离散评价组成的，如果那样谈话就缺乏理性了。它们的特征，至少在某种程度上，是合作的努力，而且每一位参与者在某种程度上都能认识到一种或一组共同目的，或至少是相互可接受的方向，使你的会话按照要求，在适当的阶段，按照所参与的谈话交流接受的目的或方向发生，人们可以把这称为合作原则（cooperative principle，CP）”[6]。在人与人之间的交流中，为了达到目的，会在进行沟通的时候一种规则彼此配合，体现了真实性及关联性。交谈双方以这种规则进行交际，最终达到双方预期的交流目的。合作原则时刻体现以下四个特征：“质量（quantity）、数量（quality）、关系（relation）和方式（manner）”[7]。也就是说，合作原则能够帮助说话人在交流过程中满足其沟通目的和需要，其在具体使用中时刻围绕以下四条准则：

（1）数量准则：

①使自己所说的话达到所要求的详尽程度；

②不能使自己所说的话比所要求的更详尽。

（2）质量准则：

①不要说自己认为是不真实的话；

②不要说自己缺乏足够证据的话。

（3）关系准则：说话要贴切。

（4）方式准则：

①避免晦涩的词语；

②避免歧义；

③避免赘述；

④说话要有条理。

可以看出，人与人的交往过程中，为了达到交际目的，这四条准则时刻体现着。商务演讲作为口语交际的一种典型模式，其沟通过程及翻译与该原则紧密相关。下面笔者通过合作原则的四条准则，用例证的方式试浅析商务演讲的翻译。

3 在 GRICE 的会话合作原则下的商务英语演讲的翻译

商务演讲的翻译的优劣与信息传递的质量与效率息息相关，体现了时效性、经济效益性，因此对于信息的准确传达和及时传达都有着很高的要求。合作原则主要研究的是语言交际是否成功，因此合作原则能够充分体现商务演讲翻译的特点。下面本文将浅析在合作原则的 4 条准则下商务演讲的翻译。

3.1 数量准则的体现

在翻译商务英语信函时，要保证自己所说的话达到所要求的详尽程度，避免漏译、多译。数量准则的存在严格要求了沟通时双方需要表达的信息数量，这就意味着在进行商务演讲的翻译时，信息的表述要全面、准确、完整，语言也要简练、恰当、客观，传递准确数量的信息让听众不会遗失任何说话者的内容。

例 1：在这个美丽无比、繁星满天的夜晚，我谨代表总经理欧阳女士，以及公司的全体同人，感谢各位能在一年中最繁忙的季节，从百忙中拨冗光临我们的新产品发布会，并向你们表示欢迎。

译文：On this most beautiful evening with numerous shining stars in the sky, on behalf of General Manager Madam Ouyang and all my colleagues of the company, I wish to thank you all the people here for taking the time of their busy schedule, at the busiest time of the year, to come to our product launch. We really appreciate your presence here tonight with us.

该译文完整表达了原句的全部含义，没有进行过度夸张、华而不实的描绘，也没有意思上的缺失；对于“繁星满天”“拨冗光临”这些描述的翻译不仅准确恰当，而且使用了更加易懂的话语进行翻译，没有添油加醋，体现了商务演讲翻译对于数量准则的遵守。

3.2 质量准则的体现

商务演讲的翻译对于真实性的要求极高，译者不能制造不真实的内容，也不能自行理解、添油加醋，“翻译无非是追求一个‘信’字”[8]。不管是商务会议还是文书信件，这些皆为双方建立合作的重要途径，如果产生了不真实之处，则会将双方之前的努力付之一炬。

例 2：中国高度重视并积极参与亚欧合作进程。10 年来，中国在反恐、司法、经贸、财政、科技、海关、环境、文化等领域举办了众多后续活动，大力倡导多边合作，开展经济交流，推动不同文化和文明对话。

译文：China attaches great importance to and has taken an active part in the process of Asia-Europe cooperation. Over the past 10 years, China has carried out many follow-up activities in counter-terrorism, the judicial sector, economy and trade, finance, science and technology, customs, environment and culture. We have actively promoted multilateral cooperation, economic exchanges and dialogue between different cultures and civilizations.

这句话中信息点的罗列密集，译者很容易造成信息的不准确和丢失。该译文严格按照原句意思进行的翻译，没有加入不真实的描述，也没有丢

失任何一项信息，对于一系列专业词汇的翻译，做到了真实、准确、恰当，体现了对质量准则的追求

3.3 关联准则的体现

关联准则要求译者需要拥有一定的灵活性，在对原文文本或说话者的演讲内容充分了解并且准确理解以后再进行翻译，以此帮助听众正确理解原文意思。在商务演讲的翻译中，译者需要注重不同词汇在不同语境下的不同意思，明确特定含义，达到译文与原文的关联与统一。下面以 policy 为例，说明它们在使用中的区别。

例 3：

（1） Our new policy tilts toward the third world.

译文：我们的新政策倾向于第三世界。

（2） Please allow me to introduce our insurance policies and endorsements.

译文：请允许我来介绍一下我们的保险单和保险单上所附加的变更保险范围的条款。

policy 的常见意为政策、方针，在许多演讲中也是常见词汇，可是在商务演讲中，尤其是与保险相关的内容中，policy 最贴切的翻译往往是保险单。在商务演讲的场合中，往往给予译者很短的处理时间，如果译者没有足够的商务英语知识积累或者反应速度不够，会很容易将 insurance policies 错译为保险政策，这将造成很严重的误解。类似 policy 的词汇还有很多，如 market（市场；销路）等。

3.4 方式准则的体现

合作原则中的方式准则首先需要规避冗余啰唆，做到精练准确；其次，要避免使用陈旧难懂的词汇，力求翻译用词恰当；最后，在处理长难句时，译者要注意逻辑准确、格局清楚。英汉语言之间有着形合义合之分，这些

都是译者要特别注意的方面。

例 4：随着中国加入世界贸易组织，服装市场中女装首当其冲受到冲击，这是因为国内制造的女装在面料、配饰、设计和工艺方面远远落后于世界水平，必须采取行动取得新突破。

译文：With China's entry into the WTO，womenswear will be the first to bear the brunt in the clothing market. Since domestically-made womenswear lags far behind world standards in in fabrics，accessories，designs and workmanship，action must be taken soon to make new breakthroughs.

本句的难点在于理清几个意群之间的逻辑关系并且采取合适的方法合理安排句子结构，例子中的翻译采取了断句的方法，将逻辑关系分别置于两个句子中，避免了在翻译长句时造成的混乱与指代不清，表达简洁准确、脉络清晰，体现了方式准则的要求。

4 结语

在商务演讲的翻译中，从 Grice 的合作原则的四个原则角度来看，无不体现了精确、简洁、清晰、灵活的特点。商务演讲翻译是一种应用型翻译，追求效率与结果，所以对于信息的准确性和及时性都有着极大要求，这也意味着译者需要遵循："言语交际的社会情境加以调节……双语转换中的句式通常必须以此作为语用理据。所谓语用理据就是语言变式的言语行为目的性及意图。"[9]

同时，合作原则也为译者提供了相应的指导方法：译者在对商务演讲进行翻译时，要时刻做到全面、准确、完整，语言也要简练、恰当、客观；要忠于原文，准确而有效地传递原文信息；要联系语境，保证译文的通顺，也要顾及文化差异；翻译的语言要简洁、规范。因此对于译者来说，不仅需要拥有较高的翻译基础和综合能力，还需要具有丰富的商务知识和文化底蕴才能做好商务演讲的翻译工作。当然，本文仍存在许多不足之处，合作原则只是语用学中重要理论之一，对于其他语用学理论的探讨会在今后对于翻译知识深入学习之后进一步改正与补充，从而能更全面地分析商务英语演讲的翻译，用以指导商务演讲翻译教学、学习和实践。

参考文献

[1] 况新华，谢华 . 国内语用学研究概述 [J]. 外语与外语教学，2002（6）：6-8.

[2] 姜望琪 . 当代语用学 [M]. 北京：北京大学出版社，2003：59-60.

[3] 方雪梅 . 会话合作原则与翻译 [J]. 剑南文学（经典教苑），2011（6）：151.

[4] 张新红，何自然 . 语用翻译：语用学在翻译理论中的应用语用学概论 [J]. 现代外语，2001：286-292.

[5] 余富林 . 商务英语翻译 [M]. 北京：中国商务出版社，2003：248.

[6] GRICE H P. Logic and conversation [M]//COLE P，MORGAN J. Syntax and semantics：Speech act . New York：Academic Press，1975.

[7] 何自然 . 语用学概论 [M]. 长沙：湖南教育出版社，1988：65.

[8] 叶子南 . 高级英汉翻译理论与实践 [M]. 北京：清华大学出版社，2001：314-315.

[9] 刘宓庆 . 当代翻译理论 [M]. 北京：中国对外翻译出版公司，1999：36.

话语分析工具：大话语

王红莉*

摘　要：James Paul Gee 在《话语分析理论与方法》中综合了语言学、社会学、心理学、认知科学和文化等多个角度，提出了独到的话语分析理论和方法。本文重点评介其最重要的话语分析工具之一——大话语，希望为综合话语分析提供实用的分析工具和方法。

关键词：话语分析；大话语；综合法

1　引言

理论不同，分析目的不同，话语的定义也不一样。有人把话语看作社会文化语境中的一种语言使用形式；也有人认为话语指具体的某个会话或某篇文章；还有人将话语视作一种交际事件或言语交际活动。Harris 把话语看成连接的言语；Pike 提出话语是社会文化语境下互动过程的产物；Brown 和 Yule 把话语看作过程，语篇是话语的具体表现形式；Van Dijk 却反对把话语视为一种语言使用形式，认为话语应包括语言使用、思想传递和社会情境中的交际三个方面。因此，进行话语分析需要涉及诸多方面，不仅要了解话语的表达层，还要深入意义和动作层，考察语言的功能以及语言使用者的编码和解码过程，注意社会文化语境和认知

* 王红莉，北京工商大学外国语学院副教授，主要研究方向为语言学与外语教学、英汉语言对比等。

的作用。

话语分析研究经历了从 20 世纪 50 年代开始的以描述语言现象为主的结构主义方法，经历了 60 年代社会语言学的影响，强调社会文化语境中的语言变异，把语句看作社会行为。之后，话语分析逐渐成为一门独立学科。研究者运用各种方法如认知分析法、社会文化分析法、批评分析法、综合法进行话语分析。James Paul Gee 的《话语分析理论与方法》就是综合法话语分析的代表作之一，综合了语言学、社会学、心理学、认知科学和文化等多个角度，提出了独到的话语分析理论和方法。篇幅所限，本文重点评介其最重要的话语分析工具之一——大话语（Discourse），希望为话语分析提供新的理论视角和实用的分析工具与方法。

2 Gee 的基本观点

Gee 认为，人类语言除了具有广为人知的传递信息的功能外还有两大主要功能：社会活动的基础和作为文化、社会群体和社会机构中人类关系的基础。这两个功能互相联系：文化、社会群体和社会机构离不开社会活动，社会活动可产生和改变文化、社会群体和社会机构。同时，他还认为话语具有明确的政治性，即人们在说话或写作时都带有一定的观点或态度。语法能帮助我们创造“政治”。因此，话语分析就是要研究人们如何在具体语境中使用语言来进行社会活动、建立社会身份。

人们根据语境使用口语或书面语，实际上是在创建或重构社会身份、社会活动和社会机构，具体地说是通过话语完成六项构建任务：

①物质世界的意义和价值；

②活动；

③身份和关系；

④政治；

⑤相互联系；

⑥符号（哪些不同的符号系统在怎样起作用）。

与这六项任务相关的分析工具很多，“大话语”是其中最重要的一种。

3 大话语：最重要的话语分析工具

3.1 “话语”与“大话语”

社会语言学家用“话语”来指称交际双方的语言交流互动；但 Gee 提出了“大话语”的概念来识别社会关系、社会身份、语境以及语言使用的具体情境之间的相互关系。他把特定人群的身体、衣着、手势、动作、交际事件、做事方法、符号、工具、技术以及价值观、思维方式、态度、信仰和情感等统称为大话语。由此看来，大话语不仅集成了交际双方的交流方式如听、说、读、写，还集成了行动、交互、信任、价值、感受等社会群体所认可的规律。

“话语”和“大话语”这两个概念把语言和社会的其他因素融合在了一起。话语专指语言材料，而大话语是得到社会承认的语言和非语言材料使用的结合体。当以他人能够识别的身份，在合适的时间、地方，把语言、动作、相互关联、价值观、信仰、符号、工具等融合在一起便产生了大话语，它可以协助识别“社会网络（social network）”中的身份问题。

3.2 大话语的特点

大话语存在于各种各样的社会机构里，常需要通过诸如书报、实验室、建筑物、技术等来实现。大话语没有明确的界限，规模可大可小，数量无限且处在不断的动态变化中。人们总在历史的长河中根据不同的情境不断地创造出新的大话语，改变旧的大话语，挑战并变更着大话语的边界。但无论怎样，在 Gee 的话语分析理论与方法里，大话语主要服务于话语分析中的身份辨识作用，犹如我们所看的电影胶片，可以随时倒带定格在某个静止画面，以便明确辨识人物或场景。

归结大话语的主要特征，一个大话语往往可以分裂出两个或更多的大话语；反之，两个或更多的大话语也可以融合成一个大话语；新的大话语不断出现，旧的大话语总会死亡，这是不变的规律；大话语的规模有大有小，某一个大话语可能是许多不同的大话语的一部分，也可以同时属于许多其他的大话语或与其他大话语交叉重叠，也可能是多个大话语的杂糅体；大话语的界限不易界定，数量众多，多到数也数不清；在每个大话语里，会有共同的身份、信念、思维方式、感觉，恰当地用来界定此大话语的成员身份以区别于其他大话语成员。

3.3 大话语的作用

Gee 的综合话语分析方法涉及人类思维、交际活动、社会群体、社会机构等各方面因素，尤其偏重社会和认知的方法，目的在于分析语言是怎样通过语法词汇来进行社会活动、表现视角和建立身份的。

大话语作为重要的话语分析工具，在分析具体话语的 6 种构建任务中主要是完成身份识别的任务，即通过语言和非语言材料来辨识回答“谁”干“什么”的问题。识别任务和物质世界的大话语同时存在，正如无法搞清“先有鸡”还是“先有蛋”一样，没法界定到底是先有识别任务还是先有大话语。只有识别任务才能造就大话语，反过来，有了大话语的识别工作才有存在的可能和意义。识别和大话语密切关联，相互依存。

4 结语

话语分析是对使用中的语言进行研究，涉及人类学、哲学、社会学、认知心理、文化习惯等诸多方面。根据 Gee 的话语分析理论，话语意义都是情境意义，必然与人的经历经验和观点观念密切相关。所以，不同大话语里的词句自然具有不同的情境意义；不同的社会语言具有不同的词汇和句法特征与规律，跟特定的社会活动和社会身份相关，也就是说跟大话语密切相关。所以，要了解某一特定的社会群体语言就必须了解怎样恰当地使用特定大话语里的特定语法以及词汇规则。在进行具体的话语如法商话语分析时就不能只局限在句子层面，不能脱离它的社会语境，应该且必须考虑诸多语言外要素如身体、着装、手势、动作、行为、符号、价值、思维、态度、情感等。

职业口译员商务类英汉同声传译语料库的建设与分析

王致虹 *

摘　要： 自中国加入世界贸易组织以来，国际商务交流日益频繁，大型国际商务会议数量激增。近年来，“一带一路”等国家战略的提出，使得这一趋势更为显著。在这样的背景下，针对商务类同声传译的研究有重要意义。自20世纪90年代以来，语料库翻译研究快速发展，逐渐成为翻译研究的新范式。商务类会议在口译市场中占据较大比重，有必要对商务类英汉同声传译语料进行建库和研究，这对指导英汉同声传译实践、教学和口译学习者的有效自我训练具有重要意义。

关键词： 同声传译；语料库研究；商务会议

同声传译（simultaneous interpreting）是指口译员通过同声传译设备，在不打断演讲者的情况下，不间断地以口头表达的形式将原语转换为目的语的过程。同声传译适用于大型国际会议。自中国加入世界贸易组织以来，国际商务交流日益频繁，大型国际商务会议数量激增。近年来，“一带一路”等国家战略的提出，使得这一趋势更为显著。在这样的背景下，针对商务类同声传译的研究有重要意义。

自20世纪90年代以来，语料库翻译研究快速发展，逐渐成为翻译研

* 王致虹，北京工商大学外国语学院教师，主要研究方向为口译理论。

究的新范式。[1] 国内口译语料库的建设和应用大致起步于 2007 年。然而迄今为止较有规模的屈指可数，且多为口译学习者语料库，而职业口译员口译语料库的取材绝大多数都是政府部门新闻发布会交替传译，且多为汉译英交替传译。但是，政府部门新闻发布会同口译市场上绝大多数会议在原语和口译策略的选择上都有很大不同。商务类会议在口译市场中占据较大比重，有必要对商务类英汉同声传译语料进行建库和研究。

国际上其他语言对（language pair）的职业口译员同声传译语料库建设和研究已初具规模，如日本名古屋大学的英日同传语料库（SIDB）和欧盟议会同传语料库（EPIC）。其对语料的处理和分析方法具有借鉴意义。然而，职业口译员英汉同声传译语料库的建设和研究尚在萌芽中。建立职业口译员英汉同声传译语料库，并基于此进行口译策略的研究，对指导英汉同声传译实践、教学和口译学习者的有效自我训练具有重要意义。

目前，较有规模的英汉口译语料库屈指可数，且多为口译学习者语料库、政府部门新闻发布会交替传译语料库。英汉同声传译语料库尚处于缺失状态。研究选取占据口译市场较大比重的商务类英汉同声传译作为语料库建库对象，并分析、研究出商务类英汉同声传译的最优策略。

研究分为语料采集、语料处理、语料分析、对比研究、得出结论这几个步骤。

首先，使用录音设备对职业口译员商务类英汉同声传译语料进行大规模音频采集。其次，运用语料处理软件等工具对采集到的语料进行处理，具体包括切分、转写、标注等。接下来，对处理后的语料进行量化统计、定量分析、定性分析，研究商务类英汉同声传译的最优口译策略。同时，强调高级统计方法的运用（如卡方检验等），得出一般性结论，揭示商务类英汉同声传译的普遍规律。最后，基于现有口译学习者语料库，将职业口译员商务类英汉同声传译的策略、商务类英汉同声传译的最优策略、口译学习者在商务类英汉同声传译训练中的口译策略选择作对比研究，以指导商务类英汉同声传译的教学工作，并为口译学习者的有效训练提供指导。

参考文献

[1] 胡开宝，陶庆 . 汉英会议口译语料库的创建与应用研究 [J]. 中国翻译，2010（5）：49–56.

网络在线教育的特点及本质

薛　冰*

摘　要：互联网的产生打破了传统意义上对语言教学环境的定义，使学习者拥有了更多的选择和自由。本文试图就当前的在线教育特点和本质作一剖析，并结合外语教学理论，为今后该领域的研究和实践提供一些借鉴。

关键词：网络；在线教育；外语教学理论

1　引言

在人类历史中，技术革命会带来社会和文化的一系列变革，最终促进人类行为习性和思维模式的进化。在互联网时代，信息选择的爆炸和移动终端无处不在的触角，催生了人们学习行为的变革，在线教育应势而起。

现有的在线教育产品，按照学习者的学习形式可以分为两类，一类是视频课程，包括即时视频语音课堂和观看录课视频；另一类是自学多媒体课件。第一类在现有的在线模式下，最常见也最引起热议，其特征是，从教学法和知识传递系统的本质来看，是传统地面教育的“在线版”，并未根本的异变，虽然所在平台有相应的练、考、测、评等环节，但还没有真正形成体系化的在线学习系统链条；第二类多是欧美引进，根植于

* 薛冰，北京服装学院语言文化学院副教授。

网络消费文化的普及和开放的学习理念，所以有成熟的在线课程体系和教学理论支撑，但不够本土化、针对中国学生的学习习惯和教育体系无法“对症下药”。

人类的学习模式还没有发生最根本的质变，所以这两类现有的在线教育内容都不足以掀起在线学习的变革浪潮，也无法保证学习结果，还需要线上与线下的结合。在线教育产品根基在互联网，所以它在很大程度上可以说是一个互联网产品，这个时候的教学系统要素应该是带有互联网特性的，在设计在线课程的时候，需要我们不仅要有传统地面教育的设计维度，还要从互联网特性出发，学生不单单是习惯了坐在教室椅子上的学生，更是一个“网络用户”，课程不仅仅只要符合传统的地面课堂教学方法论，更要是一个“互联网思维”的产物，传统意义上，保证学习效果的前提是讲、练、测、评、考五个教学系统要素的发力与环环相扣。我认为设计一款好的在线教育产品，一定是要既符合互联网特性下人们的在线行为与认知习惯，又能保证教学效果五要素线上线下的相互补充与良性操作，成为一个在线互动学习开源站点，这样才能解决在线教育产品“结果”和“动机”两个难题。那么，采用怎样的在线教学法更符合互联网特性和人类学习系统的认知规律呢？下面将简要论述。

2　人类的学习系统和认知规律

2.1　教学的本质是知识传递系统

教学的本质是实现知识的人际传递。传授者、接受者及传递知识的教学载体三个基本要素共同构成知识传递系统。其中，传授者的任务就在于依据知识传递的规律，赋予知识以一定的物质形式，使之成为可以传输的对象，并依据掌握知识的认知规律向接受者进行传授。所以，教学法是在学习内容的传递规律和学生学习的认知规律之上的。

那么，评判教学的有效性就在于知识传递系统和学生接受系统之间的“误差”最小。

2.2 学生在学习的过程中具有“接受性”和“构建性”双重属性

学生在知识传递系统中是一种接受者的角色，接受者的任务就在于接受传授者所传授的知识，以构建自己的知识体系，这就是教学目标。在传统的地面课堂里，教师是传递过程和结果的控制者。学生通过学习，来掌握前人所创造的经验知识，是一种接受学习。

许多教师认为教学本身就是简单的知识的传递，这是忽略了学生的自主构建性。知识在本质上需要先经过一系列的变质、变形处理后，才能进行传递。教学的过程要赋予知识以某种客观形式，如能够被学生感知到的声音、具体影像与文字符号等，使它们成为传递知识的物质载体。学生的学习，接受的并非知识本身，而是由教师所发送的媒体或信号，他要获得媒体或信号所负载的知识信息，就必须进行一系列的加工处理，然后内化为自己所理解的知识。也就是说，学生对知识的接受学习，是一种积极主动的构建过程，并非只是消极被动的“接受”。新知识的学习必须以学习者头脑中原有的知识为基础，没有一定知识基础的意义学习是不存在的。因此，在有意义学习中必然存在着原有知识对当前知识学习的影响，即知识学习中的迁移。

有许多理论都认同这个观点。布鲁纳的认知结构学习理论重视发现式学习法，强调学生不是被动的、消极的知识的接受者而是主动的、积极的知识的探究者。教师在教学过程中的作用是让学生在边试边做中形成一种能够独立探究的能力，而不是提供现成的知识。

2.3 内部动机：认知类激发内在动机的学习原理

学习的动机决定学生的学习行为，学生学习的动机分为内部动机即内驱力，和外部动机即外部刺激。奥苏贝尔成就动机论（即学生试图获取好成绩的倾向）认为内驱力由三方面组成：认知驱力、自我增强驱力、附属驱力。

认知驱力（cognitive drive）是指学生渴望认知、理解和掌握知识以及陈述和解决问题的倾向。简言之，即一种求知的需要。一方面是成功学习的结果，学生预期到未来的学习可能会得到满意的结果；另一方面是家庭和社会中有关人士影响的结果。

自我增强驱力是一种通过自身努力，胜任一定的工作，取得一定的成就，从而赢得一定的社会地位的需要。它与认知驱力的区别在于：认知驱力指向的是知识内容本身，它以获得知识和理解事物为满足；自我提高的内驱力指向的是一定的社会地位，它以赢得一定的地位为满足。它的作用时间往往比认知驱力还要长久。认知驱力往往随着学习内容的变化而发生变化。当学习的内容不能激发起学生的认知兴趣时，认知驱力就要下降或转移方向。

附属驱力是指个人为了保持长者们或权威们的赞许或认可，而表现出来的一种把学习或工作做好的需要。对于学生来说，附属驱力表现为学生为了赢得家长或教师的认可或赞许而努力学习，取得好成绩的需要。

2.4 外部刺激：按照学习发生的过程来组织教学，外部教学活动必须支持学生内部的学习活动

教学是外部刺激活动，需要根据内部学习过程来予以组织。学习的内部发生过程按照人脑反应机制可以分为准备、操作和迁移三个部分，每个部分又可分为三个阶段，分别为：引起注意→ 告知学习目标→ 刺激回忆→ 呈现刺激材料→ 根据学习者特征提供学习指导→ 诱导反应→ 提供反馈→ 评定学生成绩→ 促进知识保持与迁移。

3　互联网对教育产业产生的变革性影响

3.1　跨时空性

变革教育地点，使学习可以不出门并且在任意时间进行。

3.2　传播互动性

变革知识的传播量级，受众之间的交互性传播使知识可以“一对一、一对多、多对一、多对多”的量级化、多样化传播。

3.3　社交性

变革学习的成就动机，使学习更具社交属性和社区意义。

3.4　多媒体技术性

变革知识传递的形式和载体，变革学习者的接收习惯，使学习更趋于娱乐化，知识传递形式更多样化、可视化、立体化。

3.5　移动终端化

变革学习者的学习习惯和学习模式，使学习时间和内容碎片化，使学习者注意力变短，易被分散。变革知识传递者角色，在传统的地面课堂中，教师是教学系统唯一的传授者，移动终端化使传递者多样化。

4　在线课程应采用的教学法

在线教育产品面对的是比传统地面单个课堂多得多的学员，学习者千差万别，个体学习目标不同，学生学习环境不尽相同，要想取得语言学习的成功，教学法必定是个动态的，以学生为中心的开放系统；教学路径是以语言习得和理论为基础，适合所教对象和教学情境（context），可供选择的多种教学方法组合。互联网的在线教育的教学路径应以交互式教学为主（interactive teaching），以学生为中心的多种教学法的动态集合。这些教学法应具有以下原则。

4.1 能够从认知上激发内在动机

4.1.1 能够获得期待奖励

内在动机比外在动机具有更大的持久力和影响力，在线教育系统需要最大化激发学生内在动机。对于学习动机不足的学生，应采用娱乐游戏中的激励策略，利用外在奖励入手，首先激发他们的外在动机。当他们具有了起码的学习动力后，再转向激发他们的内在动机。

4.1.2 能够实现意义学习

戴维·保罗·奥苏贝尔认为，若要提高学生的认知驱力，最好的办法之一，是使学习情境具有吸引力。在意义学习中，学生只需付出较少的努力便可有意义地习得新知识；而行为主义下的教学法（audio-lingual method，ALM）教学法强调机械学习要求强记各种无关联的知识，通过反复练习才能习得，因此要求学生具有强烈的学习动机，在线教育缺乏内驱力的情况下 ALM 很可能会半途而废。

4.2 能够帮助学生养成自我在线学习习惯

（1）10~15 分钟切片式学习。

（2）将练习即时放在切片间隔处。

（3）结尾进行学生自我评价和 peer assessing。

（4）采用全面语言教学方法将听说读写四种语言技能的教学有机结合起来，方式有：体验学习，即让学习者通过参与各种激励性质的线上活动去学习语言；通过完成某个任务来学习语言的任务型学习（task-based learning）；解决某个问题来学习（problem-based learning），即教师课前提出问题——学生查找资料——分组讨论——教师总结。

（5）通过线下结合督导监督和实施练、评、考追踪

4.3 能够随时移动终端上学习

CLT（the communicative language teaching/situational language teaching）教学法在学习情境中使用真实生活中的语料，着重于帮助学生如何在不同情境下使用目标语言并了解使用语言的功能用处，注重经由互动而达到学习如何以目标语言沟通，可以作为移动终端 APP 的学习方式。

4.4 能够满足个性化教学

让学生自己动手和课程互动，并且课程可以根据学生给出的答案做出定制式、多样化的回应来决定接下来的教学内容。课程能发出的所有反馈在编辑页面都设置了相应的触发机制，从而使整个教学过程程序化、可定制。在用户交互的过程中收集数据，进而可以让课程作者更好地优化整个授课过程。

4.5 具有社会化交际属性

社区学习法（community language teaching）充分考虑了学习者认知心理的情感因素（affective/emotional domain），是一种 humanistic approach，注重语言的沟通交流性，认为语言的学习是一种社会化的过程，满足在线教育产品要具有社交化黏性的特征，可以在在线课程设计时使用。

4.6 用测量学生完成任务的情况来代替传统书面测试

采用交互式语言测试代替传统的、孤立语言点的书面测试。新型测试，要求调动学生的内在动机。

4.7 具有强化列联效应的程序性课件

可以在某些强化性质的内容做成程序课件，让学生自学，参考斯金纳的操作性条件反射和积极强化的理论，将教材分成若干小的、有逻辑顺序的单元，编成程序，后一步的难度略高于前一步。分小步、按顺序学习是程序教学的重要原则之一。程序教学的基本过程是：显示问题（第一小步）——学生解答——对回答给予确认——进展到第二小步……如此循序渐进直至完成一个程序。

5 结语

综上所述，在线英语教学产品的设计必须遵循人类学习的认知规律，教学法设计原理以及互联网特性，并且结合线下的教学系统环来监督。外语教学者应该尽快完善自己作为网络教学研究者、组织者和资料提供者的角色，使外语学习真正成为一种以学习者为中心的主动的、建设性的和合作性的学习。

网上学习满意度和改进方式调查研究*

雷振辉　刘红艳**

摘　要：文章基于美国北伊利诺伊大学五名传播学专业本科学生视角，通过定性研究采访，对美国大学生网上学习满意度和改进方式进行调查研究。访谈内容包括学生教育背景、所上网上课程、网上学习满意度、网上学习效用、网上学习改进方式。研究结果表明，学生接触过完全在线学习和混合式学习两种网上学习方式，网上学习兼具优势与劣势，但相较于传统课堂教学模式，学生更倾向于传统课堂教学模式，希望在网上学习中能够充分运用新媒体技术增加与教师之间的互动交流。

关键词：网上学习；混合学习；满意度；改进方式；定性研究访谈

1　引言

如今，网上学习不断变革和发展，已经成为国内外大学一种新型教育模式[1]，学生也逐渐适应网络课程作为大学课程学习的一种方式。[2]网上学习虽更具灵活性和便捷性[3]，使得学生有更加充足的时间从事课余活动[4]，但也存在很多弊端。[5]为促进网上学习的发展，从宏观角度，国内学者王

* 本文是北京市教委学科建设项目“国际法商英语学科建设”的部分成果。

** 雷振辉，北京工商大学外国语学院 2015 级国际法商英语硕士研究生，研究方向为法商话语。刘红艳，北京工商大学外国语学院教授，研究方向为基于语料库的话语研究、学习者语料库研究、言语障碍患者即席话语研究。

晓红提出基于 Web 2.0 技术的学习发展策略和保障体系[6]；从微观角度，在课程设计[7]、网上学习环境测评[8]和学生学习效果[9]等方面，国内学者都有较为充分的研究。国内学者张伟远曾利用问卷调查的方式，对国内国外网上学习环境进行对比研究。[10]

尽管针对网上学习的研究不少，但大多是以问卷的形式收集数据，并且以学生视角探讨网上学习的相关研究很少。笔者在美国研究期间，为深入了解美国大学生网上学习经历，基于北伊利诺伊大学五名传播学专业本科学生视角，提出如下三个研究问题，通过定性研究采访的方式[11]，对美国大学生网上学习满意度和改进方式进行调查研究：

研究问题一（RQ1）：美国大学生经历过何种网上学习方式？

研究问题二（RQ2）：美国大学生如何评价网上学习这种学习方式？

研究问题三（RQ3）：从美国大学生的视角，学校应当如何改进网上学习方式？

2 研究过程

2.1 研究对象

研究采访中，5 名受访者均为传播 302 课程志愿者，包括 4 名男性和 1 名女性，年龄分布在 23 岁到 33 岁。其中 3 人有社区大学经历，2 人有中途休学工作或到军中服役的经历。

2.2 数据收集过程

根据参与式采访规范[12]，作者在设计采访问题时，以开放性问题和一般性问题为主，辅以跟进式问题，结合自身网上学习经历，经试探访问确定采访提纲，并撰写采访同意书以保护受访者权益和隐私。[13] 表 1 列举了采访提纲主要问题与意图研究问题之间的对应关系。采访结束后，作者对受访者录音进行逐字转写，录音时长 138 分钟，平均 27.6 分钟；共计转写字数 17363 个，平均 3472.6 个；共计不含空格字符数 74876 个，平均 14975.2 个。

表 1 采访提纲主要问题与意图研究问题之间的对应性

研究问题 采访提纲主要问题	受访者背景	RQ1	RQ2	RQ3
可以简单介绍一下你自己吗？	√	√		
可以介绍一下你所上过的网络课程吗？	√	√	√	
可以说一下你对网上学习的印象吗？		√	√	√
可以说一下你对网上学习效果的感受吗？			√	√
可以说一下有哪些是网上学习需要改进的吗？			√	√
还有其他需要补充的吗？	√	√	√	√

2.3 数据分析

作者根据扎根理论中的归纳分析法，通过开放标注、分类标注、选择标注三个过程[3]，先将潜在有用数据标注主题，在括号内统计标注主题出现频数，并次级分类归纳主题，最后重点根据核心主题进行有目的的标注、统计和分析，过程如图 1 所示。通过对主题出现频数的统计，笔者不仅能够得到有关问题的答案，更能得到有关答案在学生心中的比重。

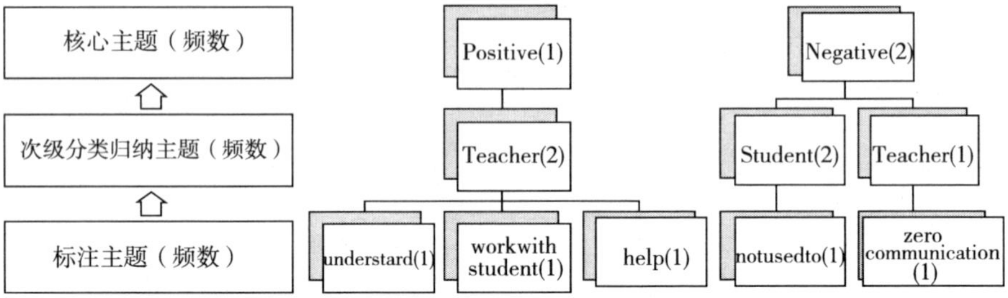

图 1 主题归纳分析过程

3 研究结果

3.1 网上学习方式

根据表 2 研究数据统计，美国大学生经历过两种网上学习方式：纯粹的网上学习和混合式网上学习。在前者中，所有内容全部通过网络完成。而在后者中，课堂成绩仅有 12 分，网上成绩却又超过 100 分。学生学习时间在 71% 的情况下在 0.5 小时到 1.5 小时之间。无论在何种学习过程中，学生都非常关注与教师的沟通方式，主要包括面谈和邮件沟通。

表 2　网上学习方式主题出现频数统计

核心主题	次级分类归纳主题	标注主题
纯粹网上学习	教材（34）	书（13）、教材（6）、章节（5）、文章（5）、期刊（3）、教材（2）
	课程（8）	微观经济学（2）、职业辅导（2）、宏观经济学（1）、青少年培养（1）、心理学（1）、艺术史（1）
	作业（69）	作业（33）、项目（13）、讨论（10）、论文（6）、单选（4）、阅读（3）
	测验考试（47）	考试（21）、小测（16）、测验（10）
	每天学习时间（32）	1 小时（13）、视情况而定（7）、1.5 小时（5）、0.5 小时（5）、2 小时（1）、3 小时（1）
	难易程度（34）	简单基础（21）、困难（13）
	网上提交方式（46）	BB 平台（20）、在线（14）、网页（5）、互联网（5）、程序（2）
	学生完成方式（38）	独立（32）、合作（6）
	与教师沟通方式（52）	办公室面谈（32）、邮件沟通（20）
混合式网上学习	课堂形式（6）	课堂讲座（5）、网上学习（1）
	教材（1）	书（1）
	课程（2）	数学（1）、公共健康和健康教育（1）
	作业（3）	单选（2）、回答问题（1）
	测验考试（1）	考试（1）
	每天学习时间（2）	1.25 小时课堂学习（1）、3 小时网上学习（1）
	难易程度（3）	网上学习信息更多（2）、课堂内容更简单（1）
	网上提交方式（3）	BB 平台（2）、Leam Smart（1）
	与教师沟通方式（9）	课后沟通（4）、办公室面谈（3）、邮件沟通（2）
	分数比重（2）	课堂占 12 分（1）、网上学习超过 100 分（1）

3.2 对网上学习方式的评价特点

3.2.1 依旧倾向于传统课堂模式

根据表 3 数据，学生对网上学习模式更多为否定评价，而对传统课堂

表 3 网上学习评价主题出现频数统计

核心主题	次级主题	次次级主题	标注主题	标注主题
否定（205）	网上学习模式（203）	学生（182）	只能独自完成（34）	教师回复慢（13）
			所有事情都必须通过网络（26）	不熟悉网上学习模式（12）
			收获比较少（18）	技术问题多（8）
			学习材料不丰富，需要额外自己寻找（15）	沟通不便（7）
			课程不易理解，无人解释（14）	容易掉队（4）
			容易忘记上课（13）	不推荐网络课程（4）
			课程要求不明确（13）	没兴趣（1）
		教师（21）	沟通慢（20）	不愿帮助（1）
	传统课堂模式（2）		旁边有人很难集中（1）	不喜欢（1）
肯定（120）	网上学习模式（101）	学生（88）	时间自由（39）	可以独立完成（3）
			地点自由（17）	课程任务少（2）
			课程简单（8）	学习速度可由自己决定（2）
			有利于其他活动（8）	减轻学习压力（2）
			有兴趣（5）	推荐网络课程（2）
		教师（13）	提供帮助（6）	有耐心（1）
			跟踪指导（2）	探讨学习材料（1）
			提供专业信息（2）	沟通快（1）
	传统课堂模式（19）		收获更多（10）	可向其他同学征求意见（2）
			可以向教师和其他同学寻求帮助（7）	

模式更多为肯定评价。在传统课堂中，学生通过向教师和其他同学寻求帮助，能够收获更多。在网上学习模式中，“收获较少”主题出现频数在有关学生的否定评价中排名第三，也印证了这一特点。

3.2.2 网上学习模式劣势明显

在采访谈到如何评价网上学习时，学生有 66% 的时间是在表达自己的不满。通常，在初次网上学习时，学生会对课程和技术存在不熟悉情况，这些会影响学生对网上学习的适应程度。在学习中，学生只能根据教师提供的资料，独自学习，在遇到困难时只能通过邮件的方式或与教师约定时间见面，解决问题。学生更喜欢在办公时间与教师面谈，因为教师回复邮件的速度较慢，并且有时不能正确理解学生的问题，因此提供了错误的信息。

3.2.3 网上学习更具灵活性和便捷性

表 3 数据显示，学生认为网上学习的优势在于时间地点自由的比重高达 63%。基于这种灵活性和便捷性，学生有更多时间工作或参与其他社交活动。少部分学生喜欢独自学习，因为这个部分学生可以根据自己的学习节奏，进行有效的学习，减轻学习压力。

3.3 网上学习模式依旧有待提高

从表 3 可得，网上学习的劣势，主要在于学生学不懂，向教师求助速度慢。从这两点出发，笔者收集了 5 名学生的建议。学生希望在学习过程中，教师能提供更多辅助学习资料，例如视频、音频和案例等，该主题出现频数为 26；学生还希望教师能够定时并及时查看邮件，或使用在线沟通的方式，例如 Facebook Live，以加强学生与教师之间直接沟通，达到解决问题的高效性，使学生更好地学习课程，该主题出现频数为 7。

4 结论与讨论

研究结果表明，美国大学生主要经历过纯粹网上学习和混合式网上学习。网上学习虽为学生提供更多的灵活性和便捷性，但并不能有效解决学生学习效果不佳和与教师沟通不佳的问题，因此学生依旧青睐于传统学习模式，希望教师在网上学习中提供更多帮助。

虽然本文能为网上学习研究提供参考，由于笔者在美国交流时间有限，本文存在研究结果不具备足够代表性的问题。之后的研究学者可采访更多学生，以加强研究结果代表性。并且，由于定性研究访谈特性，研究学者可对受访者的性别、家庭教育背景、地域等因素做更深入研究，为研究结果提供更为有效和具体的解释。

参考文献

[1] 张伟远，吴廷坚 . 网上学习理念两次变革的国际研究——“网上学习理念变革的国际研究”系列文章之三 [J]. 中国远程教育，2006（11）：23-27.

[2] RADOVI-MARKOVI M. Advantages and disadvantages of e-learning in comparison to traditional forms of learning[J]. Annals of the University of Petrosani Economics，2010，10（2）：289-298.

[3] HURT J F. The advantages and disadvantages of teaching and learning on-line[J]. Delta kappa gamma bulletin，2008，74（4）：5-11.

[4] Committing to student engagement：Reflections on CCSSE's first five years，2007 Findings[EB/OL].（2007-05-13）[2017-10-21]. http：//www.ccsse.org/publications/2007NatlRpt-final.pdf.

[5] 肖爱平，蒋成凤 . 网络学习者网上学习现状、影响因素及对策研究 [J]. 开放教育研究，2009，15（1）：75-80.

[6] 王晓红 . Web2.0 时代干部网上学习发展策略及保障体系 [J]. 开放教育研究，2013，

19（1）：38–43.

[7] 彭智蓉 . 网上学习与大学英语口语教学整合的探讨 [J]. 高等农业教育，2005（1）：78–80.

[8] 张伟远 . 网上学习环境评价模型、指标体系及测评量表的设计与开发 [J]. 中国电化教育，2004（7）：29–33.

[9] 陈纯槿，王红 . 混合学习与网上学习对学生学习效果的影响——47 个实验和准实验的元分析 [J]. 开放教育研究，2013，19（2）：69–78.

[10] 张伟远 . 境内外学生对网上学习环境的评价之比较 [J]. 开放教育研究，2005，11（6）：44–49.

[11]KVALE S，BRINKMANN S.Inter views：Learning the craft of qualitative research interviewing[M]. 3rd ed. Los Angeles，CA：Sage，2015.

[12] LINCOLN Y S，LYNHAM S A，GUBA E G. Paradigmatic controversies，contradictions，and emerging confluences [M]. 4th ed. New York：Sage，2014：199–265.

[13]TURNER D W. Qualitative interview design：A practical guide for novice investigators[J]. The qualitative report，2012，15：754–760.

西班牙语商务合同句法特征初探

闫　欣*

摘　要： 商务合同西班牙语属于专门用途西班牙语，具有独特的句法特征。本文结合例句分析说明西班牙语商务合同多运用复合句、被动语态、副动词和绝对过去分词及名词化短语替代动词等特征。

关键词： 西班牙语；商务合同；句法特征

1　引言

当今经济贸易全球化和一体化进一步深入，中国与西语国家的双边商务合作日益紧密。国际商务交往需要合同的应用和规范，该类文本翻译的重要性日趋凸显。商务合同是具有法律效力的契约性文件，具有严谨、专业、准确、规范等特征，句法结构严密、特征鲜明。了解商务合同的句法特点是译者翻译此类文件的基础。本文将通过例句分析说明西班牙语商务合同句法的特征。

2　西班牙语商务合同的句法特征

2.1　复合句

西班牙语商务合同中常见结构长、语法关系复杂的复合句，包括并列复合句和主从复合句。并列复合句由并列连词（如 y、o、pero、sino 等连词）

* 闫欣，北京工商大学外国语学院助教，主要研究方向为商务西班牙语、西班牙语翻译。

连接；主从复合句由一个主句和一个或一个以上的从句构成。从句起到解释、限定和补充主句的作用，扩展主句的结构和内容，扩充句子的信息容量，保证合同脉络清晰，层次分明，表意严谨、准确和完整，避免引起误解和歧义。

2.2 被动语态

西班牙语中被动结构（se+ 动词第三人称单复数形式）可用于无人称句中，用于主语未知或不必要提及的情况。该类句中动词动作的发出者是普遍或不明确的。商务合同属于法律文件，为了保证其语言的准确与客观，如需强调动作的受事主体，无须确指施事主体或者行为主体不明确，常避免过多使用第一人称和第二人称，用被动语态表达。这样既避免了行文的主观色彩又隐藏和弱化了法律主体，同时符合法律文体庄重严肃的特点。如：

En este caso, se considerará que la consignación también indica una condición o salvedad al Artículo 2.（在这种情况下，所列内容也被视为第二条规定了的条件或资格。）

2.3 名词化短语代替动词

西班牙语商务合同常将动词名词化，使名词短语代替用动词表示的句子，减少从句的使用，从而简化整句结构，有时亦可避免人称主语和隐藏原句的施动意义。如：Ellos realización esta operación .（他们进行了此项交易）句中的 realizar 动词在合同中被名词化，变为其名词形式 realización，从而将此句简化为词组 su realización de esta operación。该变化更利于组成长句结构，使文本语言简洁明了。

动词名词化还体现为避免平淡地单独使用表达中心意义的动词，而将其名词化，并在该名词前加另外一个不改变该名词意义的动词，从而既达到将其名词化又赋予该名词动态意义的目的。添加的不改变中心名词的动词有“做”“说”等的近义词，如：efectuar、proceder、pronunciar、declarar 等。

2.4 副动词和绝对过去分词做连接词

长句中连接各从句的形式多样，除了用其他类型文本常用的连词，西班牙语商务合同中常用副动词和绝对过去分词。副动词兼具了动词和副词的特点，能修饰动词，同时可以表示原因、让步、目的等逻辑关系。在西语中，绝对过去分词是指由名词和与其性数一致构成的语法结构，该结构具备副词的特点，同样可以连接句子各部分，起条件、方法、让步等作用。副动词和绝对过去分词都能表示逻辑关系，且是动词的无人称形式，亦能隐去行为主体，突出行为状态本身，从而保证商务合同的公正客观、准确严密和非个人性。如：Procurando facilitar la expansi ó n del comercio de servicios sobre bases mutuamente ventajosas，y reconocido el derecho de las Partes de regular los servicios，convienen lo siguiente.（致力于在互惠基础上为扩大服务贸易提供便利，并认识到缔约双方管理服务贸易的权利，双方协议如下。）

综上所述，商务合同西班牙语的句法特征鲜明，具有常用复合句、被动语态、副动词和绝对过去分词做连接词、名词化短语代替动词等特点。商务合同翻译是跨学科的翻译活动，译者在了解该类文本句法等语言特点的基础上，还需具备一定的法商专业知识，熟悉常用表达，掌握汉译技巧，从而做到准确传达原文信息并使译文规范流畅。

法商话语

语言、文学与文化类

翻译类

教育教学类

Research Methodology

艾丽娜*

Abstract: The paper evaluates some research methods commonly used in a research project.

Key words: case study; participant observation; interviews

1 Case study

It seems that more and more researchers have chosen to use case study in their projects. Cohen and Manion describe the case study as:

Unlike the experimenter who manipulates variables to determine their causal significance or the surveyor who asks standardized questions of large, representative samples of individuals, the case study researcher typically observes the characteristics of an individual unit—a child, a clique, a case, a school or a community, the purpose of such observation is to probe deeply and to analyze intensively the multifarious phenomena that constitute the life cycle of the unit with a view to establishing generalizations about the wider population to which that unit belongs.[1]

Sturman evaluates the case study thus:

"Case study" is a generic term for the investigation of an individual,

* 艾丽娜，北京工商大学外国语学院讲师，主要研究方向为教育学。

group or phenomenon. While the techniques used in the investigation may be varied, and may include both qualitative and quantitative approaches, the distinguishing feature of case study is the belief that human systems develop a characteristic wholeness or integrity and are not simply a loose collection of traits. As a consequence of this belief, case study researchers hold that to understand a case, to explain why things happen as they do, and to generalize or predict from a single example requires an in-depth investigation of the interdependencies of parts and of the patterns that emerge.[1]

Denscombe argues that case study can fit in well with the needs of small-scale research through concentrating effort on one research site.[2] It allows the researcher to deal with the subtleties and intricacies of a complex social situation.

2 Participant observation

In order to explore the variety and range of views, practices and beliefs, observational method was taken as the first step to collect the data.

Bassey describes the qualities of the participant observation as follows:

Helpfulness and disclosure from individual or members of a group or institution—indispensable qualities—are going to depend on the building up of confidence in you as a person: that you are reasonable, straightforward, and sympathetic to their endeavors. People will disclose a great deal if they feel they trust you.[1]

3 Interviews

Interviewing is a main method to collect data in qualitative research. According to Powney & Watts' views, one-to-one interviews are easier to manage; issues can be kept relatively confidential and analysis is more straightforward in that only one's person's set of responses are gathered at any one time.[3] Similarly, Gillham compares two research methods, interview and questionnaire as questionnaire data are necessarily thin and do not help you to understand or explore answers.[4] The overpoweringly positive feature of the interview is the richness and vividness of the material it turns up. Some other researchers, such as Denscombe and Drever suggest the interview is an efficient method.[2, 5]

References

[1] BASSEY M. Case study research in educational settings[M]. Buckingham: Open University Press, 1999.

[2] DENSCOMBE M. The good research guide[M]. Buckingham: Open University Press, 1998.

[3] GILLHAM B. The research interview[M]. London: Continuum, 2000.

[4] GILLHAM B. Case study: Research method[M]. London: Continuum, 2000.

[5] DREVER E. Using semi-structured interviews in small-scale research: A Teacher's guide[M]. Edinburgh: Scottish Council for Research in Education, 1995.

英汉主语对比简析

邓邵中　王红莉*

摘　要：英汉语言根源不同，属不同语系，有显著的区别性特征。英语是主语突出型语言，重形合；汉语是主题突出型语言，重意合。本文主要从封闭性和开放性、主语显著和话题显著、形式主语和零主语、无灵主语和有灵主语等方面简要分析英汉主语的差异。

关键词：主语；主题；形式主语；零主语

1　引言

英汉语言根源不同，分属不同语系，有显著的区别性特征。英语句式严谨，结构清晰；汉语简洁凝练，重视语义表达。

英语主语一般指语法主语，是谓语的陈述对象，是不可或缺的句子成分；汉语主语是位于句子前半部分的陈述对象，与谓语之间没有依存关系，在一定的语境中可以省略。本文将从英汉语言的封闭性和开放性、主语显著和话题显著、形式主语和零主语、无灵主语和有灵主语等方面分析讨论英汉主语之间的显著差异，希望为英汉互译策略提供必要的依据。

* 邓邵中，北京工商大学外国语学院 2016 级翻译专业硕士研究生。王红莉，北京工商大学外国语学院。王红莉，北京工商大学外国语学院副教授，主要研究方向为语言学与外语教学，英汉语言对比等。

2 英汉主语类型

在语法上，英语的主语和谓语存在一致和依存关系，主要反映在主语和谓语动词在数和人称的一致性上。如：

The bottle of milk is full.（主语和谓语动词均为单数）

The bottles of milk are full.（主语和谓语动词同为复数）

人称的一致，从英语依旧保留着联系动词 be 的不同的人称形式 am、is、are 可见一斑。其他动词在主语为第三人称单数时有所变化。英语主语和谓语间的依存关系体现在英语以动词（短语）为主轴，如英语的五种基本句型 SV、SVO、SVOO、SVOC、SVC 都以动词作为主轴，少了动词，句不成句。

从语义上看，英语主语不可或缺，由名词、名词短语或主格代词充当，其他词类只有转化成名词性短语才行。英语主语既可以是施事，也可以是受事。潘文国把英语主语分为四种，即施事、受事、形式、主题。

由此看来，英语主语概念严谨、明确清晰，可识别性强，是主语突出型语言。

汉语属非屈折语言，主语和谓语动词在数和人称上可以不一致，没有严格的形态变化，在一定的语境中甚至还可以省略。主语可以是施事、受事、工具、与事、结果、描述对象、判断对象、评议对象等。因此，汉语至少有 10 种主语：施事、受事、零位、主题、时间、地点、工具、方式、存现、关系。另外，汉语中除动词谓语句外，常见的主谓句还有名词谓语句、形容词谓语句及非动词性的主谓谓语句等，汉语句子中不用动词的现象很常见。如：

这张桌子三条腿。（名词谓语句）

你太健忘了。（形容词谓语句）

西红柿每斤一元。（非动词性的主谓谓语句）

总之，汉语主语概念较泛，功能也较弱，是主题显著的语言，而主题往往不是句子的主语。

3 英汉主语对比

英语属印欧语系，汉语属汉藏语系，之间存在显著差异。限于篇幅，这里从四个方面对英汉主语进行对比分析，探究其显著差异。

3.1 开放与封闭

英语中只有具有名词性特征的词、短语或从句可以充当主语，如名词、数词、代词、不定式、动名词、主语从句等。如：

To swim consumes physical energy.（名词性短语做主语）

Seeing is believing is always regarded by her parents as primarily important.（名词性从句做主语）

英语中除了名词性的词、短语或从句外，其他词类一般不会充当主语，否则会被认为不合语法，无法理解。与英语主语词性的封闭性相反，汉语主语却相对开放许多，除了名词性的词和短语可以做主语外，数词、量词、形容词、副词、动词原形等都可充当主语。如：

谦虚是一种美德。（形容词主语）

讲要讲得深入浅出。（动词主语）

两支钢笔，一支送给小红了。（量词主语）

3.2 主语显著与话题显著

英语带有屈折语特征，重形合，利用形式（词形变化、衔接等）将语言符号由“散”（单词）到“集”（词组、语篇）。英语句子以主谓结构为纲，注重形式一致，以形寓意，严谨规范，复杂而不流散。因此，英语句子中主语不可或缺，还须与谓语在人称和数上保持一致。这样主语即便不起语义作用时，也要有 it、there 等形式主语出现。英语中，主题与主语相对比较一致，与汉语相比，是主语突出型语言。

汉语有显著的孤立语特征，重意合，主要依仗意义，利用内在的逻辑关系组织语言。汉语句子结构不齐整，注重意念连接，以意役形，以神统法，流泻铺排。主谓结构较松散，主语不能决定谓语形态，常以话题表现。话题常占据一句话的开头部位，虽有主语和话题重合的现象，但主题并不等同语法系统中的主语。如“昨晚抓住了三个小偷”，这里的“昨晚”是主题而非主语。总之，与英语相比，汉语更倾向于主题显著。

3.3 形式主语与零主语

英语重形合，句中主语不可或缺，即便主语不起语义作用，也需用 it 或 there 做形式主语。汉语重意合，句子讲究的是意念连贯，常常省略主语，即零主语，如：“下雨了。”“七点了。”这两个句子都是无主句，但英语中对应的表达却有 it 形式主语：

It is raining.

It’s seven o’clock.

形式主语是英语特有的语言现象，没有词汇意义，只代行主语的句法功能，而将句子真正的主语放在句尾，防止句子结构头重脚轻，强调后移的主语，但汉语没有这种用法。如：

It is no use crying over spilt milk.（覆水难收。）

这句话中 it 做形式主语替代句子的真正的主语 crying over spilt milk，平衡整个句子结构，达到了强调句子真正主语的作用。

3.4 有灵主语与无灵主语

不管英语还是汉语，都可用人做主语，称为有灵主语；也可用物做主语，称为无灵主语。但英语中常用无灵主语，即抽象词或无生命的名词做主语，让事物以客观的口气呈现出来，同时还可使用本来表示人的行为或动作的动词做谓语，因而往往带有拟人化的修辞色彩；汉语中更倾向于使用有灵主语，即用人做主语，从自我出发来叙述客观事物，或倾向于描述人及其行为或状态，含有丰富的主观感觉。

英、汉语分别倾向使用无灵主语和有灵主语，反映了两个民族的不同思维方式。西方哲学讲求“客体意识”，主张理性，强调“保持物我之间的距离”，“对研究对象进行冷静的解剖分析”，注重物对人的思维及行为的影响及结果，强调物对人的作用，突显“物”的重要性，以客观事实的形式表达出来，故英语常用无灵主语。如：

The thick carpet killed the sound of my footsteps.

His failure to observe the safety regulations brought an accident to the machine.

与西方传统思维方式不同，中国哲学讲究“主题意识”，主张“天人合一”，强调从“人”出发去思考和阐述客观事物，注重人对事物及对人本身的作用和影响，因而汉语常用有灵主语的表达法，上述例子译成汉语是：

我走在厚厚的地毯上，一点儿脚步声也没有。

他没有遵守安全规程，使机器发生故障。

4 结语

英汉语言差异，尤其是主语间的差异常在英汉互译中造成诸多问题和困难，如句子结构、行文方式、语言习惯上易受母语影响，造成译文生硬别扭难以理解。鉴于上文的对比分析，在英汉互译中，应注意尊重目的语的语言规律、思维方式和表达习惯，确立句子的话题与主语，确定形式主语的使用与恰当的主语省略，巧妙地在开放性主语与封闭性主语间转换，在有灵主语与无灵主语间自如转换。

从力比多到欲望三角

——评基拉尔欲望学新说

高瑾玉 *

摘　要：本文介绍了勒内·基拉尔有关欲望的理论，即认为欲望并非传统认知的有关主体对客体的欲望，而是对他者的欲望，这个他者就是欲望介体。介体在欲望中起到了不可或缺的作用，刺激和增强了欲望，并被误认为是欲望本身。其理论为文学批评提供了新的视角和方法。

关键词：欲望；介体；三角

自弗洛伊德以降，文学批评的心理分析学派都接受了弗氏理论，将其用作解读诸多文学著作的工具。按照弗氏理论，人的精神活动分为三个层次：意识、前意识和潜意识。意识是所有精神活动的表层，对外界刺激做出反应，并诉诸语言与理性。潜意识是人作为生物体的本能冲动。前意识处于意识与潜意识之间，负责调节与监控。

法国哲学家、人类学家和文学批评家勒内·基拉尔独树一帜，否定了弗洛伊德对欲望的解析，根据他的理论，欲望并非主体对客体的直接欲念，而是与介体构成三角。在主体对欲望对象难以企及时，转而对介体产生渴望。介体既是欲望对象，又是阻碍，阻力越大，对主体的刺激作用也越大，从而使得主体对介体产生更强烈的欲望。

* 高瑾玉，北京工商大学外国语学院讲师，硕士，研究方向：翻译理论研究、文学。

在《浪漫的谎言与小说的真实》中，基拉尔将介体分为内介体与外介体。以《堂吉诃德》为例，堂吉诃德希望效仿骑士风范的顶峰阿玛迪斯，从而放弃了自己的欲望客体，他一举一动都模仿阿玛迪斯。“阿玛迪斯也正是这样，才成了勇敢的、心中充满爱情的骑士前进的方向、指路的明星、光辉的太阳。我们这些高举爱情和侠义旗帜的人，我们应该效仿他。”[1] 此中的效仿对象远离欲望主体，难以企及，成为外介体的典型。

斯丹达尔的《包法利夫人》则经典地示范了内介体在欲望中扮演的角色。艾玛痴迷浪漫文学作品中的人物，使她的欲望失去了自发性，缺乏来自内心的自我暗示，她竭尽全力模仿她所向往的人物，着装、谈吐、社交等。与外介体不同，内介体处于欲望主体能够触及的范围，因而更能激发欲望，刺激欲望的增长。笔者引用《追忆似水年华》中的段落，说明介体在欲望中不可或缺的作用：“在爱情上，我们那个春风得意的竞争者，换句话说，我们的情敌，其实是我们的恩人。一个女人其实只挑起我们极其微弱的肉体欲望，竞争者给她平添了许多优点，我们却以为是她的本来面目。”在《欲望几何学》中，基拉尔透过莎士比亚笔下罗密欧与朱丽叶的“纯粹”爱情，看到了暴力在欲望三角中必不可少和推波助澜的作用。[2] 为了既描写纯洁之爱又不失去戏剧性，作者在这出爱情经典中注入暴力元素——两位主人公家庭之间由来已久的争斗和仇恨，在他们的感情中设置障碍，使一部本来平淡的爱情剧成为文学史上最感天动地的罗曼史。

基拉尔还分析了《伊万》这部作品。洛狄娜在丈夫战场丧命后，爱上了杀死丈夫的凶手。在这看似离奇的追逐中却有着内在的欲望逻辑——女主人公的欲望对象并非某个男子，而是这男子身后的“荣誉”光环，只要他是天下无敌的骑士，那么就是丈夫的不二人选。

基拉尔突破对欲望的传统认知，使人看见了欲望生发长久以来不为人知的隐秘机制：欲望并非对客体的直线性欲求，而是呈现出更为复杂的三角甚至多边形态。欲望不是指向客体，而是指向他者，是一种诡异的对自己真正欲望的背离，即我之所欲并非我之所欲的情状。基拉尔的学说振聋发聩，使人以崭新的眼光看待自己的欲望，也有力地揭示如广告、社会宣传等诱发人的虚假欲望的秘密，他的这一理论虽然是哲学和人类学的学说，但由于援引文学作品作为有力例证，也同样引起文学批评界的兴趣，为文学批评提供了新的视角和方法。

参考文献

[1] 基拉尔 . 浪漫的谎言与小说的真实 [M]. 北京：北京大学出版社，2012.

[2] 基拉尔 . 欲望几何学 [M]. 上海：华东师范大学出版社，2016.

日本的少数民族阿伊努族*

侯丽颖**

摘　要：日本一直号称是单一的大和民族。这种看法有失偏颇，日本也有少数民族，即阿伊努族。本文从阿伊努族发展的历史、文化、现状等视角加以介绍，加强对日本民族文化的认知，以便更全面地了解日本文化。

关键词：阿伊努；少数民族；文化

1　阿伊努的发展历史

阿伊努人（the Ainu）是日本的少数民族，这是有史可追溯的。据考古学家推测，阿伊努文化形成在北海道擦文文化消亡之后的12 ~ 13世纪，现在有史料可以证明大约形成于15世纪。在这个时期使用内耳铁锅，屋子中央设有围炉，确立了对火的信仰。

阿伊努一词原意是“人类”“我们”。在日本古代，阿伊努人被称为带有贬义之意的“虾夷”。18世纪以前的史书记载称其为“异国人物”“外夷人物”。从这些称谓中我们或多或少地能够感受到对阿伊努人的歧视。阿伊努族先民居住在日本的东北地区、北海道和库页岛以及千岛列岛等地，即今天日本的北部地区和俄罗斯的部分岛屿。现在的阿伊努人大都居住在

* 本研究获得日本学术振兴会的资助。

** 侯丽颖，北京工商大学外国语学院讲师，主要研究方向为日本语言文化、日本语教育。

北海道。阿伊努人在外貌上与大和民族有着明显差别，他们身材矮小，眼窝深陷，肤色浅褐色，肌体健壮，毛发浓密。阿伊努族男人标志通常留须，女人则在嘴唇和手臂等处文身。根据史学专家的推测，阿伊努人是冰河纪末期被海洋隔断出的一群旧石器时代人，他们定居岛屿后与亚洲人渐渐融合才形成的。根据 2013 年北海道发布的《阿伊努生活现状调查》，现在日本的阿伊努人约 16786 人。

2 阿伊努的语言文化

阿伊努人使用阿伊努语，语系不详，无文字。阿伊努人善于刺绣，喜爱舞蹈，拥有丰厚的口授文化。他们用陶泥、骨、木进行雕刻，表达对神灵的信仰，拥有比较发达的灵性文化，相信自然界的一切都是神灵“卡目伊”的化身，这种根植于阿伊努人心中的信仰已有一万多年的历史。阿伊努民族的世界观分为垂直三层，即大地之上的现实人间世界、地下的死后世界、天上的诸神世界。

阿伊努人具有独特的传承文化。他们认为各种礼仪上的歌唱是神和人的联欢，对善神歌唱是祈求其保护；对恶神歌唱可以起到威吓、排除灾难、保平安的作用。舞蹈被视为巫术行为和礼仪上的助兴：前者由长老挥舞刀、跺脚，以驱邪鬼。后者通常是女人表达愉悦情绪，如圆圈舞和鹤舞等。

3 明治时期的阿伊努族

1869 年明治政府为了脱亚入欧、富国强兵之目的开发北海道，取消了“虾夷地”这一称呼，将其变成了日本的一部分。在北海道设置开拓使，禁止阿伊努人使用本民族的语言、剥夺信仰自由，阿伊努人的生活受到了极大的打击，陷入艰难困境。

1876 年明治政府要求阿伊努人更改名字，使用大和文字。1886 年明治政府设立了北海道厅，将土地和资源使用权交给民间开发，严重缩小了阿伊努人的生存空间。夺取阿伊努人的土地资源将其国有化；禁止捕获大马哈鱼和鹿，控制他们的生活来源；不允许举行阿伊努人传统的送熊仪式。1899年政府颁布了《北海道旧土地保护法》，进而从法律上来强制同化阿伊努人为大和人，放弃渔业从事农业、讲日语。阿伊努人固有的文化被否定，生活方式被改变。

4 阿伊努人对文化的保护及现状

明治政府无视阿伊努的文化和生存方式，但是阿伊努人给予了反击，极力保护着本民族的固有文化。特别是在1910年到1920年间大正民主自由之风运动影响下，阿伊努人保护本民族文化的热潮也随之高涨：抗议差别，呼吁恢复阿伊努人的生活习惯等口号此起彼伏。日本战败后，阿伊努人为了提高社会地位，保护自己文化，在北海道设立了社团法人北海道阿伊努协会。1997年《关于阿伊努文化振兴·阿伊努的传统等知识的普及及开发法律》的制定，促进了阿伊努人的文化传承、保存以及推广活动的大力开展。在振兴阿伊努文化活动的影响下，日本社会对阿伊努人以及其文化的关注度持续升温，给予了很高的关注度。

阿伊努人为传承本民族的文化，留下了珍贵的资料，如知里幸惠的《阿伊努神谣集》，向世人介绍阿伊努的叙事诗。还有金成松用罗马字来记载表现阿伊努人的主张以及思想的口传诗文。日本研究者金田一京助对阿伊努文化进行了调查研究，取得很大成果，促进了阿伊努文化在日本社会的推广。如今在北海道成立的保存阿伊努人文化的保存会有20所之多，其中17所被指定为国家重要无形民俗文化遗产。

浅谈英文广告中常用的修辞手段

侯 霞*

摘 要： 广告的创作既是一项商业活动，同时又兼有文化传播的性质，而作为文化载体的语言在广告的撰写过程中即演变为一种应用语言。广告的目的是推广和宣传，具有其独特的属性，修辞手法的使用是广告英语的一大特点。本文将以分析列举的方式、从理解赏析的角度对几种广告中常见的修辞手段进行简单的梳理。

关键词： 广告英语；应用语言；修辞手段

1 修辞格在广告英语中的作用

目前的大学英语课堂教学越来越多地引入了实用型的文体，旨在更好地培养学生在生活中使用英语的能力。实用文体中的广告是极具特色的，为了快速有效地达到推广和宣传的目的、起到吸引眼球的作用，广告语必须要求语言精练、用词生动、语意传神，而修辞手法的使用是实现这些目的的必不可少的手段。广告英语中经常使用的修辞手段有比喻、夸张、双关、头韵、仿拟、对照、排比、拟人等，这些修辞手法如果使用得恰到好处，无疑会增加广告的记忆价值（memory value）和注意价值（attention value）这两方面的效度（effectiveness），从而更快捷有效地达到广告的目的。

* 侯霞，北京工商大学外国语学院讲师，主要研究方向为英语教育。

2 广告英语中常用的修辞手段

2.1 比喻

比喻是一种非常常见的修辞手法，也就是打比方，是利用两个事物的相似之处用一个事物来描写或说明另一事物。通过把一个事物比方成另一个事物，而使陌生的变熟悉、抽象的变具体、死板的变活泼、深奥的变明晰。英语中的比喻分为明喻（simile）和暗喻（metaphor）。英文广告中比喻出现得非常频繁，比喻的语言生动形象、富有文采，商家利用比喻的手法对商品进行描述，会有很强的感染力，令顾客产生美好的联想，从而对商品生发出好感，刺激顾客的购买欲。例如：

Poetry in motion，dancing close to me.（动态的诗，向我舞近。）

这是丰田汽车的广告，采用的修辞方式是暗喻的手法，将丰田汽车的驾驶感描绘得像诗和舞，让人很容易联想到驾驶丰田汽车的感觉像诗一样优美、像舞蹈一样灵动，产生对拥有这样一辆车的美好想象。

2.2 拟人

拟人的修辞手法就是把事物人格化，把不具备人的能力和情感的事物描绘成具有人的能力和情感的样子，有语言、有动作、有感情、能思考。在广告的撰写过程中，商家用拟人的手法使被描述的商品更加生动形象，让消费者具体地感受到商品的优势，力图使其商品在同类竞争者中脱颖而出。例如：

Apple thinks different.（苹果电脑，非同凡响。）

这是1997年乔布斯重回苹果公司担任CEO时推出的一则著名的广告。广告片中致敬了一批世界名人，都是具有独立思考精神的各行业的领军人物或政治领袖。广告语以拟人的方式将公司描述成一个有独立思想的人，向苹果产品的用户传递出这样的信息：苹果公司的产品是针对能独立思考、勇于创新、特立独行、为理想、为人类的利益不懈追求的人，这样的理念对苹果客户，特别是其中占大多数的精英无疑是极具吸引力的。

2.3 双关

双关是指利用词的多义或同音的特点，使句子具有双重含义，字面上是一个意思，而暗含着另一个意思，即言在此而意在彼。英文广告中常利用谐音、一词多义或同形异义词，造成双重语境，表达双重意思，表达方式灵活机智，能达到幽默诙谐的效果。例如：

Money doesn't grow on trees. But it blossoms at our branches.（钱长树上不行，但在我们行就行。）

这是英国劳埃德银行（Lloyd Bank）做的一则户外广告。广告语中的branch一词既有“树枝”的意思也有“分支、分部”的意思，广告商利用这一双关，既承接了前面的trees，又暗含了银行分行的意思，以招揽客户把钱存到劳埃德银行里，真可谓是独具匠心、妙趣横生。

2.4 仿拟

仿拟是一种巧妙机智的修辞手法，它利用现有的名言、警句、成语、谚语等，保留原句的句式，根据需要表达的内容更改一些词汇，创造出新的语句，以达到多讽刺或幽默或戏谑的效果。例如：

East or west，Guangzhou cuisine is best.（食在广州。）

这则推广广州美食的广告是根据大家耳熟能详的谚语East or west，home is best（大意接近语中文谚语“在家千日好，出门一时难”或“金窝银窝不如自己的狗窝”）仿制的。它利用人们熟悉的谚语，让人产生熟悉感与亲切感，明白出处的人看到会有心有灵犀的感觉，往往会会心一笑，这样的广告容易给读者留下持久而良好的印象。

3 结语

英语中还有很多常见的修辞手法，不能一一尽述。生活中广告无处不在，英语学习者要善于领会其中的修辞，更好地欣赏和体会到英语的妙处。

The History of American Dream
—A review on *Out of Our Past*: *The Forces That Shaped Modern America*

李　洁*

Abstract: The American ideals and values as the internal live forces have always been underlying in the development of the American society and playing a decisive role at the turning points of progress of America. They constitute the dream of the American people and guide the direction of history.

Key words: American dream

The following is just my understanding of the answer given by Degler to the question "How did Americans get to be the way they are?" in this book.

The approach Degler has adopted in writing history has provided us with a new insight in understanding American history. Departing with the traditional method of writing history in a descriptive way, Degler views American history as a living piece of pottery shaped by the Americans as a people as well as economic and social forces. He emphasizes the role that ideas, beliefs and values of the people have played in molding modern America.

Deeply rooted in the heart of American people, American dream embodies

* 李洁，北京工商大学外国语学院讲师。

ideas as equality of opportunity, beliefs in freedom and democracy, individualism, humanitarianism, social justice. These ideas and values serve as threads which bind the past to the present and interplay with the economic and social forces in shaping modern America.

The formation of American dream is an evolving process, and its origin has to be traced back to the history of settlement on the new land. As Tocqueville states in Democracy in America, the circumstances which accompanied the birth of a nation and contributed to its development affect the whole term of his being. The free and vast wilderness certainly played its role in the growth of America. The availability of land and the possibility of a good life resulting from individual ownership of land fostered the idea that wealth, rather than family or tradition in Europe, would be the primary determinant of social stratification. Another influential force is certainly Puritan ideas. Different from the medieval and aristocratic notions concerning the degrading nature of trade and business, Puritanism stressed work and wealth accumulation and connected godliness and worldly success closely by advocating "to work hard is to please God." On the other hand, the Puritans attached great importance to the idea of social obligation, which, to some extent, could counterbalance the negative effect of capitalism. The Puritan was a "moral athlete" as well. Due to their belief in the depravity of human nature, they strove to attain a high moral standard to keep them from degradation. Puritanism was also one of the principal sources to understand individualism.

What is equally noteworthy in the era of Jackson was the bursting forth of humanitarianism. The reformers in this period attached more importance to natural laws and natural rights. Pity for the oppressed and mistreated was a conspicuous element, which paved the way for the coming upheaval concerning the issue of slavery.

The Civil War has been regarded as one of the two revolutions that America has passed through since the founding of the United States (the other is the Great Depression) and it has changed the direction of the progress of American society with its overwhelming force.

The significance of the civil war lies in two aspects: one is the confrontation and readdressing the moral issue regarding slavery and the emergence of nationalism. The civil war was a testing ground of American values of equality, liberty and democracy. As an inheritance from the colonial period, slavery was common to all the states in America and was an apparent denial of American prevailing principle of equality of all men. With the change of morals over time, the abolishment of slavery was more a moral issue than an economic and political one. Considering the overall morality and widespread values of America and Europe in the nineteenth century, people who still "adhere to a slave system inevitably became a people different from those opposing it." Facing the South's choice of slavery and determination to separate from the Union, the North had to fight for the social equality of Negroes on the one hand and the survival of the whole nation on the other. The nationalism as well as the humanistic belief in the equality of all man and political freedom seized the imagination of some people and led the country into the war. With the victory, the union was reserved and a new nation with strong federal government came into being. Nationalism was a new element injected into American Dream by the Civil War which taught the American people that the Union should be cherished and it is "indestructible."

The wealth, the values like equality of opportunity and the image of America as a free and open land was always attracting great floods of immigration. The immigrants have made great contribution to the industrial development of

America. At the same time they have changed the political landscape in America by exercising their rights of voting and have exerted some influence on American foreign policy. Actually Degler argues that the immigrant was in favor of the traditional and the accepted in religion, politics and economics and tended to be a conservative force in America. The diversity of nationalities and religions in America constituted a noticeable feature of American society under the new forces.

Industrialization sped up the commercialization and mechanization of agriculture and thus freed more people from land. The surplus labor flooded to the cities seeking "more favorable surroundings or enlarged opportunities". Thus urbanization as a force was starting to play its role in shaping modern America. Characterized by social pressure, impersonality, diversity and fluidity, urban life in America was closely associated which morality trends. However, the declining function of churches in cities led to churches' shifting attention to social issues and by associating the ethics with social issues, churches has transformed American Protestantism to social gospel. The core of the social doctrine is still a powerful force in the Puritan theological ideas, peculiar of America. Concerned with the poor and the weak and the social injustice, the ministers of social gospel set out reform movements and social protest and utilized the religious heritage to the fulfillment of the American Dream of justice, equality and opportunity. The reformers in the Progressive era led social reforms as a response to the social failures brought about by industrial expansion and urbanization. Progressivism offered the countermeasures to eliminate the negative consequences of "the city and the factory", which could possibly destroy American ideals as equality of opportunities, social justice and just and good government. They exposed corruption between business wealth and politics and the squalor and congestion of cities. They attacked the unjust treatment of woman and child labor. They tried to improvement the business responsibility and called for a new morality. All their measures and actions provided the evidence that the ideals developed in the earlier history were still cherished by the American people. The essence of Progressivism was a revitalization of traditional American ideal deriving from the Protestant social ethics and the political idealism of the early republic. The Progressivism set a good example of American conservatism by adhering to the old American ideals, which aspire to a free, open, just and democratic society.

The Great Depression of the 1930's stood as another significant moment in the American history. Fraught with economic and social problems like industrial stagnation, financial crisis, starvation, unemployment and social instability in the 1930's, the whole nation was at a turning point. Economically the most striking transformation in American thought concerned the role of the federal government. During the depression, the national government assumed a new and active role by exerting influence and control in the economy and taking up its social responsibilities. The result of the government's action was the New Deal, whose influence reached almost every aspect of American life during that historic period and that it has left the impress on modern America. However, we have to realize that no matter what kind of innovation the government, its primary goal was the guaranteeing of a minimum standard of welfare for the people of the nation. Delger certainly agrees that the ideas behind the New Deal were not new. As the initiator of the New Deal, Franklin Roosevelt declared that "The New Deal is an old deal—as old as the earliest aspiration of humanity for liberty and justice and the good life." These aspirations lie in the center of American Dream. The depression cast a doubt on the American people's belief in the limited power of the federal government and convinced them of the necessity of its intervention in economic and social issues. Abandoning the doctrine of laissez faire which dominated the

American economy for over a century, the modern government commits itself more to the general welfare by establishing social security system and dealing with its agriculture problem ignored by private enterprise. With the Wagner Act came the revolution in governmental attitudes toward organized labor. On the side of unionization, the government regarded it as its duty to protect a worker in the free exercise of the right to join a union. All the examples given here can illustrate the hard fact that the federal government has been playing more and more significant role in the modern American society and it helps preserve the American Dream which the Americans have always treasured and been proud of.

In summary, the American ideals and values as the internal live forces have always been underlying in the development of the American society and playing a decisive role at the turning points of progress of America. They constitute the dream of the American people and guide the direction of history.

论英语阅读能力与思辨能力的互促关系

李英杰*

摘　要： 本文探讨英语阅读能力与思辨能力的互促关系。思辨能力是未来创新人才的核心竞争力。英语阅读是大学英语课程要求必备技能。在大学英语阅读教学中可以培养思辨能力，随着思辨能力的提高，英语阅读能力也会随之提高。二者可以互相促进，共同提高。

关键词： 互促关系；英语阅读能力；思辨能力

1　定义阅读与思辨

思辨即思考辨析。所谓思考，指的是分析、推理、判断；所谓辨析，指的是对事物辨别分析。思辨能力是进行有意识的思考并做出有理据的判断的能力。[1] 阅读即是对书面语言的感知与理解、分析与鉴赏。思辨能力是高等教育的培养目标。提高英语阅读能力是大学英语的主要任务。两者之间的关系是一个值得探讨的问题。

2　英语阅读能力促进思辨能力

思辨能力与英语阅读能力在许多特质上是相似甚至是吻合的，英语阅读属于认知层面的心理活动，解读文章要求我们不仅仅停留在词句和

* 李英杰，北京工商大学外国语学院讲师，主要研究方向为应用语言学。

篇章的表层意义，还要挖掘文章的深刻内涵，这样才能摄取信息，理解、判断、对冲突点进行推理阐释，这过程中调动着思辨能力的理性思考和辨析的能力。

英语阅读的过程就是信息输入的过程。阅读过程中，大量的知识或信息涌入我们的大脑，我们要进行分析比较、辨伪存真。阅读是思辨的必要前提，是思辨必不可少的一环。思辨能力在大量的信息筛选、理解、辨析中得到锻炼。英语阅读能力对思辨能力有着正向促进作用。

英语阅读的过程也是读者与语篇之间的互动过程。读者会边理顺思路，边对文章做出预测、提出问题、寻找假设、明确作者要传达的要点并做出推理。[2] 阅读后，先归纳概括、分析综合所读材料，然后与自己已有的经验知识类比或对比，得出判断。[3] 这一系列过程中所进行的预测、推理、归纳概括、联系、对比、分析和判断正是思辨能力的表现。阅读的过程不仅包含分析理解，也包含批判驳斥。接受或反对语篇中阐述的观点的过程，也就是思辨的过程。英语阅读过程中调动了思辨能力的参与，在阅读中思考、辨析有助于思辨能力的提升。

3 思辨能力促进英语阅读能力

阅读能力归根结底是认读能力、理解能力、评赏能力以及借鉴能力。大致可概括为感知理解能力和赏析评价能力。

思辨有助于感知理解能力的提升。在阅读中思辨，可以使我们感知重要和非重要信息、区分事实与观点、确定作者的目的和语气、通过推理推导出言外之意、填补信息上空白，得出符合逻辑的结论。[4] 思辨能力帮我们感知外界新信息时，更快捷有效地调动出原有的知识、经验，使新旧知识发生联系，互动后产生对文章的理解；帮助我们有效地读取信息、理解文意，把握作者表达的中心思想，在思考中建构语言信息之间的关联。

思辨能力也有助于赏析评价能力。思辨能力蕴含着独立思考、求证精神与创新精神，以及分析、比较、综合、推理、检测、评价等核心技能。这些精神与技能使我们在阅读过程中不是被动接受文本内容，而是对作者的观点认同或批判、提出质疑，有自己大胆的想法，在综合加工后形成自己的认识。

思辨能力还能够帮助我们在阅读时，对知识、观点进行有条理、有层次的梳理以求更好的吸收消化。提出问题，理性的考虑其分析是否符合逻辑，其理论依据是否合理等。让我们对研究对象做出多维度的分析和判断，站在更宽广的视角解释现象，对问题提出篇章之外的解决方案。

4 结语

思辨能力是未来创新人才的核心竞争力。英语阅读是大学英语课程要求必备技能。思辨能力和英语阅读能力之间存在互促关系，给我们的实践启示是：在大学英语阅读教学中可以培养思辨能力，随着思辨能力的提高，英语阅读能力也会随之提高。二者可以互相促进，共同提高。

参考文献

[1] 李养龙，李莉文 . 高考英语科阅读能力测试与思辨能力——基于布卢姆认知能力分层理论的探讨 [J]. 山东外语教学，2013（2）.

[2] 黄彩霞 . 大学英语阅读教学中学生思辨思维能力的培养 [J]. 大学英语（学术版），2014（1）.

[3] 仝志敏 . 专业英语阅读课与大学生思辨能力的培养 [J]. 天津市经理学院学报，2012(3).

[4] PAUL R. How to read a paragraph：the art of close reading [M]. 北京：外语教学与研究出版社，2016.

《冬天的故事》与《奥赛罗》嫉妒杀伤力的巅峰对决

全凤霞*

摘　要：《冬天的故事》和《奥赛罗》都为莎士比亚的戏剧故事，二者的最大共性在于嫉妒情感的充斥和泛滥。《冬天的故事》的嫉妒主体是西西里国王，《奥赛罗》的嫉妒主体是军队将领奥赛罗。西西里国王因为嫉妒扬言要“烧死”王后赫米温妮。奥赛罗因嫉妒亲手掐死了妻子苔丝狄蒙娜。两部戏剧的结局是完全相反的，一个以令人发指的悲剧收场，而另一个却是以喜剧的传奇收尾。原因何在？通过笔者分析，主要有：第一，嫉妒主体的内蕴不同；第二，嫉妒主体的外力相异；第三，宗教的力量不容小觑。本文主要分析两位嫉妒主体的内蕴。

关键词：嫉妒；内蕴

1　多面体的西西里国王

综观《冬天的故事》，西西里国王在整部戏里的戏份并不是很多，他在前半部戏里的出场就恰似在美好的初夏突然出现的极端天气，只见晴朗的天空突然聚合起浓密的阴云，霎时间，雷电震响天宇，狂风夹杂着冰雹横扫着大地、摧残着鲜嫩的小草和初绽的花朵。但很快，一切戛然而止，

* 全凤霞，北京工商大学外国语学院副教授。

阳光又恢复了它灿烂的笑容，抚慰着满目狼藉的大地，只留下惊悸的人们嘘叹着天气的无常。

西西里国王在很短的时间内释放了太多的负能量，其有害辐射波及了整个王宫上下，但就在这负能量的释放中，我们又能窥探到一丝丝正能量的放光，本能地削减了辐射的破坏性；国王的狂言乱语中夹带的一些本能的理性的东西，扼住了疯狂的杀手，避免了国王杀妻悲剧的发生。

让我们欣赏西西里国王的四句台词，其整体个性便窥一斑可见全豹。“各位贤卿，请你们预备起来，召集一次廷议，好让我正式对这个不贞的女人提出控诉。”（第 2 幕第 3 场）国王的这几句话似乎让我们看到了国王平日料理朝政的情景。国王一直奉行民主的工作作风，遇事愿与大臣们商量，广泛征求和采纳各方意见，很少一言堂，肆意摆弄国王的权威。正因国王兴国有策，才使国事兴旺，国泰民安，国富民强。所以，国王一直是一个贤明的君王，他一向的处世风格是讲民主、重商量。

“他们去了二十三天，的确很快。”（第 2 幕第 3 场）“他们”指奉旨前去叩求阿波罗神谕的两位大臣。国王能把数字记得这样准确，说明国王向来精明能干，充满智慧，粗中有细。

“这等重大的事情，最忌鲁莽从事。”（第 2 幕第 1 场）简单的一句话却能充分说明国王一直以来的沉稳周全的处世风格。在此番特殊的时刻，他虽然口出一大堆狂暴无情的话语，却出于本能说出了一句片理性的话。

“我自有权力，无须征询你们的意见，只是因为好意才对你们说知。”（第 2 幕第 1 场）这说明国王拥有理所当然的权威，但同时不失为人的本色，他礼贤下士，与众臣打成一片，广泛交友，这样的群众基础正是大臣们敢于集体下跪为刚出生的小公主求情的心理基础，从而挽救了小公主的生命。

由以上分析可以总结出，王后的闺蜜宝丽娜之所以敢如此大胆，“怒闯”王室，敢与国王较量，是因为她相信心目中的这位好国王、这位一向通情达理、善于和敢于体察民情民意的国王一定能幡然悔悟，放弃可怕的念头，国王虽然出语狂暴，但他与生俱有的性格和为人特点本能地导致了他行动的滞后。

2 奥赛罗的自信与自卑

奥赛罗的一生惊心动魄，充满了传奇色彩。正是他奇异的人生故事打动了苔丝狄蒙娜的芳心。作为一名军事将领，他耿直坦荡，公正严明，不畏惧权势而徇私枉法："这城里三个当道要人亲自向他打招呼，举荐我（伊阿古）做他的副将。"可是奥赛罗"对于他们的请求，都用一套充满了军事上口头禅的空话回绝了"。（第 1 幕第 1 场）作为一名军人，奥赛罗戎马疆场，战功赫赫，军事天才得到一致认可，是威尼斯城和塞浦路斯岛的守护神。奥赛罗充满人文主义的理想，痛恨无谓的流血与无秩序的混乱，视广大人民的利益高于一切。他具有强烈的责任感和事业心，在镇守塞浦路斯时，不忘派人去巡视市街，安定人心。他虽属深色人种，但有着高贵的血统，言谈举止中透着天生的威仪。

奥赛罗真心爱恋温柔的苔丝狄蒙娜，愿意为她放弃无拘无束的自由生活，来俯就家室的羁缚。他对自己的出身充满自信，是高贵的祖先的后裔，有充分的资格享受所得到的值得骄傲的幸运。奥赛罗更对自己和苔丝狄蒙娜之间的爱情充满自信。当苔丝狄蒙娜的父亲勃拉班修在元老院无限悲愤地以"妨害风化、行使邪术"的罪名控告奥赛罗，说他用江湖骗子的符咒药物引诱苔丝狄蒙娜堕落时，奥赛罗并不急于自我辩解，而是礼貌而沉稳地请求让苔丝狄蒙娜自己出面当场解释，并以自己的生命做担保，说："要是你根据她的报告，认为我是有罪的，你们不但可以撤销你们对我的信任，解除你们给我的职权，并且可以把我判处死刑。"言语中表现出了奥赛罗满腔的自信。奥赛罗还当众自豪地坦露了自己的"妖术"："她为了我所经历的各种患难而爱我，我为了她对我所抱的同情而爱她：这就是我唯一的妖术。"（第 1 幕第 3 场）奥赛罗认为自己和苔丝狄蒙娜的爱情和婚姻是可

以见太阳的，自己的人品、自己的地位、自己清白的人格可以表明一切。（第1幕第2场）

但奥赛罗对世俗社会人情世故缺乏了解，对世间的邪恶认识不足，对人世仍然心存天真美好的幻想；看见人家在表面上装出一副忠厚诚实的样子，就以为一定是个好人。对于来自正面的冲突，总能镇定处理，化险为夷。奥赛罗传奇的人生昭示，他是不会被看得见的汹涛击垮的，但对于危险的暗流他却缺少敏感。有两个克星潜伏着，一步步逼近奥赛罗，一个是伊阿古；另一个是爱着苔丝狄蒙娜却得不到爱的回报的威尼斯年轻人罗德利哥，他嫉恨奥赛罗。这两股危险的暗流正合力形成强大的旋涡，行将吞噬闯入其势力范围的一切。伊阿古就那样笑着摧毁了奥赛罗自信的王国，让奥赛罗的心中只剩下对自己种族的自卑，并且全然相信苔丝狄蒙娜对自己的彻底的背叛，让他完全忘记对苔丝狄蒙娜的爱恋和真情，并最后向苔丝狄蒙娜伸出了魔爪，就恰似“咆哮的汹涛直冲云霄”“海水浇向光明的大熊星，熄灭照耀北极的斗宿”一样，像天上的明星一样闪亮的苔丝狄蒙娜被奥赛罗的汹涛永远地浇灭了。

Mobile Technology as a Medium of Meaning Making in EFL in Childhood: A Literature Review

王梦琳 *

Abstract: Using mobile technology in teaching English as a foreign language to children is not new. However, in most of cases, researchers and educators focus on its role as a carrier of content, neglecting that it could also be used a medium of meaning making. The paper examines the up-to-date studies in the field to explore its impact in teaching and learning.

Key words: ELT; children; mobile technology

Research on second language acquisition suggests that early childhood is a crucial time for second language learning, if it is not the most important phase. However, many preschool teachers and parents are concerned with their own English proficiency levels as well as short of materials. With the advent of smart phones and tablets, mobile technology is also marketed as learning tools. Nikolopoulou[1] suggests that the effectiveness of using technology in language learning largely correlates to the type and quality of the mobile technology, the pedagogical approaches and amount of time. A major role of technology in language

* 王梦琳，北京工商大学外国语学院助教，主要研究方向为二语习得和科技在英语教学中的应用等。

education is as a carrier of content, through which the access to a range of language learning materials and activities is provided. However, many researchers and educators neglect that technology can also play the role of a medium of meaning making. To put it in other words, the potential of using mobile devices to create learning experiences by learners themselves, rather than obtaining as much as input from the mobile devices. This paper will analyze the up-to-date research studies in the field in order to examine its practical impact.

Pellerin's[2] study in Canada describes interventions that use the audio/video recording applications on tablets and MP3 to promote young French learners' oral production. She noticed that even in the first week of class, participants were motivated to "make use of handheld devices to video record their descriptions of what they were seeing on self-selected pictures" in class. The research demonstrates that mobile devices can provide a successful transition from teacher-generated materials to learner-generated content. Other learner-generated content observed by the researcher included showing or telling about personal experiences, telling stories with their own imagination, and instructional videos on "how to make a bubble with gum" etc. The new language learning experience created by mobile technology largely support and promote learners' authentic language output and was highly engaging at the same time. In addition to the built-in apps, learners also used other applications to create animated cartoons, puppet shows and movies with their own narration. Moreover, the mobile devices used in the study also contributed to peer interaction and collaboration, as sometimes learners would suggest the right French word or make right corrections to their friends in the video recording. This is also reasonable based on the social cultural theory, that peer interaction promotes language learning.

Mobile technology can be integrated into task-based teaching to promote authentic language use. Tai[3] designed a problem-solving task based on a burglary scenario, where students need to use the evidences provided to identify a suspect. As learners need to get access to the information for the specific sub-task in the Garden, the mobile device is used to communicate with students in headquarter. MSN, text-message and calling are used in the task. For instance, learners need to read a story of a janitor who heard strange sound at that night and listened to a recording on the phone, and after group discussion they called the headquarters to report the clue they discovered. Integrated language skills, collaboration among group members and communication with headquarters are essential to solve the case. Mobile technology makes the scenario authentic as learners can go to the environment where a burglary may possibly take place and gather clues from different locations. The results of the immediate posttest showed significant improvement was achieved from the task.

Studies reviewed in this paper provide a new perspective to integrate technology into language teaching: it is possible to promote effective teaching and learning even with built-in applications. With right pedagogy, mobile devices can create more opportunities for language production, peer interaction and eventually greater achievement.

References

[1] NIKOLOPOULOU K. Methods for investigating young children's learning and development with information technology[G]//MCDOUGALL A. Researching IT in education: Theory, practice and future directions. London: Routledge, 2010.

[2] PELLERIN M. Using mobile technologies with young language learners to support and promote oral language production [J]. International journal of computer-assisted language learning and teaching, 2014, 4 (4).

[3] TAI Y. Contextualizing a mall: Practice design and evaluation [J]. Journal of educational technology & society, 2012, 15 (2).

素描加写意：查尔斯·兰姆这样给“穷亲戚”画像

王秀贞*

摘　要：读查尔斯·兰姆的随笔，就如同和他聊天，而且聊的都是家常的话题，用的全是家常的词汇，描画的也是家常的人物。在《穷亲戚》一文中，他寥寥数语，就把“穷亲戚”这一类人物刻画得惟妙惟肖、入木三分，有的像素描画，有的像写意画，让人欣赏起来，不免会心一笑，扼腕叹服。

关键词：素描；写意；家常；传神

1　素描与写意

根据百度百科，素描指单纯用线条描写、不加彩色的画；在文学上指简洁朴素、不加渲染的描写。写意，国画的一种画法，用笔不苛求工细，注重神态的表现和抒发作者的情趣，是一种形简而意丰的表现手法。

2　文中的素描与写意

查尔斯·兰姆学识广博，落笔却极少生僻艰涩，反而很是亲切易懂。在《穷亲戚》一文中，除去用了几个一查便知的典故之外，他几乎没用华丽的辞藻，而只选用了最简洁的词汇、最朴素的描述，却刚好捕捉到人物

* 王秀贞，北京工商大学外国语学院讲师，主要研究方向为英美文学。

的神态精髓，恰如其分地将其动作、神韵都表达得淋漓尽致，而且行文间流露出作者的意趣、态度及情感。

在文中，作者先用了26个论断，或描述，或打比方，勾勒出穷亲戚的基本意象；随后分别为男性、女性穷亲戚画了素描，定格了其最为突出的特征；最后以写意的表现方式把作者生活中的两位极有特点的穷亲戚展示给读者。

3 素描加写意，描画“穷亲戚”

3.1 不同的意象，同一个影子

“穷亲戚——究其本质乃是一种最无足轻重的人物，——一种叫人厌烦的交往……——一种血缘里的污染，——一种荣耀中的瑕疵，——这是在你长袍上的一道裂痕，——在你欢宴中突然出现的一具骷髅……——这是飞入你眼中的一粒尘埃……——恰逢收获季节的一阵冰雹……”作者铆足了力气，一口气罗列出26个意象，试图透过这一个个意象，让无论是作为穷亲戚、还是作为穷亲戚家的富亲戚的读者，在记忆中搜寻到自己熟悉的影子。在此，作者并未着力描画他们的长相，因为他们长相虽异，但共性明显。

3.2 几个小动作，定格一类人

作者笔下的男性和女性穷亲戚，除了在对自己衣着打扮方面的关注度稍有不同外，其余的方面，则几乎相同。作者没提他们的名字，没描绘他们的样貌，只画了他们几个日常的小动作，就把他们传神地展现给读者了。

“一听那敲门声，就知道是他。”因为“那剥啄之声，介乎亲昵与恭敬之间”，“他进门时笑容可掬——可又忸怩不安。他把手伸出来要跟你握——可又缩了回去。”一种难以言表的局促与不自在跃然眼前。

“他声明自己是不吃鱼的，况且桌上的比目鱼也太小了——然而，经不起再三劝说，他只好勉为其难地吃下去一块……他除了葡萄牙红酒本来滴酒不沾——然而，如果别人硬要他尝一下法国葡萄酒，他也只好把剩下的一杯一饮而尽。”在推脱与接受之间，这位穷亲戚依然拿捏不好尺度，只好半推半就了。

“别人打牌，叫他凑一角，他以囊中羞涩为由，推辞了——可真把他抛闪一边儿，他又闷闷不乐。”“客人们要散的时候，他自告奋勇去叫车——可最终还是让一个仆人去了。”他就是这样一个尴尬的存在，自觉比仆人身份高贵，但在富亲戚面前，又不免觉得低人一等。

她虽然在衣着上尽力掩饰自己身份，但仍免不了“低声下气”“自惭形秽”；“用餐时递给她菜汤，她却求你先让诸位先生用罢再说吧……她对着仆人称‘先生’，说什么也不肯麻烦他为自己端着盘子”。在作为穷亲戚的她来说，自己是在表示客气；而在别人眼里，她却是那么不合时宜。

3.3 言简而意丰，实例画人生

无论是作者幼时的同学“可怜的小威”，还是作者少时印象中神秘的约翰·比利特先生，身上都有一股子傲气，虽然“那骄傲是于人无伤的，并非由于天性冷酷、把不如自己的人都不放在眼皮底下，而只是防护着自己、不容他人任意贬损而已”。

小威就这么梗着脖子、一路倔强地跨进了牛津，虽是半工半读，但他设法避开人群、钻进书籍，找到慰藉。可偏偏，他爸爸干的是油漆房屋的微贱营生，为了能揽到活计，他“逢人就巴结。即使儿子在旁边陪着，他碰见随便哪个身穿大学袍服的角色，也都立即脱帽，右脚退后，行一个鞠躬礼”，一路“点头哈腰，行礼不迭”，这让凭着一身傲气撑到现在的小威再也撑不下去了，他愤而参军，不久便战死了。

而那位“神情忧郁、面貌清癯、身穿简朴的黑礼服的”约翰·比利特老先生少言寡语，严肃极了。每周六到“我”家来，每次都给他奉上一盘布丁，直到有一天，“我”的堂姐好意劝他再吃一块的时候，无意中说了句“再吃一块吧，比利特先生，你不见得天天都能吃上布丁呀！”他的自尊心被彻底击垮了，他气愤不已地骂道：“你这个娘们儿，真是老废物！”

作者讲述了两个穷亲戚的实例，依旧着墨不多，依旧用简单的词汇，依旧是平实的叙述，但两个人物的形象却非常立体地呈现了出来。

La exclusión lingüística hacia inmigrantes: una visión a través de la prensa española

闫 欣 *

Resumen: este artículo trata sobre los mecanismos lingüísticos en la lengua española a través de los cuales puede demostrarse que existe una posible exclusión social hacia el inmigrante, causada por los prejuicios y estereotipos de los propios redactores, parte de la sociedad, y plasmada en los escritos periodísticos provenientes de España.

Palabras clave: español; prensa; exclusión social; lengua

1 Introducción

El propósito del presente artículo es mostrar de forma muy somera que existe exclusión social hacia el inmigrante en artículos escritos en español provenientes de varios periódicos españoles con importante tirada.

Creemos que se debe a que los propios redactores son simples ciudadanos, parte de una sociedad, por lo que no pueden desprenderse del todo de sus prejuicios, en concreto hacia el inmigrante o extranjero, aunque se supone que el lenguaje periodístico deba tender a la neutralidad. El término prejuicio se refiere a la actitud de los miembros de un grupo generalmente mayoritario hacia los de otro grupo minoritario, normalmente una actitud hostil o desconfiada

* 闫欣，北京工商大学外国语学院助教，主要研究方向为商务西班牙语、西班牙语翻译。

hacia una persona que pertenece a un grupo, simplemente debido a su pertenencia a dicho grupo.

Opinamos que la prensa debería ser imparcial. Sin embargo, los lectores no lo son. El ser humano en general emplea fácilmente el estereotipo para distanciarse de lo"ajeno y diferente"y para ahorrarse la larga marcha de catalogar correctamente toda la amalgama de realidades sociales y humanas que le rodean, de cerca o de lejos. Por tanto, el contenido se basa en gran medida en las preferencias y gustos del público objetivo y lector meta, por lo que el lenguaje presenta un nivel bastante notable de prejuicios, generalizaciones, estereotipos y visiones arraigadas dadas por el espíritu ideológico del mismo periódico que mostramos brevemente a través de los siguientes extractos sacados de distintos artículos.

2 Extractos de artículos periodísticos españoles

2.1 Verbos de superioridad

En el diario ABC, el 23 de mayo de 2017 se publicó "La hostelería, el campo y el servicio doméstico, donde más trabajan los inmigrantes". En esta noticia puede leerse: "[...] cuatro de cada diez inmigrantes que disfrutan de un empleo en esta región lo tienen en la hostelería, en el campo o en el servicio doméstico."

En este caso se emplea el verbo "disfrutar", lo que puede llevar a pensar que el escritor opina que es un privilegio para ellos tener la oportunidad de trabajar en España, más que un derecho. Se omite que la jornada laboral es larga, el trabajo no muy bien remunerado y la carga laboral grave (camareros, jornaleros y trabajadoras del hogar). Esto se encuentra en línea con una forma xenófoba de tratar a los extranjeros como ladrones de puestos de trabajo que deberían pertenecer a españoles.

2.2 Preferencia de lo propio

También en el diario ABC, en una noticia del nueve de mayo de 2017, puede verse la fuerte preferencia por la vida que se considera parte del colectivo y no la ajena. Se escribe: "Un total de 110 inmigrantes han logrado este martes saltar la valla fronteriza en Melilla, en un salto «violento» en el que tres guardias civiles han resultado heridos, según ha informado la Delegación del Gobierno en la ciudad."

En este caso se omite el estado de los 110 inmigrantes tras saltar la valla y se destaca en negrita el hecho de que tres guardias civiles han resultado heridos. Parece omitirse el resultado y la situación de salud física y psicológica de estas personas que realizan este acto tan desesperado porque se ven sin otra salida.

2.3 Doble exclusión: inmigrante y mujer

Por último, mencionar una noticia del periódico La Razón donde existe una doble discriminación (mujer e inmigrante). El título es "Más embarazadas y niños-ancla en las pateras que llegan a Andalucía". Puede leerse: "Abril está siendo un mes especialmente complicado en las costas andaluzas dada la llegada incesante de pateras [...] lo que ha obligado a las autoridades y a las ONG a redoblar la vigilancia y la protección a los inmigrantes. Cruz Roja, alerta de la presencia cada vez mayor en las pateras de mujeres embarazas y de los denominados niños-ancla, es decir, menores que vienen acompañados de mujeres que realmente no son sus madres, lo que les permite quedarse más tiempo en un centro de acogida."

Se considera que la llegada de pateras resulta una complicación en Andalucía, que fuerza a las autoridades a redoblar la vigilancia. Aparece una errata como "embarazas" y se menciona a los niños-ancla, término para denominar a un menor de edad que es utilizado por las mafias para asegurar que una madre pueda permanecer en España y cuidarle. Así nos parece que estas personas son monstruos capaces de todo por llegar a nuestro país, cuando en realidad han sido forzadas por el miedo y la pobreza, todas víctimas.

3 Conclusión

Como conclusión, tras el análisis de los artículos de ABC y La Razón, podemos comprobar que el idioma puede usarse como herramienta de exclusión social y como arma para imponer ideologías. Pensamos que si una sociedad multicultural recibe este tipo de información sesgada, se reforzarán y solidificarán sus estereotipos y prejuicios, lo que dificultará la inclusión social. Si a eso sumamos las erratas lingüísticas y la falta de imparcialidad en los escritos, es posible que se esté fomentando el desconocimiento y la xenofobia a través de la prensa en España.

墨西哥西班牙语的特点简述

张馨予 *

摘　要： 墨西哥由于其政治、经济和文化影响力的提高，墨西哥西班牙语的地位日益重要。本文将从语音和语法两方面简单介绍墨西哥西班牙语。

关键词： 墨西哥；发音；语法；yeísmo；tuteo

1　引言

由于西班牙在历史上曾经是第一个日不落帝国，在世界各地有许多殖民地，现如今有许多国家的人使用西班牙语。西班牙人在当时把他们的语言传播到了各个殖民地，从使用人数上看，西班牙语是世界第二大语言。许多国家将西班牙语作为官方语言，但是他们使用的西班牙语稍有不同，也就是说现在的西班牙语富有多样性。在多种多样的西班牙语中，有一些国家使用的西班牙语因为其经济、地理及政治地位而显得尤为重要。

本文将介绍多种西班牙语中非常重要的一种：墨西哥西班牙语。墨西哥是坐落于北美洲南部的西班牙语国家。2016 年，墨西哥人口达到 1.27 亿。根据世界银行的数据，2005 年，墨西哥是拉丁美洲人均国民收入最高的国家。2006 年，墨西哥的人均国民生产总值位于智利之后居第二。从墨西哥

* 张馨予，北京工商大学外国语学院助教，主要研究方向为西班牙语教育。

的人口来看，墨西哥讲西班牙语的人占西班牙语使用者的29%，这就意味着墨西哥人占西班牙语人口的近1/3。因此，墨西哥西班牙语是西班牙语中非常重要的一种。越来越多的人学习墨西哥西班牙语，用于和墨西哥人进行经济、文化甚至政治交流。因此，本文将简单介绍墨西哥西班牙语的特点，并且给出一些学习墨西哥西班牙语的建议。

墨西哥西班牙语中有很多特有的土语方言和社会方言。墨西哥西班牙语的使用者集中在墨西哥，以及墨西哥人较多的美国和加拿大。墨西哥各地讲的西班牙语也不尽相同。根据使用地域的不同，分为东北地区方言、西北地区方言、下加利福尼亚地区方言、西部地区方言、沙滩地区方言、高原地区方言、中南部地区方言、沿海地区方言、奇巴潘科地区方言和半岛东部地区方言。

2 墨西哥西班牙语的特点

作为西班牙语的一种，墨西哥西班牙语随着时间的推移形成了自己的特点。有了这些不同，墨西哥西班牙语成为西班牙语独立的一种变体。本文将从语音和语法两方面简单介绍墨西哥西班牙语。

2.1 语音方面

2.1.1 元音减弱

通常，人们认为墨西哥西班牙语最显著的语音特点是元音减弱。换句话讲，非重读元音由于不发音而导致的缩减。这种现象常见于墨西哥的高原地区，但是在其他很多地区也有这种现象。人们认为元音的减弱和“seseo”现象是墨西哥西班牙语的特点之一。从知识分子到社会底层，元音的减弱和丢失出现在社会各个阶层使用的西班牙语中。尽管这个特点出现在大部分人使用的语言中，但是这种现象中也有很多不同。

有四种不同程度的元音减弱。第一种的元音全部明显丢失；第二种为轻微的、可被感知的元音减弱；第三种通常是元音相比前一个音更明显减弱；第四种是发元音的时候，舌头放松。[1]

2.1.2 辅音发音清晰

辅音发音清晰即加强或维持辅音的倾向。这一现象表明了在广大地区有发音保守的特点。

通常，辅音发音清晰被认为是文化程度较高的人群的特征而且在不同的地区会有不同的特点。在墨西哥的沿海地区，辅音会弱化，特别是在词尾。与此同时，在墨西哥的很多不同地区也存在着与此相似的现象。[2] 例如，“examen”读作 [eks á men]。

2.1.3 舌后小舌擦清辅音 [x]

舌后小舌擦清辅音 [x]，也叫咽部送气音 [x] 或者软腭摩擦清音 [x]。这是墨西哥南北部和中美洲的语音特点，和西班牙中部和北部的发音相似。这个发音常常出现在字母 j 的发音中，以及字母 g 放置在元音字母 e 和 i 前面时。有时也出现在字母 x 的发音中。例如，下列词汇“jamón”“gente”和“M é xico”中的字母 j、g 和 x 都发作 [x]。

2.1.4 弱化 y 的趋势

弱化 y 的趋势，或者我们把这一现象叫“yeísmo”，出现在墨西哥北部和中美洲。这种语音现象出现在许多种西班牙语变体中。“yeísmo”的意思是字母 y 的发音和辅音组合 ll 的发音都读作舌前硬腭擦浊辅音 [j]，像标准西班牙语中字母 y 的读音一样。例如，单词“ardilla”读作“ardía”，“carretilla”读作“carretia”，“tortilla”读作“tortia”。

2.2 语法方面

2.2.1 “tuteo”的用法

“tuteo”即使用第二人称“你”来称呼别人，是一种用于表达信任或者熟悉的称呼方法。使用“你”做人称的时候，我们使用的动词和代词都要是第二人称单数形式。这种称呼在西班牙和拉美其他国家非常流行，例如墨西哥、哥伦比亚、智利、厄瓜多尔、巴拿马、秘鲁和委内瑞拉。

例如：*¿tienes tiempo para hablar conmigo ahora?* 这就是“tuteo”的一个例子。

2.2.2 缺少“leísmo”

“leísmo”就是使用“le”这种形式来替代充当直接宾语的宾格代词“lo”和“la”，这种现象出现在很多地区的西班牙语中。然而，这种现象在墨西哥并不存在。

例如：*No sé cómo hacerlo.*（=No sé cómo hacer esto concreto.）

No sé cómo hacerla.（=No sé cómo hacer la tarea o actividad.）

No sé cómo hacerle.（=No sé qué hacer.）[2]

2.2.3 使用代词“le”与前面的词连写表示强调

这个语法特点用于强调宾语，并且这个宾语是代指某人。

例如：ándale，sígale.[2]

2.2.4 量词“tan（to）”和疑问代词“qué”连用

墨西哥西班牙语中有一种特殊的用法，就是量词“tan（to）”和疑问代词“qué”连用。“Qué tanto”等同于“cuánto”，即“多少”的意思，而“qué tan”的意思是“cómo de”，即“如何”的意思。

例如：¿Qu é tan buen profesor eres?

¿Qu é tanto necesitas manzanas?

2.2.5 过去时在墨西哥的用法

通常人们认为在拉丁美洲很少使用现在完成时。但是实际上，现在完成时的消失是人们混淆了简单过去时和现在完成时的结果。然而，现在完成时在墨西哥并没有消失，也没有和其他时态混淆。

但是，在讲述当天发生的事情时，西班牙人会使用现在完成时，而墨西哥人会使用简单过去时。[1]

例如：He ido a la universidad por la tarde.（西班牙）

Fui a la universidad por la tarde.（墨西哥）

3 结语

在当今，墨西哥西班牙语作为西班牙语的一个分支，地位日益重要。越来越多的人开始学习墨西哥西班牙语。本文简单介绍了墨西哥西班牙语的一些特点，但是篇幅所限，不能一一尽述。

参考文献

[1] LOPE B，JUAN M. Estudios sobre el español de México[M]. México：Universidad Nacional Autó noma de México，1983：60–63.

[2] MORENO F. Las variegades de la llengua espanyola y sou enseñanza[M]. Madrid：Arco libros，2010：56.

语言习得的性别差异对语言教学的影响

周纳新 *

摘　要： 在全世界很多文化背景下，性别差异会造成语言使用的不同。在语言学的各个领域，性别差异引起了广泛的认识和研究兴趣。本文旨在探讨在语言习得和教学过程中，如何将性别差异的影响加以利用，以更科学的方式来设计外语教学的程序和任务，以期达到语言学习和使用的最佳效果。

关键词： 性别差异；语言习得；语言教学

1　语言的性别差异在社会文化中的体现

世界范围内的文化千差万别，语言的使用也是各具特色，但是在很多文化背景下，都存在着语言使用的性别差异，男性和女性的语言差异随处可见。[1] 有些语言学家更是提出了“性别偏向”这样的概念，强调不同性别在谈话的主题、动机、反应态度、词语发音和选词等各方面的不同。[2]

毫无疑问，语言的性别差异体现在众多的文化背景中，英语国家也不例外，这一现象被普遍认为是由男女的不同社会身份、文化信仰和生理特征所决定的。语言学家认为，有些语言特征早已成为性别的符号，包括美学特质和情感表达：女性语言中更多形容词和副词的修饰语，表现着更加

* 周纳新，北京工商大学外国语学院讲师，中国文体学会会员，主要研究方向为语言学、文体学和英语教学。

生动婉转或是互助友好的女性特质；而男性擅长使用的缺少修饰语的主动动词，是他们直接传达信息的率真特质的代表。

再以日本人为例，日本女性比男性使用更自谦的语言，她们的选词和句型有很多是专属的。在欧洲的语言中，有很多也是分性别的。在法语、西班牙语和德语中，很容易发现使用者的性别，其中法国男人最喜欢使用赞美和欣赏的语言，而女性的语言中，批评和抱怨也是很普遍的。女性作为一种文化特质，是完全区别于男性的。[2]

在同样的社会背景下，女性更喜欢选择权威化的语言形式，不同的语言片段反映不同的语气、态度、兴趣和肯定程度。女性更加温柔、包容和与人为善的天性反映在她们所使用的更加生动鲜明、优雅有趣的修饰语上。男性角色被公认应该具有更坚强、自信、竞争、奋斗的特质[2]，他们会表现得更加积极，具有主动性和侵略性，也会更有激情和强迫症，不可容忍甚至粗俗不羁。这就解释了英语世界里的受男性青睐的很多极端修饰语、俚语和脏字。

2 语言习得的性别差异

除了不同的社会文化背景和身份决定了语言的性别差异外，这种性别的差异还体现在语言学习的风格上，即不同性别的人们学习语言时所采用的不同方式和方法。与女性相比，男性更加不受地点的限制，有更强的观察力、分析能力和逻辑思考力，在语言学习上和生活的其他领域都是如此。相反，女性对场景更加敏感，她们会更主观而且擅用感情，有统一化的思考模式。在众多的性别差异解释中，大脑的半脑分析理论以最科学、最有说服力的解释，向我们展示了不同性别语言学习风格不同的原因。[2]

研究者们认为，男性的左脑更专长于语言功能，右脑偏爱抽象和空间的程序处理；而女性的左右脑在语言处理和其他很多思考过程中都是合作性的，体现了大脑更集成化的能力和全方位的利用。

这一发现解释了很多现实的经历：很多教师都发现有些学习活动，比如网络搜索或者小组竞争，更能吸引男生的兴趣，而女生则更热衷写作和评论等作业。男性竞争和主导的天性使他们在男女合作中表现得更加积极和主动，他们会自然地在合作或竞争中对女性的伙伴或对手施加更多的影响，使用更本地化的语言；而女性则在尽量维持和谐的关系，使用更标准化的语言和男性对手或伙伴进行交流和讨论。这样的学习和合作方式会给语言教学带来怎样的启示呢？这些和性别有关的语言差异和学习风格，显然是教师和学生都应该清楚认识的，因为这是在语言学习和文化交流的实践中能够产生重要影响的事实。

3 语言习得的性别差异在教学中的意义

在语言学领域，有关语言习得和使用的性别差异的研究如今已日趋深入，研究者们越来越感兴趣的是如何将这些发现加以利用，在教与学的实践中，让这些理论发挥作用，帮助我们更好地实现教学目标；同时思考如何将不同性别的学习者分别对待，在教学活动中设计出最佳的活动和计划，让不同性别的学习者都拥有更高的学习动机，并都有机会发挥其特长，在完成学习任务的过程中获得更好的收获和成就感。

因此对于语言教学一线的教师而言，不仅需要清楚地认识语言使用上的性别差异，还要认识到产生这些差异的文化和科学的背景，更重要的是，教师需要了解适合不同性别学习者的学习活动和任务，以便设计出更加科学有效的学习程序。[3] 比如教师在设计教学活动时，应该有选择地安排多种学习任务，平衡学生的不同需要和兴趣，帮助学生选择更适合个体的学习活动和方法。在课内外的学习中，有意识地建立不同性别学生间的合作和竞争机制，让他们有互相学习、比较的机会，更要让他们认识到不同于自己的学习方法和语言的使用方法，以便有意识地培养自己最适当的语言使用方法和正确的语言交际能力。

对于外语学习者来说，在合适的场合，合适的时间，使用正确的语言表达正确的思想不是一件容易的事情，因为他们对如何使用和学会一门外语所有的细节也许还没有全面的认识。性别差异，这一非主流的考量，其实无所不在，它时刻影响着我们学习的效率，只有当教师和学生都努力将它的作用发挥到极致，我们才有机会成就完美的语言交流，达到外语学习的新高度。

参考文献

[1] YULE G. The study of language[M]. New York：Cambridge University Press，1985：239–253.

[2] REID J M. Learning styles in the ESL/EFL classroom[M]. Beijing：Foreign Language Teaching and Research Press，1995：118–128.

[3] GRAY C. Towards an overview of work on gender and language variation[M]. New York：Freeman，2004.

中西餐桌礼仪差异分析

刘江红 *

摘　要： 不同文化里的餐桌礼仪有所不同，其中包括座位安排、点菜、就餐用语、买单等就餐的各个方面。掌握并了解不同文化的餐桌礼仪对中西方跨文化交际具有重要意义。

关键词： 中西方；餐桌礼仪；差异

餐桌礼仪是饮食文化的一个重要组成部分。由于中西方国家的文化、思维方式、生活习惯和行为方式迥然不同，在与西方交往的过程中不可避免地会出现文化冲突的现象。餐桌礼仪在交际中占据了很重要的地位，学习和分析中西方餐桌礼仪的差异对中西方跨文化交际具有重要意义。

1　餐桌礼仪的差异

中国和西方国家在餐桌上的要求存在很大差异，并各有特色，体现了不同的餐桌礼仪。

1.1　餐桌座位安排

在西方国家，座位安排没有特别的意义，在商业聚会或朋友在饭店一起吃饭时，客人可以选择自己喜欢的座位。上菜时遵循的原则是女士优先，先给女士，再给男士。当主人邀请客人到家里吃饭时，男主人和女主人一

* 刘江红，英语语言文学硕士，北京工商大学外国语学院讲师。

般会坐在长方形餐桌的两头，客人坐在两边，通常是一位男士，一位女士，再一位男士，一位女士，至于谁坐在什么位置并没有特别的意义。

而在中国，座位的安排尤显重要，主人要特别注意安排客人的位置，不然可能会冒犯他人。在中国饭店一般是圆桌，座位的安排是根据客人的社会地位和重要性来安排的。最尊贵或最年长的客人会坐在距离入口最远的位子，以示尊贵。而距离门最近的位置，通常在最尊贵的客人对面，是留给请客付账的人的。其他的客人会依次坐在两边，地位高的人会坐在最尊贵的客人旁边，依此类推。上菜的时候，服务生总会把菜放在贵客前面，他或她尝过后其他客人才会动筷子。

1.2 菜品推荐的问题

在饭店，客人有时会问服务生哪道菜最好吃，或者哪些是特色菜，美国的服务生会很直截了当，会说："I like this very much" 或 "This is my favorite" 。他们的回答都非常个人化，他们会根据自己的经验向客人推荐菜品。而中国的服务员比较矜持，不会在客人，尤其是陌生人面前发表自己的看法，他们遇到客人询问时会说"这个还可以""你可以尝尝这道菜"或者"这道菜是客人点的最多的，你不妨试试" 。他们的推荐是根据客人的反馈，而不是自己的经验和观点。

1.3 餐桌过程的差异

在请客人用餐时也有很大的差异，在中国，即使餐桌上的菜琳琅满目，主人也会说"菜很少，招待不周，还请大家多担待"；而西方国家的主人则会很随便地说"help yourself to some vegetables" ，显得很自然随意。在中国如果有客人赞美某一道菜，主人会非常谦逊："做得不好，勉强吃吧。"而西方人会很自信地说："我是特意为大家准备的，你们喜欢我很开心。"餐桌上的气氛中西方也是完全不同的，中国人讲究热闹，所以经常在餐桌上高声谈话，气氛虽说是其乐融融十分和谐，但在西方人看来却是十分没有教养的表现。西方的餐桌礼仪讲究礼仪和素养，整个就餐过程应该是十分安静的，举止也十分优雅。

1.4 买单的争议

美国朋友一起吃饭，买单时通常是AA制，就是各付各的。因为美国人崇尚自由和独立，他们也会尊重别人的自由。美国人点餐一般是各点各的，不会去吃其他人盘子里的菜。他们和朋友一起吃饭，就是日常的生活需求，填饱肚子而已，并没有其他的意义和目的。所以他们实施AA制很自然，没有额外的负担和需要。

中国朋友一起吃饭时，大家都会争着去买单，这是慷慨仗义的表现。如果某一方吃完饭不主动表示结账，会被认为太小气。争抢买单的结果一般是这次一位朋友买单，下次另一位会请客，大家轮流来。朋友之间不会AA制，因为中国人认为这样会显得关系淡漠，有种从此互不相欠的感觉。朋友一起吃饭，除了生活需求，也是放松休闲、联络感情的一种方式。

2 了解餐桌礼仪差异的意义

中西餐桌礼仪，深受中西方社会文化、历史文化及其各种社会因素的影响，使两种文化的距离相差甚远。历史文化的差异导致了中西餐桌礼仪的差异，餐桌礼仪从某种程度上来说是一种生活习惯的反映。了解中西方不同的餐桌礼仪，一方面，可以在日常和商务活动中增进相互了解，尊重对方的饮食习惯和礼仪，达到更有效的跨文化交流和互动；另一方面，我们可以保留中国饮食文化的精华，如尊重长者，注重菜品的色、香、味，看重朋友情谊等方面。同时也可以汲取西方餐桌礼仪的优点，如尊重女性、减少浪费、安静就餐等。这样取长补短，会使我们的生活和社交活动更加和谐美好。

语料库文体学视角下的文学研究*

孔海龙**

摘　要：语料库文体研究方法用语料库语言学的技巧来分析文学文本，将文本的语言学描述与批评阐释结合起来，从而架起了语言学与文学批评之间的桥梁。这些用于分析文学文本的语料库语言学技巧主要有关键词、搭配、语义韵和关键词在文本内的分布等。本文重点考察了关键词和语义韵在文学作品中的应用，认为语料库文体学方法为文本细读提供了有力的支撑，同时也为文学文本中蕴含的特有效果提供了有力的语料库支撑。文章最后指出了语料库文体学存在的局限性。

关键词：语料库文体学；文学研究；局限性

1　概述

"语料库文体学"这一术语率先由赛米诺和肖特提出。[1]在二人合著的《语料库文体学》一书中，赛米诺和肖特将话语和思维呈现模式系统用于不同体裁的叙事文类，从而拓展了赛米诺和肖特的话语与思维呈现模式的种类。赛米诺和肖特的研究表明文学性与非文学性特征没有绝对的区分，而文学性也只是程度的问题。

* 本文为北京市教委科研计划一般项目"乔伊斯作品中的都柏林叙事空间建构：一项基于语料库的研究"（项目编号 SQSM201610011006）的阶段性成果。

** 孔海龙，北京工商大学外国语学院副教授，主要研究方向为叙事学、翻译与英语教育。

语料库文体学将语料库方法用于文学文本的分析，将对文学作品的语言学描述与批评性阐释关联在一起，从而将语料库语言学和文学文体学结合起来。但是，与语料库语言学不同的是，语料库文体学的分析重心转向单个文本，更加关注单个文本的文学性以及“艺术功能”。[2] 需要指出的是，分析文学文本的语料库方法根据工具的不同而不同，我们可以将这些不同的语料库方法与文学文体学结合起来。例如，语义韵可用来阐释视角，关键词可以和文体标识词联系起来，语义域可用来找出文学文本内的隐喻性语言。更为重要的是，文学文体学领域内的研究问题还可用来驱动语料库方法的革新。

文学文体学家旨在将其艺术鉴赏与语言学家的语言描述结合起来，而这两种活动处于一种循环运动状态。在此基础上，语料库文体学的目标也可以描述为将批评家的美学鉴赏与语言学家的语言描述关联起来。马尔博格在其著作《语料库文体学与狄更斯的小说》一书中为分析文学文本提出了原创性的描述工具，并且将这一系列工具用于狄更斯的作品中，揭示狄更斯作品虚构世界的文本支柱。[3]

2 关键词

作为一个新兴领域，语料库文体学的发展离不开具有跨学科潜能的方法论原则。通过与其他文本的对比，我们可以发现某一特定文本的语言特征。利用检索工具 WordSmith Tools 对比某一特定文本内词项的频率与这些词项在参照语料库中的频率，我们可以生成关键词。从文体学的角度来说，参照语料库为我们提供了一种标准，而关键词的频率偏离了上述标准。这些偏离便是文体分析的兴趣所在。语料库文体学中的关键词通常包含三类：一是名字或专有名词，二是表明文本语义内容的词，三是与文体特征相关的词。除此之外，参照语料库的作用以及关键词在文本内的分布信息对于阐释关键词也具有重要的作用。[4] 阐释关键词涉及自上而下以及自下而上两个过程。换言之，我们一方面需要考察关键词在文本内的局部语境，另一方面也要考虑关键词在读者思维中形成的认知框架及其在整体文本意义内的效果。这里需要指出的是，语料库文体学需要为关键词的生成提供选择的标准。例如，我们可以按照语义类别来为关键词分类。同时，我们还可以依照文学批评中的相关论述为关键词的区分提供标准。

3 语义韵

Louw 首次将语义韵概念用于文体分析。在 1993 年发表的一篇重要论文中，Louw 以洛奇的《小世界》为例，比较分析了《小世界》文本片段内 bend on 一词的语境及其该词在参照语料库中的语境。通过检索，Louw 指出，人们一心追求的东西在某种程度上总是消极或不好的。而在《小世界》的文本片段内，bend on 一词后面紧跟的确实貌似积极意义的自我提升。Louw 将语义韵定义为“受搭配浸染的某个词项的前后一致的语义氛围”。[5] 这一定义为读者的期待提供了某种背景。倘若文本内某个词项的搭配偏离了这些期待，该词项就有可能在读者的思维中营造特别的文学效果，或者说反讽效果。Louw 的语料库文体学方法为研究文学作品中的陌生化、前景化效果提供了实证。该方法同时表明语料库语言学中的检索过程可以为文本的细读提供更多的支持。

4 局限性

由于侧重文学作品的文本意义，语料库文体学方法的局限性也得以显现。读者所感知的文学效果并非与文本内词项的量化特征有着清晰的关联。因此我们还需要将语料库文体学方法与其他研究文本效果的方法结合起来。同时，由文学文本所引发出的研究问题还可能进一步拓展语料库方法。例如，文学文本内虚构话语的呈现特征需要特有的标注方法才能有效地量化。此外，语料库文体学方法重要侧重对词的分析，未来需要开发可用来分析句子的语料库工具。

参考文献

[1] SEMINO E，SHORT M. Corpus stylistics：Speech，writing and thought presentation in a corpus of English writing [M]. London：Routledge，2004.

[2] LEECH G，SHORT M. Style in fiction：A linguistic introduction to English fictional prose [M]. Harlow：Pearson Education，[1981] 2007.

[3] MAHLBERG M. Corpus stylistics and Dickens's Fiction [M]. New York and London：Routledge，2013.

[4] MAHLBERG M，McIntyre D. A case for corpus stylistics：Ian Fleming's casino royale [J]. English text construction，2011，4（2）：204–227.

[5]LOUW B. Irony in the text or insincerity in the writer? The diagnostic potential of semantic prosodies [C]//BAKER M，FRANCIS G，TOGNINI–BONELLI E. Text and technology. Philadelphia and Amsterdam：John Benjamins，1993：157–176.

现实主义的文化视角——评析文明冲突论

刘思含*

摘　要: 塞缪尔·亨廷顿认为,“在‘冷战’后时代的新世界中,冲突的基本源泉将不再首先是意识形态或经济,而是文化……全球政治的主要冲突将发生于不同文化的国家和集团之间。文明冲突将主宰全球政治”。本文通过归总文明冲突论的主要观点,并尝试从文明冲突的角度分析恐怖主义以及人权问题两个热点问题,关注文明、文化在“冷战”后国际冲突中重要作用。本文梳理文明冲突论在民族国家、权力互动等方面与现实主义理论密不可分的关系,从而得出结论认为文明冲突论是一种基于现实主义的,以文化视角研究国际关系的理论范式。

关键词: 文明冲突; 现实主义; 文化视角

1　引言

随着“冷战”的结束和苏联的解体,之前掩盖在意识形态冲突之下的多种矛盾逐渐显现,文明冲突理论则为理解冷战后国际关系中同时出现的整合、分裂趋势提供了一种独特的视角。[1] 但在当今全球化和网络化的世界当中,是否诚如亨廷顿所言会出现所谓的“文明断层”,还是可以通过平等沟通与合作,实现“文明互鉴”“和谐共荣”? 为此,有必要深入理

* 刘思含,北京工商大学外国语学院助教,主要研究方向为外国语言学及应用语言学、国际关系。

解文明冲突论的理论内涵及其在解释具体国际问题当中的应用。本文分析现实主义与文明冲突论的主要观点，得出文明冲突论在现实主义分析的基础上提供一种文化视角的结论。同时，本文从文明冲突的角度分析恐怖主义以及人权两个国际热点问题，并基于此为理解国际局势、开展对外交往等提出政策建议。

2 文献综述

1993 年，塞缪尔·亨廷顿在《外交》季刊上发表名为“文明的冲突？”的文章。据《外交》季刊的编辑称，此文三年内所引起的争论，超过该杂志 40 年代以来发表的任何一篇文章[2]。学界针对此文提出的“文明冲突论”存在巨大的争议。

基辛格认为文明冲突论为“理解下个世纪全球政治的现实提供了一个极具挑战的分析框架”；格雷斯认为，亨廷顿不是“只对武器，权力规则和战略联盟感兴趣的冷战之鹰”，而是“通过警戒普遍意识到的危险，为人们提出了一个独创性的、现实主义的后冷战国际关系范式”[3]。

同样，也有学者基于当今世界的冲突多为文明内部的冲突而并非不同文明之间的冲突、文明在冲突发生的过程中并非总是居于主导作用等原因对文明冲突论提出质疑和批评。约瑟夫·奈指出“亨廷顿认为，冷战后一个主要的冲突根源是宗派主义以及与此相匹配的认同感。此话不假，但他却只抓住了认同感冲撞的一个方面、一个角度。大文化内部的认同感冲撞要远远多于大文化之间的认同感冲撞，例如，两伊战争是伊斯兰世界内部的国家冲突。而且，亨廷顿把整个非洲成为一种‘文明’，但事实上，今日世界上大多数冲突都发生在非洲内部”[4]。麦哲认为“冲突的真正原因是社会经济，而不是文明。虽然文明差异确实助长、促成了许多讨厌的冲突，但他们与一些冲突并无必然的关联，而只是作为诸多因素中的一个起作用。或许在有些情况下，文明的差异甚至有助于避免战争”[5]。

我国学者也关注到文明内部冲突与文明间冲突发生频率的问题。倪世雄等[6]援引亨廷顿为证明伊斯兰国家的冲突本性所使用的数据统计得出各文明内部冲突发生的频率比文明之间的冲突高出50%的结论（见下表）。另外，我国学者还从民族主义、现代化方面对文明冲突论进行了批判。安然、齐波[7]指出文明冲突论过多强调了西方性，从而削弱了多元现代化的可能，实际上是一种文化保守主义的体现。尤泽顺[8]则从话语分析的视角揭示“文明冲突论”本质上是一种以东、西方截然分割和对非西方国家偏见为基础的历史话语面对当代新的社会现实的重构，目的是维护西方和美国在全球的战略利益。

种族—政治冲突（1993—1994）

	文明内部	文明之间	总计
伊斯兰国家	11	15	26
其他国家	19	5	24
总计	30	20	50

3 文明冲突论概述

3.1 以文明定义身份认同

“冷战”后的世界呈现多极、多文明的态势。文明是对人类的最高文化归类，是人类文化认同的最广范围。文明是文化实体而非政治实体，因此文明可包含一个或多个政治实体。亨廷顿将世界划分为中华文明、日本文明、印度文明、伊斯兰文明、西方文明、拉美文明、非洲文明等七大文明。

3.2 现代化与西方化并非同义词

各国对现代化和西方化反应各不相同，可以完全接受、部分接受或完全否定，并由此产生国家身份定位的差异，从而出现与文明相关的国家分类：核心国家、成员国家、孤独国家、分裂国家和无所适从的国家。

3.3 文明的冲突将是未来国际冲突的主导形式。

在微观层面，断裂带冲突主要发生在伊斯兰与其他临近文明之间；在宏观层面，西方文明与其他文明的冲突将主宰国际形势。亨廷顿认为西方文明的相对衰落和其他文明，尤其是中华文明和伊斯兰文明的崛起将成为未来世界主要的冲突根源。

3.4 以文明为基础的国际秩序是防止世界战争最可靠的保障

各国为防止文明间的战争需要遵守三个规则：①弃权规则，即核心国家避免干涉其他文明的冲突；②合作调节规则，即核心国家相互协商和休止彼此文明间的断裂带战争；③求同规则，即所有文明的人民都应探索并努力扩展与其他文明在价值观、惯例和习俗方面的共性。[9]

4 文明冲突论对的现实主义基础

文明冲突论从国际关系行为主体、权力的构成要素及权力互动等方面都体现出现实主义的理论基础。

4.1 国际关系行为主体

以国家作为国际关系分析的主要行为主体是现实主义的核心特征，认为国际社会处于由各主权国家形成的无政府状态。尽管强调冷战后基于文化的身份认同逐渐取代基于意识形态和政治因素等的认同，但亨廷顿在分析文明之间的互动和国际冲突过程中仍是以国家为行为主体；国家按照文明来界定自己的身份、区分敌我，文明实际上成为具有共同文化的国家集团（除日本一个国家构成一个文明）。亨廷顿认为冷战后国家以其他国家的意图来定义威胁，但国家意图及对意图的认知在很大程度上受到文化的影响；政策制定者更易感受到来自拥有不同文化的国家的威胁，政策制定者不了解这些国家，也就不能信任这些国家。此类论述一方面强调了文化的重要意义，从文明的视角构建国家身份；另一方面也体现出国家作为国际关系行为主体的地位。尽管文化的丝幕取代了意识形态的铁幕，但幕布背后仍是主权国家，或者说是由主权国家组成的文明。[10]

国家作为国际关系的基本行为主体这一点突出体现在亨廷顿对于核心国家在文明冲突中发挥作用的论述当中。亨廷顿认为，文明的核心国家是在文明内部和通过谈判等方式在不同文明之间实现秩序的源泉；如缺少核心国家，则维持文明内部和通过谈判方式实现不同文明之间的秩序则变得困难；核心国家的存在是建立以文明为基础的新型国际秩序的核心要素。[11]因此，亨廷顿并未从西方文明、中华文明等总体的角度来分析国际形势，而是以不同的国家，特别是核心国家作为立论的基础来进行分析。

但在以国家作为立论基础的前提下，文明冲突论对现实主义的突破不仅局限于国家层面，而是从文明的视角，从更加宏观（多个国家组成共同文明）或微观（一个国家内部的多种文化）的层面对国际形势进行预测。例如在分析俄罗斯与乌克兰的关系时，以现实主义视角则更多将俄罗斯与乌克兰作为单一行为主体进行考虑，关注俄、乌两国的互动以及由于地缘邻近可能带来的均势制衡；但如果加入文化的视角，分析国家层面之下乌克兰内部的文化差异，则可预测乌克兰沿着文化界限出现分裂。[12]而近几年乌克兰的形势及俄罗斯对克里米亚的控制则验证了这一预测。

4.2 权力的构成要素与权力互动

汉斯·摩根索在《国家间政治——权力斗争与和平》一书中将权力的构成要素定义为地理条件、自然资源、工业能力、战备情况、人口因素、民族性格、民族士气、外交的巧拙及政府的决策。[13]而亨廷顿在分析各文明之间的消长关系时也基本沿用了汉斯·摩根索界定的诸多要素，特别是强调亚洲文明的崛起是由于亚洲经济实力的发展而伊斯兰文明的崛起则更多的是由于人口的不断增加。同时亨廷顿在分析西方文明历史的过程中也明确提出文化依附于霸权。与现实主义的不同之处在于亨廷顿在分析的过程中更加强调不同文明带来的影响，特别是宗教在国际冲突当中发挥的重要作用。

尽管国家以文明界定身份，但据亨廷顿的论述，面对不同文明的此消彼长，各国可采用的方式或者为均势制衡，或者为搭便车。在分析中国崛起的过程中，亨廷顿指出尽管亚洲文明面临新兴强国崛起时普遍采用搭便车的方式，而中国的崛起可能会引起其他文明采取均势制衡的措施；而均势制衡和搭便车均为典型的现实主义权力互动模式。在此基础上，亨廷顿强调拥有不同文明的国家之间更易采取均势制衡的方式而相同文明的国家之间更倾向于采取搭便车的方式。

5 独特的文化视角

文明冲突论提供的独特文化视角对分析特定的国际问题，如恐怖主义和人权问题等有着重要的意义。

5.1 恐怖主义

从“9·11”事件起美国即开始全球反恐行动，时至今日已经有将近17年的时间，虽然在一定程度上摧毁了基地组织并杀死了基地组织头目本·拉登，美国还为此反动了阿富汗和伊拉克两场战争，但恐怖主义活动并未就此销声匿迹。恐怖活动的产生，恐怕还有文化上的深层次原因，而亨廷顿文明冲突的视角则可以提供一种合理的解释方案。

亨廷顿指出20世纪末伊斯兰与西方之间的冲突有一系列的根源：一，穆斯林人口的增长导致出现大量没有工作、心存不满的年轻人，成为极端主义的招募对象；二，伊斯兰的崛起使穆斯林对自己的文明和价值观相较于西方的独特价值再次获得自信；三，西方推进其价值和制度普世化的行为以及在伊斯兰世界进行的军事干预都导致穆斯林世界的强烈反弹；四，苏联共产主义的崩塌使得西方和穆斯林失去了共同的敌人，双方都将彼此视为主要的威胁；五，穆斯林和西方人员之间日益密切的互动更加深了彼此对自身特定的身份认同。[14] 亨廷顿的这一分析也适用于当今恐怖主义发生、发展的形势。2009 年 6 月，奥巴马在开罗大学的演讲中表示："我们相聚在美国和伊斯兰世界之间关系十分紧张的时期——这种紧张关系的历史根源远远超出了当前的任何政策辩论。伊斯兰教与西方世界之间的关系史既包括好几个世纪的共存与合作，也包括冲突和宗教战争。在近代，剥夺众多穆斯林权利和机会的殖民主义，以及穆斯林占主体的国家往往被视为傀儡、对其自身意愿鲜有顾及的'冷战'，加剧了这种紧张。此外，现代化和全球化带来的巨大变化致使很多穆斯林将西方视为伊斯兰传统的敌人。"同时，恐怖主义的重灾区集中于战火频发、局势动荡、人民生活困苦不堪的国家和地区，比如伊拉克、叙利亚等。可以说西方和伊斯兰之间彼此的不信任，伊斯兰强烈的反美、反西方情绪，中东乱局导致年轻人生活无望等都是恐怖主义痼疾一直延续的深层原因，必须从文化的视角进行思考，仅靠军事行动无法根本解决。

5.2 人权问题

人权问题是西方与其他文明之间冲突的一个热点问题。

亨廷顿指出不同文明之间关于人权的争议主要包括："人权的普世性和文化的相对性之争；经济、社会、发展权与政治、民主权之争；经济援助的政治条件……具体人权事务……"。[15] 其中关于人权的所谓普世性问题和发展权与民主权的争议触及不同文明之间关于人权问题争议的核心。同样以中国和西方不同的人权观念举例。西方的人权观念产生于反对中世纪教权和神权，强调"天赋人权""自由平等"，延续至今仍旧是关注所谓民主和政治权力更多。这在某种程度上代表着西方的独特文化。但西方的文化并非普世真理，这一点已经在亨廷顿的论述中得到印证，用西方的人权概念评判中国，则好像是用一把不合适的尺子来衡量一样。中国没有文艺复兴的历史，没有如欧洲中世纪一般的教权压迫，故而没有完全对应西方的人权概念。在中国，由于长期的动荡，生活的贫苦，人们最为关心的是生计，即发展权。而“出世”是与“入世”一样重要的中国文化传统，并不如西方一般定要强调政治参与。所以中西人权之争，不完全是发展阶段的不同，也不完全是西方借题发挥、不怀好意，在某种程度上可理解为文化的差异，文明的冲突。

6 结论

亨廷顿主张以文明而非国家等政治实体定义身份认同，以各国对现代化和西方化的反应界定国家身份定位，并提出文明的冲突将是未来国际冲突的主导形式，包括断裂带冲突以及西方文明和其他文明之间的冲突。本文从国际关系行为主体和权力构成与互动两方面出发，得出文明冲突论事实上以现实主义为基础增加文化视角。文明冲突的视角在恐怖主义、人权等问题方面有着较强的解释力，但基于文明冲突的论断仍有其缺陷：一，文明内部冲突发生的频率要高于文明之间冲突发生的频率；二，当冲突发生之时，无法确定究竟是文明还是国家利益在发挥主导作用。作为一种研究范式，文明冲突论为理解国际事务提供了一种文化的视角，在考虑现实主义的国家权力、国家利益的同时，也考虑文化的因素，更能够全面地把握国际局势。在“文明冲突”，文化在国际关系中日益发挥重要作用的时代，充分理解相关理论，立足不同文明开展国际交往，也成为开展文化外交、公共外交的理论依据。

参考文献

[1] SAMUEL H. The clash of civilizations and the remaking of world order [M]. New York:

Simon and Schuster，1996：37.

[2] SAMUEL H. The clash of civilizations and the remaking of world order [M]. New York：Simon and Schuster，1996：13.

[3] DAVID G. The subtext of huntington’s clash [J]. Obis，1997，42（1）：121.

[4] JOSEPH N. Conflicts after the Cold War[J]. The Washington quarterly，19（1）：4–24.

[5] 倪世雄 . 当代西方国际关系理论 [M]. 上海：复旦大学出版社，1998：426.

[6] 倪世雄 . 当代西方国际关系理论 [M]. 上海：复旦大学出版社，1998：423.

[7] 安然，齐波 . 塞缪尔·亨廷顿文明冲突论的文化保守主义倾向 [J]. 史学月刊，2010（4）：83–91.

[8] 尤泽顺 . 文明冲突论：一种被重构的历史话语 [J]. 外国语言文学（季刊），2008（4）：247–254.

[9] SAMUEL H. The clash of civilizations and the remaking of world order [M]. New York：Simon and Schuster，1996：318–321.

[10] ERROL H. Clash of civilizations and international conflicts [J]. International studies quarterly，1997，45（2）：317–338.

[11] SAMUEL H. The clash of civilizations and the remaking of world order [M]. New York：Simon and Schuster，1996：157–158.

[12] SAMUEL H. The clash of civilizations and the remaking of world order [M].New York：Simon and Schuster，1996：37.

[13] 摩根索 . 国家间政治—权力斗争与和平 [M]. 北京：北京大学出版社，2006：151–221.

[14] SAMUEL H. The clash of civilizations and the remaking of world order [M]. New York：Simon and Schuster，1996：211.

[15]SAMUEL H. The clash of civilizations and the remaking of world order [M]. New York：Simon and Schuster，1996：196.

海洋环境保护法宣传语篇互动意义的多模态话语分析

张　萌*

摘　要：随着科技与多媒体的发展，多模态话语分析渐渐成为语言学研究的重点之一。本文主要以海洋环境保护法宣传语篇为例，从互动意义理论的接触、社会距离、视角和情态出发，对海洋环境保护法宣传语篇进行多模态话语分析，揭示在各种符号资源的共同作用下如何达到普法宣传的作用。

关键词：多模态话语分析；互动意义；普法语篇

1　引言

随着现代技术和新媒体的发展，人们不仅通过语言传输信息，还通过诸如姿势、颜色、图像、音乐等其他符号资源的交互和协作来表达意义。根据克瑞斯和勒文的理论，图像也是社会符号的一种，所以图像也可以用话语分析的理论来研究。克瑞斯认为，所有的交流都是多模态的。[1]

本文以海洋环境保护法宣传语篇为例，研究普法语篇之人际意义，涉及的四个分析元素是接触、社会距离、视角和情态，主要分析其人际意义以及各个模态是如何相互作用来实现保护海洋环境主题的。

*张萌，2015级北京工商大学硕士研究生，导师杨增成，国际法商英语专业，研究方向是英语语言学。

2 多模态话语分析以及理论基础

2.1 多模态话语分析

多模态话语指运用听觉、视觉、触觉等多种感觉，通过语言、图像、声音、动作等多种手段和符号资源进行交际的现象。[2] 随着多媒体技术的进步，传统语法认为图像、颜色、声音等符号在现代交流中不再处于辅导位置，而是正在和语言符号一起形成更为宽泛的符号资源共同参与意义的构建。

多模态话语分析接受了系统理论，认为多模态话语本身也具有系统性；多模态话语分析接受了纯理论功能假说，认为多模态话语与只包含语言符号的话语一样，也具有多功能性，即同时具有概念功能、人际功能和语篇功能。[3] 李战子认为，多模态是除了文本之外，还带有图像、图表等的复合话语，或者说任何由一种以上的符号编码实现意义的文本的一种模态。[4]Kress & Leeuwen 认为语篇的多模态性是当今世界人们各种交际语篇中的一个重要特征。[5]

2.2 视觉语法

视觉语法广泛应用于多模态话语分析。Halliday 认为语言是社会符号系统，并提出了三大元功能理论，即概念功能、人际功能和语篇功能。[5] 因此，基于 Halliday 的系统功能语法而发展的社会符号学视角下的多模态话语分析理论是把语言所具有的三大元功能扩展到除语言之外的其他符号，分析各个符号资源在整体中所发挥的作用。Kress & Leeuwen 在此基础上，阐释了图像的社会符号性，将多模态话语意义分为再现意义、互动意义和构图意义，相当于系统功能语法的概念功能、人际功能和语篇功能。[6]

图像的再现意义就是图像的概念功能。它分为叙事性图像和概念性图像两大类。

叙事性图像表示的是展开的动作和事件、变化的过程和瞬间的空间安排，而概念性图像表示的是图像的类比、结构和意义，它表达的是一种概括的、稳定的状态。

图像的构图意义是指图像的表征成分和互动成分，按特定的方式组合起来的有机整体。主要通过信息值、显著性和框架三种相互作用的系统来实现。

图像的互动意义即是功能语法中的人际意义。互动意义是指图像的制作者、图像所表征的事物（包括人）和图像的观看者之间的关系。Kress & Leeuwen 把图像的人际功能体现为一种互动，认为这种互动主要表现为接触、社会距离、视角和情态四个方面[6]，也相当于系统功能语法的人际功能。

3 普法宣传语篇互动意义的多模态话语分析

本文所要研究的海洋环境保护法宣传语篇是由语言、图像、颜色组成的多模态语篇。海洋环境保护法宣传语篇是由文字、颜色、图像构成（如图 1 所示），以蓝色的海洋色为主要基调，红色的醒目色传达了破坏海洋环境的后果的意图，以及语篇中出现的灯塔、海洋生物，都共同传达了保护海洋环境的普法意义。根据 Kress & Leeuwen 对视觉语法的解释，互动意义主要从以下四个方面来分析：接触、社会距离、视角和情态。

图 1

首先，目光接触，Kress & Leeuwen 认为，指图像中参与者通过目光的指向与观看者之间建立起来的一种想象中的接触关系。[6] 接触包括两种最基本的作用：提供和索取。参与者（通常是人或动物或拟人的形象）目光指向受众的这类图像叫作“索取”类图像。参与者（通常是景和物），或者目光没有指向受众的这类图像叫作“提供”类图像。在普法宣传语篇中，这两种视觉图像作用是很明显的，因为普法宣传语篇目的是给予受众普法宣传的信息，另外，普法宣传语篇要求受众直接或间接采取行动。本语篇实施的言语行为是运用多模态来提供信息。 本普法宣传语篇主要是向受众者们提供法律宣传的内容以及违法后的一些警告或后果。 其目的在于从理性的角度给予大众关于法律知识的普及。因此，它的言语行为主要是“提供”而不是“索取”。首先，此篇海洋环境保护法宣传语篇除了用言语提供法律知识外，另外还有颜色、图像等模态共同提供了一个信息，就是保护海洋环境的重要性。映入眼帘的是图像中的表征事物“破坏海洋环境，罚你没商量”，这个句子是陈述句，这个陈述句表达了提供功能，提供的信息是，突出表达了破坏海洋环境带来的危害，就是会受到法律的惩罚。Kress & Leeuwen 认为 [6] 没有视线接触的图像是一种提供，图像中右上方的螃蟹中的两只眼睛，明显已经超出图像范围内，与受众者没有视线接触，所以本语篇实施的言语行为是运用多模态来提供信息。在这里，通过实施提供这种言语行为，使普法宣传语篇的互动目的更加明确，即保护海洋环境。

其次，社会距离也可以反映出参与者和观众之间的关系 [6]，与“索取”和“提供”功能一样。在图像中，它表明代表参与者和观众之间的亲密关系。社会距离体现了图像中参与者与观看者之间的亲疏关系，主要包括亲密、非个人、社会距离的展示。[6] 社会距离可以由远景、近景和中景等取景方式来实现。远景是指通过大量的留白，给予人们大量的想象空间。中景体现的是一种客观的陈述，而近景则体现人物与受众的亲密关系。首先本语篇的背景是海洋，用了远景的手法，视觉上让人有了对广阔无垠大海的敬畏，虽然一定程度上拉远了海洋与观众的距离，在视觉上呈现出海洋的不可获得性，更好地表达了海洋资源的珍贵。在海岸线上，近镜头的使用使得各种海洋生物映入眼帘，则是用了近景的手法，拉近了海洋与观众的距离，视觉上使得各种海洋资源像是生活中的必需品，不可或缺的一部分，因此，海洋资源需要我们用心保护、珍惜。

再次，从视角的角度来看，视角显然意味着观察，看事情的角度。视角可以通过选择一个角度或实现的角度来看，由相机的高度显示作为一个重要的方式传播互动的意义。视角是指观察事物的角度，表达对参与者所持的主客观态度。主要有水平（正视、侧视）和垂直（仰视、平视和俯视）几种常见的视角。Kress & Leeuwen[6] 认为，从水平的视角来看，正面角度给观看者带来的是感同身受、融入其中的感觉，而倾斜的角度则表现出作为旁观者的漠然与事不关己；从垂直的视角看，俯视代表观看者的强势，平视表示观看者和参与者相对平等的关系，仰视则表示参与者处于强势地位。在这篇海洋环境保护的语篇中，主要是用了仰视的角度。我们从图像正面可以看出“破坏海洋环境，罚你没商量”这几个赫然大字，高高凌驾于整篇图像之上，需要我们仰视其高度，代表其较大的权利，更好地展示了法律的威严，进而控制人们的行为，在这里是要告诉我们保护海洋环境，否则，等待我们的将是法律的制裁。

最后，情态是指我们对关注的世界所做出的陈述的真实度和可信度，其所体现的资源在图像中非常丰富。同在功能语言学一样，情态被归纳为高、中、低三类。[5] 情态也是人际意义中的重要组成部分，指“我们对关注的世界所做出的陈述的真实度和可信度”。[2] 李战子认为，在图像分析中情态指的是对图像的“现实主义”的再现，以感官的编码倾向为出发点，基于色彩的饱和度。[1] 同在功能语法中一样，情态可以分成高、中、低三类：①高感官情态：图像自然地使用了高饱和度的色彩。②中感官情态：图像色彩不太饱和。③低感官情态：图像只是黑白的。Kress & Leeuwen[6] 进一步提出了情态的一系列标志，即色彩饱和度、色彩区分度、色彩调谐度、语境化（背景由无到最细腻的描绘）、再现（细节由最抽象到最细致的描绘）、深度（透视由无到最大的水平）、照明（对光影清晰度的再现）和亮度（从仅有明暗到最大限度的色调等级）等。因此，与语言中的情态体现的方式相比，图像中的情态显得复杂得多。按照 Kress & Leeuwen[6] 对情态量值高低的划分，这篇普法宣传图像明显属于高感官情态。首先，从色彩饱和度来看，该图像使用的是高饱和度色彩：绿色的灯塔、大红色的螃蟹、蓝色的海洋。这样的高情态色彩区分度赋予这法律宣传语篇视觉冲击，尤其是整个图像都以海洋色的蓝色作为背景色彩，达到了宣传保护海洋环境主题的最佳效果，左上方的绿色的灯塔，右上方的大红色的螃蟹，以及正面视角上各种闪闪的海洋生物，让人深切感受到了海洋环境的魅力，给人以积极向上的情感反应。

总的来说，本篇文章利用视觉语法分析了普法宣传语篇的互动意义，传递出了保护环境的交际目的，这种多模态的信息传递方式将客观传达信息与贴近受众情感相结合，构成与读者之间的互动交际行为，增加了实现宣传海洋环境保护的效果，因此在模态的使用上以及互动意义的构建上应该是成功的。

4 结语

本文以多模态话语分析理论为基础，以海洋环境保护的普法宣传图像为例，从接触、社会距离、视角、情态四个方面探讨了法律宣传图像如何实现图像文字多符号互动意义，反映出制作者和观众们的共同需要，进而实现其宣传保护海洋环境的目的。同时，进一步验证了多模态话语分析在普法宣传语篇分析中的可操作性，展示了多模态语篇良好的互动意义的构建对阅读者识读的重要性，也为普法宣传语篇更好地制作提供了好的示例。

参考文献

[1] 李战子 . 多模态话语的社会符号学分析 [J]. 外语研究，2003（5）.

[2] 王红阳 . 多模态广告语篇的互动意义的构建 [J]. 四川外国语学院学报，2007（3）.

[3] 朱永生 . 多模态话语分析的理论基础与研究方法 [J]. 外语学刊，2007（5）.

[4] 张德禄 . 多模态话语分析综合理论框架探索 [J]. 中国外语，2009（1）.

[5] HALLIDAY M. An introduction to functional grammar [M].London：Arnold，1985/1994.

[6] KRESS G，VAN LEEUWEN T.Reading images：the grammar of visual design[M].London：Routledge，1996.

法商话语

语言、文学与文化类

翻译类

教育教学类

论 MTI 学位论文质量保障体系的建设*

关　涛**

摘　要：目前 MTI 学位论文存在选题欠妥、译文不佳、理论牵强和写作不规范等问题，需要从招生、师资和评审环节等渠道来建构质量保障体系，从而提高 MTI 的教育质量。

关键词：MTI；学位论文；质量

翻译硕士专业学位（master of translation and interpreting，MTI）教育的根本目标是培养国家经济、文化、社会建设需要的高层次、应用型、专业性口笔译人才，截至 2016 年已有 206 个培养单位。北京工商大学 MTI 于 2015 年获批，属新建专业，目前刚有了第一届毕业生。作为专业硕士研究生教育总结性成果的学位论文是学位申请的必要条件。它既能反映申请者的知识结构、学术水平和科研创新能力，又能衡量整个学位教育和人才培养的质量。因此吸取兄弟院校的经验教训，构建 MTI 学位论文质量保障体系来提升论文质量，对于提高我校 MTI 教育的整体质量有着至关重要的意义。

根据全国 MTI 教育指导委员会 2011 年 8 月修订的 MTI 培养方案，MTI 学位论文可以采用以下任何一种形式：翻译实习报告、翻译实践报告、翻译实验报告或翻译研究论文。目前，绝大多数学生都采用翻译实践报告的

* 本文获 2017 年北京工商大学学位与研究生教育改革项目资助。

** 关涛，北京工商大学外国语学院副教授，主要研究方向为文学评论、英语教育。

形式。通过参与答辩，笔者发现MTI学位论文质量不尽如人意，存在各种问题。

第一是选题欠妥。翻译实践报告首先要求学生选择中文或外文的文本进行原创性翻译，字数不少于10000汉字；其次，就翻译过程写出不少于5000词的实践报告，因而文本的选择成为学位论文质量优劣的先决条件。鉴于MTI的应用型特征，文本的翻译必然具有实际应用价值，否则就失去了翻译实践的意义和研究的价值。例如，某学生的选题“目的论视角下大英博物馆中国碗类瓷器解说词汉译”，不仅忽略了中文译文的受众，而且缺乏实际应用价值，而从目的论的角度对翻译过程进行分析则更显得牵强附会。

第二是译文不佳。原因主要有两个：一是语言基础不过关，理解能力不够强，语言表达不够准确，在翻译的过程中出现五花八门的错误；二是社会常识欠缺，学术态度不够认真，缺乏进一步探究和精益求精的研究精神，更严重的则直接用翻译软件进行翻译，根本不做任何改动。

第三是理论牵强。实践报告要求运用一定的翻译理论，从翻译策略、翻译技巧等方面对如何解决翻译过程中遇到的问题来进行分析探讨，但有些学生对翻译理论基本概念的理解不够清晰，牵强地用来指导自己的翻译实践，导致不能达到有效的论证目的。例如，有学生利用纽马克的文本类型理论和语义翻译理论来指导翻译实践，但因对所用理论的概念模糊而导致将所选文本错误地归类，使理论指导变为空谈并成为硬伤。

第四是写作不规范。有些学生的语言基本功不够扎实，在行文中时常出现语法错误，甚至还有错别字和标点符号的滥用；中英文摘要东拼西凑，论文章节结构不合理，对引文的注释和参考文献的罗列不合乎学术规范，等等。

通过对以上问题的分析发现目前MTI学位论文质量亟待提高，非常有必要建设MTI学位论文的质量保障体系——这对提高MTI教育质量有重要意义。

第一要严把生源关。生源质量的高低在某种程度上影响到学位论文质量的高低。为了提高生源质量，MTI 硕士点首先可以推荐优秀应届本科毕业生免试；其次要严格复试和面试，另外也可以把申请者是否获得某些专业证书作为录取条件之一，如业界公认的全国翻译专业资格（水平）考试（China accreditation test for translators and interpreters，CATTI）、全国英语翻译证书（national accreditation examinations for translators and interpreters，NAETI）、商务英语翻译证书（certificate of English translation test of business language，ETTBL）等。

第二要加强导师队伍建设。导师是研究生的第一责任人。“在整个培养过程中，导师自始至终起着引路、指导、督促的作用。导师的人生态度、道德情操、思想方法和学术作风等，也时刻影响着研究生的成长。因此，严格导师遴选是保证研究生培养质量的关键。”[1] 导师必须具有较高的知识水平和学术素养以及严谨认真负责的治学态度，才能在 MTI 撰写学位论文的各个环节提供有效的指导，才能避免出现以上提到的问题，从而提高 MTI 学位论文的质量。

第三要严格实行开题报告、中期检查和论文评审制度。开题报告、中期检查和论文评审是学位论文的关键环节，导师组在其中发挥着重要作用：学生要在导师的指导下认真选题，撰写开题报告。中期检查时导师组要对学生论文的进展和撰写情况进行监督，帮助学生发现问题并给予修改意见。论文评审是论文答辩前的最后一关。评审专家务必要认真审阅，切忌放水，加强对学位论文的质量监督。“建立优秀学位论文评审和奖励制度，有利于形成一种激励和督促学生、导师和学校努力提高学位论文质量的激励机制和竞争机制，从而有效地促进学位论文质量的提高。”[2]

综上，学位论文在整个 MTI 教育中具有不可替代的地位，它不仅是学生 MTI 学习过程的成果体现，也奠定了学生科学研究的技能、态度和修养，更说明了一个 MTI 硕士点的办学质量。因此，构建 MTI 学位论文质量保障体系对提高 MTI 教育质量有着重要的意义。

参考文献

[1] 王志君，许兰平. 研究生学位论文质量保障制度创新和体系的建立 [J]. 中国成人教育，2010（5）：22.

[2] 严汇. 论硕士研究生学位论文质量保障体系的建设 [J]. 宁波教育学院学报，2012（4）：10.

文本分析与翻译认知能力培养*

郝丽萍**

摘　要：翻译能力的培养与译者的翻译认知发展最为相关，翻译能力在早期通常表现为语言能力，后期表现为翻译认知能力。翻译思维认知在翻译训练初期无法表现其作用，所以对翻译认知能力的培养训练应当在学生翻译训练的中期阶段进行。翻译教学中可以利用同一文本由机器翻译生成的几种不同版本作为教学材料，要求学生进行译本比较、校正和翻译修改训练，对翻译实践进行自我反思和评价，训练学生的翻译思维，激活学生的翻译认知，提高学生的综合翻译能力。

关键词：翻译认知能力；翻译能力培养

翻译能力是翻译教学研究和翻译实践中最为重要的能力，由于翻译过程是译者复杂的思维过程，在翻译教学中如何帮助学生认识理解翻译思维的复杂性，加强翻译能力的认知，找到适当的手段来培养学生的翻译能力，并能够在以后的翻译实践中不断发展提高其整体翻译能力是一个值得研究的问题。

* 本文为 2015 年校重点课程项目、2017 年校在线课程建设项目成果。

** 郝丽萍，上海第二工业大学文理学部外国语学院副教授，主要研究方向为英语翻译、英语教育。

1 翻译认知能力

《高等学校翻译本科专业教学指导意见》中提出翻译能力的构成分为3个板块：语言知识与能力、翻译知识与技能、通识教育。苗菊提出，翻译技能是建立在译者的语言能力和思维能力之上的，仅靠反复练习不断实践并不能产生熟练的翻译技能。[1]因此，语言知识和能力是翻译能力的基础，翻译知识和技能是翻译能力的核心。

由于翻译过程是一个复杂的认知过程，翻译认知是翻译知识最核心的部分，是翻译能力至关重要的成分，决定了翻译能力的高低。PACTE（process in the acquisition of translation competence and evaluation，翻译能力习得过程与评估）小组认为，翻译能力的发展是一个动态、螺旋式上升的过程，在此过程中，程序性知识、陈述性知识融入并重组，各次能力不断被开发，纳入原有能力体系，译者的翻译能力也日臻成熟。[2]国外的实证研究发现，翻译初学者认知能力较差，过分依赖词典意义，对语境信息利用不够，无法发挥其认知系统的功能，无法有效完成并反思翻译任务和过程，对自己的翻译决策不自信；而熟练译者认知能力较强，能够充分发挥其认知系统的功能，综合利用多重信息将各层次的翻译任务和要求整合，表现出对自己翻译决策的自信。

2 翻译认知能力的阶段性

刘和平提出了翻译能力阶段发展论，并指出翻译能力培养可以划分为两个主要阶段：以语言能力培养为核心阶段和以技能训练为核心阶段。[3]翻译认知能力的培养通常在语言基础能力习得之后，与译者的翻译思维发展最为相关。由于任何双语者在具备了一定的语言能力之后都能够具备初步的翻译能力，翻译能力在早期通常表现为语言能力，翻译思维认知在翻译培训的初期也无法表现其作用功能。翻译能力在中后期则表现为翻译认知能力，即译者有意识地规划翻译步骤，选择最适当的翻译方法，完成翻译任务，评估翻译过程，发现翻译问题，纠正并修改，找到最终解决方案。翻译认知能力是译者翻译能力的核心，往往是语言能力以外的决定性因素，影响着译者的最终成果。

所以对翻译思维的训练应当在学生翻译培训的中后期阶段进行，因为只有当译者的语言能力进行到中期阶段，具备了一定的语言能力和初步的翻译能力，积累了一定的语言外知识以后，处于从翻译“入门知识”（novice knowledge）逐步转换上升到“专业知识”（expert knowledge）的过程中，才有可能分辨翻译能力和语言能力的差别，才有可能有意识地进行翻译思维的培养，帮助译者进行翻译选择，完成翻译任务。

由于翻译能力具有复杂性、多层次性，翻译能力各层次之间相互交叉影响的特点，因此对翻译能力的认知习得成为整个翻译能力培养模式的核心，成为保证翻译过程有效性、能够灵活解决动态翻译问题的过程性能力。

3 文本错误分析与翻译认知能力培养

翻译能力的培养过程是重构和发展翻译各项分能力，最终形成翻译认知的过程。西班牙学者 Mariana Orozco 提出翻译能力习得的 3 个衡量指标包括：翻译概念的理解、学生面临翻译困境时的行为和面对翻译错误时的行为。[4] 利用机器翻译以及机器翻译辅助软件进行训练，可以帮助学生加深对翻译概念的理解，训练翻译选择能力和解决翻译困难的能力，促进翻译认知能力习得。

由于机器翻译辅助软件可以脱离人工思维对文本进行语言材料和术语库的比对，进行基本的语言转换，其翻译文本表现出的错误往往集中在语言层次方面。而人工翻译处理后的翻译文本错误，既包括语言层次的错误，也包括译者的人工思维认知和翻译转换策略选择错误。对同一文本进行机器翻译的几种文本和人工译文进行文本对比，可以使学生通过分析错误类型，明确辨别语言能力不足导致的错误和翻译能力不足导致的错误，把语言能力与翻译能力有效区别开来。学生可以进行错误分析、译本比较、翻译修改实践,同时对整个翻译过程进行个人反思,小组讨论,撰写个人总结。这种翻译认知训练可以帮助学生在自我认知评价和小组反思中增强翻译认知，区别语言能力与翻译能力，提高学生的翻译认知能力，帮助学生发现翻译问题，找到解决方案并评估解决方案，最终实现翻译能力的认知习得。

笔者在教学中使用青云翻译软件、百度翻译、谷歌翻译等软件进行同一文本的翻译处理，形成了几种不同的机器翻译文本，在修饰限定成分较多、结构复杂的句子处理中出现了词汇选择错误、句法语法结构错误和标点符号错误等。例如：

原文：长城，东起山海关，西至嘉峪关，横跨中国北部，全长 6000 多千米，号称“万里长城”，是中国古代劳动人民智慧的结晶，是世界伟大的建筑奇迹之一。

译文 1：The Great wall，East from Shanhaiguan，West to Jiayuguan，across northern China，with a total length of more than 6000 kilometers，known as “the Great Wall”，is the crystallization of the wisdom of the ancient working people in China，is one of the great wonders of the world.

译文 2：The Great Wall，from Shanhaiguan in the East，West to Jiayuguan，across northern China，more than 6000 km in length，known as “the Great Wall” is the crystallization of wisdom of the ancient Chinese people，is one of the great architectural wonders of the world.

译文 3：The Great Wall，east Shanhai Pass，west to Jiayuguan，stretches across the northern China，the span more than 6000 kilometers，is known as “the Great Wall”，was China ancient times the working people wisdom crystallization，was one of world great construction miracles.

译文 4：East the Great Wall，shanhaiguan，west to jiayuguan，across the north of China, more than six thousand km, the so-called "Great Wall", is the crystallization of the wisdom of working people in ancient China, is one of the great architectural wonders of the world.

比较四种译文，译文错误大致可以分为两类：语言能力导致的错误和翻译能力导致的错误[5]。如专有名词“长城”“嘉峪关”的处理出现了定冠词的使用、字母大小写、词汇选择等基本的语言规范问题；“全长”的翻译出现了介词使用错误、词汇选择错误等属于语言能力错误。而同近义词的选择、句子结构调整等句法方面的错误，以及词序、句序、语体表达等错误主要为由于翻译能力低下而导致的错误。

对于语言能力导致的翻译错误，如果学生在分析对比这些译文时无法区分或识别这类错误，说明学生需要重点培养初级阶段的语言能力；如果学生能够识别该类错误，说明学生需要重点培养中后期阶段的翻译认知能力。目前的翻译教学对象在本科阶段主要为英语专业高年级学生，已经完成了翻译语言能力的基础培养，处于翻译能力训练阶段中后期，可以比较容易地发现机器翻译文本中出现的词汇选择错误、句法语法结构错误和标点符号错误。

但是，这些学生认为语言能力就是决定翻译能力高低的标准，往往更加注重对语言能力的培养，把语言能力等同于翻译能力。因此，进行翻译错误对比分析训练，自我反思、自我评价和错误纠正等翻译认知训练，可以帮助学生加深对翻译能力的自我认知，提高翻译能力的习得。因此，在翻译中表现最好的学生往往在翻译决策的自我评价中更具有翻译意识。

4 结语

翻译能力的发展具有阶段性。机器翻译文本的错误文本分析和译者的自我认知、自我评价相结合可以促进译者的翻译能力习得。翻译能力的核心为翻译认知能力，可以通过认知训练来获得。

参考文献

[1] 苗菊 . 翻译能力研究——构建翻译教学模式的基础 [J]. 外语与外语研究，2007（4）：9-50.

[2] PACT E. Building a translation competence model[C]//ALVES F. Triangulating translation[M]. Amsterdam：John Benjamins，2003：43 – 66.

[3] 刘和平 . 翻译能力发展的阶段性及其教学法研究 [J]. 中国翻译，2013（1）：37-45.

[4] OROZCO M，ALABIR A H. Measuring translation competence acquisition[J]. META，2002，67：375-402.

[5] 罗季美，李梅 . 机器翻译译文错误分析 [J]. 中国翻译，2012（5）：84-89.

汉英文化交际中“红色”之翻译探析

郝雪琴*

摘　要：由于中西方历史文化习俗思维模式等有着巨大差异，很大程度上影响了汉英语言中“红色”和“red”之间的翻译，本文遵循美国著名语言学家奈达提出的功能对等的翻译理论，探讨“红色”翻译中的归化、异化策略应用，分析了“红色”和“red”之间的同色翻译、换色翻译以及褪色翻译，以期加深两种文化的深入交流。

关键词：红色；归化翻译；异化翻译

大千世界色彩斑斓，不同的社会文化中人们对颜色的认知和表达也不尽相同，语言离不开文化，文化不能少了色彩，本文分析“红”颜色的翻译策略，希望能加深汉英文化的深入、彻底的交流。

在中国传统文化中，红色是人们喜欢的颜色，多数用于褒义，象征繁荣、热情、喜庆、思想革命，节日时候的装点喜庆的气氛主要是红色，比如春联、红灯笼等，结婚时的新娘子也必须穿红色的礼服，象征幸福和喜庆。在西方新娘子的礼服是白色，象征纯洁。革命军叫作工农红军，思想革命叫作有一颗红心。然而，在英语国家里，红色大多数情况下用作贬义，表示灾难、流血、危险、警告、愤怒……是人们不喜欢的颜色。这就需要翻译者特别关注，采取适合的翻译策略，充当好中英文化交流的桥梁。

** 郝雪琴，北京工商大学外国语学院讲师，主要研究方向为英语翻译、美国社会与文化。

1 红色和 red 之同色翻译

人类的感知认知还是基本相同的，在汉语和英语中红色和 red 的翻译大部分还是对等的，属于同色翻译：红衣少女 a girl in red，红灯 red light，红细胞 red blood cell，红十字会 the Red Cross，红灯笼 red lantern，红牌 red card，红枣 red dates，红脸 red-faced（指羞愧或愤怒），红包 red packet with money inside as a gift 等。这些红色的翻译已经是确定的被大多数人接受的翻译。这种基于异化原则的直译是我们最乐于见到的。

2 红色和 red 之换色翻译

汉语和英语文化的影响，人们对红色表达的含义有很大的差别，同样的事物可能使用不同的颜色。最典型的例子是“红眼”，或者眼红，汉语中有两个意思：眼疾和嫉妒，英语中表达这两层意思用的是不同的颜色：pinkeye，green-eyed monster，翻译者不能直接翻译成 red eyes，英语中的意思指拍摄时使用闪光不当造成的红眼。红茶换色翻译为 black tea，有翻译家认为中国人非常具有想象能力，看到的是茶泡好的颜色，而不是茶叶本身的颜色。还有一方面的原因是绿茶，红茶、绿茶的功效、颜色都是配对互补的，红茶补气养血，绿茶败火减肥，更多是因为中国人喜欢红色。红糖和白糖也是一对，传统中医看重红糖的药用价值，性温补血，孕产妇以及女性在经期都需要喝点红糖水。红糖在英语中按照实际的颜色称为 brown sugar。红烧也是翻译为 braise in brown sauce。汉语中美好的东西多数使用红色。

陆游的《钗头凤》中的“红酥手”的翻译就需要换色。英语中的 red hands 是指沾满鲜血的手，be caught red-handed 指在犯罪现场被抓住，所以翻译成 red hands 是不可取的。翻译家许渊冲巧妙地将其译成 pink hands so fine，得到很多人的欣赏和赞许。《红楼梦》有两个最有名的英文全译本，一是英国牛津大学教授大卫·霍克斯（David Hawkes）的译本（*The Story of the Stone*）；二是中国翻译家杨宪益和夫人戴乃迭的合译本（*A Dream of Red Mansions*）。从标题的翻译可以看出，霍克斯的翻译遵从的是归化策略，注重目标语言读者的理解和接受，采用意译为主。怡红公子换色翻译为Green Boy怡红院翻译为Green Delights，英语中的绿色有健康、快乐的含义，和红色含义相近，这样更便于英语读者接受，却也损失了不少原作者的隐喻含义，不能让西方人更多地了解中国文化，有点美中不足。而杨宪益的翻译，遵从异化策略，直译情况比较多，怡红公子翻译为Happy Red Prince，怡红院翻译为Happy Red Court，我比较喜欢杨宪益关于红色的处理，不是所有情形下都适合换色翻译。需要换色翻译都是受文化差异的影响：中国人喜欢红色，喜欢从功效看待事物，而西方人更注重事物的本身，不是很喜欢联想。随着文化交流的深入，笔者希望换色翻译会逐步减少。

3 红色和red之褪色翻译

褪色翻译是我们不愿意看到的，但如不能直译、译文读者无法理解，只能去掉颜色词意译，比如，红火prosperous，红娘matchmaker，红尘human society，红人a favorite with sb. in power，红颜a beauty，红运good luck，红榜honor roll，红利bonus，口红lipstick，又红又专be revolutionary and expert，红豆love pea，红事weddings，等等，不胜枚举。英语中同样也有不少red没有办法翻译成红色，red letter day喜庆的日子，roll out red carpet for sb.隆重欢迎某人，red ruin火灾，red ink赤字，in the red亏损，red battle血战，red tape繁文缛节，red alert紧急警报，red light district妓院区，red-hot火爆的、放荡的等。这些充分说明，如果不了解源语言和目标语言的文化背景，一味地直译也是不可取的，如果直译会造成误解的话，就果断选择意译，或者直译加注，达到功能对等。沟通交流是第一位的。

“红色”的翻译应该遵循语言学家奈达的功能对等理论，掌握好归化翻译和异化翻译的平衡，不断学习汉英文化中的背景知识，让颜色词汇能够在翻译中绽放出炫目的色彩，不再成为交际中的障碍，更深入地达到两种文化的逐渐融合。

论大学生汉译英能力的培养

刘　红*

摘　要：本文探讨了英汉语言的差异以及在汉译英翻译中的方法和技巧。阐述了大学生在翻译实践中应注意的问题。

关键词：汉英翻译；英语汉语的差异；翻译能力

1　引言

随着我国国际地位的不断提高，全球经济一体化进程的推进，文化、经济等领域对外交流的日益频繁，我国需要大批合格的翻译人才。形势表明，加强翻译教学已不仅是高校外语专业的任务，而且也是目前大学公共外语教学的重要任务之一。随着全国大学英语不断改革，对大学生的英语实际应用能力要求越来越高，其中翻译能力的考查由从前的句子填空，改为段落翻译。这不仅考查学生词汇和句法知识，也考查学生的语篇知识。大学生要积极应对挑战，提高自己翻译技能，需要长期不懈努力。笔者认为首先要认识英语与汉语两种语言的差异性，了解不同的表达习惯和思维方式。其次了解翻译的原则，学习并欣赏优秀的翻译文章来增加语言的输入，更重要的是加强翻译训练和理论提高。

** 刘红，北京工商大学外国语学院讲师，主要研究方向为英语翻译、英语教学法。

2 英语和汉语的差异

从语言与文化的关系来看，语言是文化的载体，文化又深深地植根于语言。语言在形成和发展的过程中，深深地打上了文化的烙印。一个民族的语言最适合表达该民族的文化。每种语言的词汇语法都是其特定文化造就的结果。 不同的语言是不同民族认识并反映客观世界的结果，尽管这一结果在很大程度上是约定俗成的。而语法是人们在长期使用语言的过程中通过归纳、抽象、综合等思维活动形成的，可以说，语法是人类思维长期抽象化的结果。从一个侧面也可以说，语法的产生和形成反映了人类在思维发展、演变过程中趋于逻辑化。语法规则反映着人类思维的逻辑规律。通过两种语言对比发现：英语重结构，汉语重语义； 英语多长句，汉语多短句；英语多从句，汉语多分句；主语、宾语等名词成分英语多代词，汉语多名词；英语多被动，汉语多主动； 英语多变化，汉语多重复；英语多抽象，汉语多具体 。连接方式上，汉语隐性，即连接词很少出现或不出现，这体现为意合；英语显性，即连接词出现，体现为形合。另外，组句方式：汉语里动词多，短句多，常按时间顺序或前因后果的逻辑关系排列，呈链状；英语则常按句内主次从属关系排列，在句子主体上添加修饰语以及限定语，形成严谨的树状结构。英语多引申，汉语多推理。汉语喜欢重复，英语崇尚简洁。汉语的重复作为一种修辞手段有两种作用。一是为了强调，重复表达一个意思，或增添修饰语，加强语气。二是为了便于词语搭配，或平衡节奏，增加可读性。这些在汉语里习以为常的重复词语或句式，到了英语里要么不合逻辑，要么累赘冗长。所以翻译时都要有所删减省略。

3 翻译策略

经过翻译家们大量实践，总结出以下翻译方法：直译法、意译法、补充法、 省略法、分译法、合译法、正反法、反正法等几种方法。 直译与意译是汉译英的基本技巧。下面简单阐述其中几种方法。

3.1 直译法与意译法

“直译”带有更浓重的源语文化痕迹，而“意译” 则能够减少异域文化的渗透，更能迎合译入语的文化口味。在翻译过程中，有时译者想尽可能地把源语所承载的各种文化信息转译到译入语中，因此“直译” 是第一选择； 但有时译者的目的非常明确，译者的目的不是传递源语的多种文化信息，而是传译某一特定的信息，并希望译入语读者很容易地理解并接受这一信息，这时译者更倾向于采用“意译” 策略。因为“意译”可以使译文更接近于译入语表达习惯，译文读者可以很轻松地读懂并接受所传达的信息内容。换言之，相对于“直译”而言，出现了许多音译过来的“洋词”，而这些词也逐渐被汉语所容纳，现已成为汉语词汇了。直译既保持原文内容又保持原文形式，基本保留原有句子结构，不是死译。

例 1： “如履薄冰”译成“To be on thin ice”。

意译只保持原文内容、不保持原文形式，更多考虑英语的特点。

例 2：为了打破沉默，泰德说起他的登山爱好，于是他们很快就聊了起来。

To break the ice，Ted spoke of his interest in mountain climb，and they soon had a conversation going.

例 3：她生长在富贵之家，认为凡事都可随心所欲。.

She was born with a silver spoon in her mouth； she thinks she can do what she likes.

目前，直译和意译已经融合在一起，你中有我，我中有你，目的是为了达到最佳翻译效果。

3.2 补充法（增词）

为了充分传达原文含义，必须增补词语，以求达意。

例 4：虚心使人进步，骄傲使人落后。

Modesty helps one to go forward, whereas conceit makes one lag behind.

3.3 分译法

需要分译的句子多数是长句，或者是结构复杂的复句。这种句子如果译成一个长句，就会使译文冗长、累赘、意思表达不清楚，也不符合英文习惯。如果采用分译，则会使译文简洁、易懂、层次分明。

3.4 合译

相较于汉语而言，英语长句多，因此在翻译中，要把汉语的两个或多个句子合译为英语的一句，使译文紧凑、简练。变位法是从译文的行文上考虑，有时需要对原文的词序作一番调整，以适应英文的修辞习惯，或者为了避免因结构而产生的歧义。

为了达到对学生的翻译能力的要求，在英语教学中应当系统引入翻译方法、翻译标准、原则和常用技巧等内容。另外，要及时更新教材内容，扩大学生学习翻译的范围，使学生的知识结构新颖而牢固。翻译教学应讲究科学，讲究层次。

4 结论

笔者认为，应注重翻译中的理解和翻译实践，把翻译理论和翻译实践活动有机地结合起来，在翻译理论的指导下，转变翻译教学观念，重视翻译实践，以学生为中心，促进学生翻译能力的提高。探讨这些问题对于提高学生翻译能力，促进大学翻译教学具有重要的意义。培养学生们的翻译能力和创新能力是翻译教学永远追求的目标。

摘译《偷走我人生的女人》论功能对等中的“切近”

石宝华*

摘　要：《偷走我人生的女人》是一本轻松幽默的畅销小说，讲述了一个女人在人到中年时遇到的危机和收获的幸福。本文对该书进行了摘译。通过探讨奈达所提出的功能对等理论，从功能对等所要求的“切近”来分析相应的翻译策略。

关键词：功能对等；切近

1　翻译理论探索

奈达对于动态对等所下的定义为，“所谓翻译，是在译语中用最切近又自然的对等语再现原语的信息，首先是意义，其次是文体”。在这一定义中的“切近”是指“切近原语的信息”；“自然”是指译语的表达方式；“对等”把上述两者结合起来。笔者认为，定义中的“切近”可以理解为我们经常说的“忠实”，就是要忠实地传达原文所要表达的全部意义，和原文所包含的全部信息。本文将结合《偷走我人生的女人》的译文，探讨“切近”。

* 石宝华，北京工商大学外国语学院助教，主要研究方向为英语翻译。

2 “切近”的应用

2.1 一词多义

英语比起汉语，语义更加灵活、含义更加广泛，所以在英语中经常会遇到一词多义的情况。通过查阅字典，往往会发现一个词有很多的释义。思果认为，翻译不是译单字，是译句。所以字典里的解释不能搬到译文中去用。在进行选择的时候，就要借助语境分析。这里笔者主要指的是微观语境，也就是上下文。笔者发现，英语中的“小词”通常含义较多，翻译起来有时反而棘手。

例 1：Ah，look at him there，the big smug，Range Rover driver，I’m not letting him out.（p.7）

译文：啊，你看他，自大又得意的路虎司机，我才不让他出来呢。

评析：big 是一个小词，可是通过查询字典就会发现有大的、重要的、成功的、糟糕的、雄心大志的、慷慨的、年长的、自大的等含义。而这里的 big 后面紧跟着的词就是 smug，形容这个司机自鸣得意。所以笔者这里通过上下文的分析，尤其是狭义的上下文分析，也就是注意这个单词附近的其他单词的含义，来捕捉 big 这个单词的实际意义。

例 2：“I’m sorry if I was ... You know. It’s been a bad day.”（p.11）

译文：“不好意思，我刚才有点……那个。今天一直都不顺。”

评析：这里的 bad 同样是个小词，有不好的、糟糕的、差的、不明智的、不合适的、表现差的、严重的、有害的、腐烂的、内疚的、情绪不佳的等的释义。这里 a bad day 如果翻译成“不好的一天”显然不是很恰当，这里笔者译成“今天一直都不顺”，更加符合汉语的语言习惯。

2.2 词语的增减

增补与重复是重要的变通手段，主要用在句法调整中；具有语义补充

（或省略）、修辞达意、文体着色、语言结构优化以及加强交际效果等积极作用。为了使译文的表达更明确，含义也更通顺，增译和减译是很常见的翻译技巧。但是无论是增译还是减译，都不能去增减原文的含义，而是要如实地传达原作。

例 3：Can I make one thing clear-no matter what you' ve heard，and I' m sure you' ve heard plenty–I' m not full-blown Karma-Denier.（p.6）

译文：不管你听说了什么，并且我敢肯定你听到很多传闻，我想澄清一点，那就是我并不完全否认因果报应。

评析：有时英文比较简洁，翻译的时候需要增译原文中没有但是意思上包含的概念。原文说的是 I' m sure you' ve heard plenty，如果说译成“我确定你听到了很多”，译文就不够明白，加上“传闻”两个字，译文就更加顺畅。

例 4：Ryan had girlfriends–once he' d started washing his hair more regu-larly，there was no shortage.（p.32）

译文：瑞安有一些女朋友——他一旦经常洗头，就不缺女友。

评析：原文中的 there was no shortage 如果译成“就不缺少”的话，会给人一种一句话没有说完的感觉。根据上文所说，笔者在“缺少”后面加上“女友”，虽然原文没有“女友”这个词，但是加上之后会使语义更加明确。

关注文化差异克服英语翻译中的文化信息不等值

杨文彦*

摘　要：语言、文化与翻译有着十分密切的关系。翻译离不开语言，也离不开文化。语言是翻译的媒介，文化是翻译的内涵。文章通过翻译理论分析影响等值翻译的文化差异，比较英汉文化思维差异及其在语言表达上的具体体现，探讨了对翻译文化信息等值理论的理解及其具体运用。

关键词：中西文化差异；文化信息等值；语用对等

翻译活动具有“文化传播性”的特点。翻译活动的“文化传播性”是由语言的文化载体功能和文化的独特性特点决定的。任何民族都有自身的独特的生存环境和发展历程，翻译活动不仅是以语言符号转化的手段，也是以文化价值的传递和文化意义再生为任务的交际活动。语言是文化发展的产物，又是文化传承的工具和手段。文化是一定群体的智慧结晶，是语言的精髓和内涵，文化需要语言来承载，语言和文化的关系实际上是一种表象和本质的关系。因此要求译者不仅需要掌握两种语言，还要熟悉两种文化，具体到翻译就必须在译入语中找寻“对等语”。在进行英语翻译时，翻译人员不仅要遵照一定的英语翻译原则，还必须特别注意文化差异，兼顾东西方不同的哲学、文化传统，注重文化信息的传递，在中西文化之间

* 杨文彦，北京工商大学外国语学院副教授，主要研究方向为英语教学法、英美语言文学。

找到一个切合点，克服文化信息的不对等对英语翻译效果的障碍影响，变文化差异为文化对等等值。

1 文化差异和语义差异引起的英语翻译中文化信息不等值的几种主要情况

1.1 文化差异导致对事物认识的差异

文化具有鲜明的地域性和民族性特征。一种语言所承载的文化会让另一种语言的读者感到陌生甚至茫然。文化是人类的精神文明或精神成果的总和，包括艺术、传统、习惯、社会风俗、道德伦理、法制观念和社会关系等。文化不仅包括意识形态方面的宗教信仰、人生观、价值观等，还包括如接受教育、融入社会、文化的创收和适应、个人行为观念等。不同民族因所生活的地理位置、环境的不同造成了意识形态等方面的不同。而自然条件各异，所接触的客观事物也会在种类、数量、与人类的疏密关系等方面有所不同，由此而产生的情感色彩和文化内涵也必然各异，最终导致原语的实体与译入语的实体意义有所出入或者彻底相反。如果直接按着字面意思翻译，则不仅会导致沟通困难，还会贻笑大方。

1.2 文化差异导致某些词语用功能不同

下面的词语在不同的语言中有不同的内涵和外延，在一种语言中可能是褒义的，而在另外一种语言中却是贬义的。例如：凤凰（phoenix）（Chinese phoenix，加了限定词 Chinese 以区别西方的 phoenix）。该鸟在西方文化中是一种不死鸟（immortal bird），五百年一轮回，自焚成灰，然后再生，轮回不死；而中国文化中的凤凰是百鸟之王（queen of all birds），是高贵与富贵的象征。又如：龙（dragon）是中国人的图腾，是一种奔腾向上的力量象征；是吉祥的象征；在封建社会是皇帝的象征，汉民族素以“龙的传人”自称。在汉语中，“龙”总是用于“好”的意思，如龙飞凤舞、龙凤呈祥、生龙活虎等。但是，在西方神话传说中，dragon 通常代表罪恶、邪恶，令人感到恐怖，所以很早就被用来作为战争的旗帜。在英语中，说一个人有点像 dragon，是说此人飞扬跋扈、令人讨厌。

1.3 数字代表意义上的文化差异

在数词中，13 在西方语言中普遍被认为是不祥的数字，因为这个数字与犹大出卖耶稣、耶稣受难相联系。人们常避开 13 这个数字，在旅行或订婚、结婚时避开 13 号，有的饭店不设 13 层，避开 13 号作为房间号码。然而，在我国传统文化中，13 不具有这些不祥的含义。当然，近几年来，由于受西方文化影响，有些人也认为 13 是个不吉利的数字。

在中国文化中，“九”是表示最高、最多的大数，又因为“九”与“久”谐音，人们往往用“九”表示“长久”的意思。历代皇帝都崇拜“九”，希望能长治久安，因此，皇帝穿九龙袍。明朝永乐皇帝定都北京，京城建了九个城门，在紫禁城和北海公园内均建造了“九龙壁”等。而在英语中，九（nine）并没有特殊的内涵。

文化差异的原因还在于东西方民族地理、历史、风土人情等的不同。只有对文化差异做一定的了解，才能在中西文化中找到一个切合点，做到文化等值。

2 英语翻译中语用信息对等必不可少

翻译的对等主要涉及语义对等、形式对等、功能对等、语用对等。意义对等是指译语再现源语的信息。形式对等是指两种语言在信息转换过程中其语音、词汇和句法结构等大体相同。功能对等是指原文和译文在实现社会目的、满足交流需要意义上的对等。这两种对等注重的是译文对原文内容意义的理解，尽量实现语义对等，完成翻译任务。但是翻译的尽头并非仅限于此，而在于取得言语之外更大的效应——语用对等。

语用对等是翻译过程中为避免明确阐明言外之意的暗示迂回策略是语义对等的延伸，翻译者通过语用对等达到某种目的和效应。语义对等是基础，语用对等是最终目的。

在英语翻译中广告翻译是语用对等的最好例子。广告翻译不仅要做到语义对等，更要做到语用对等，达到传播信息、促进销售的目的。因此，历来广告翻译成为语用对等的典范。语用对等翻译涉及文化因素、民族心理、思维方式、宗教信仰、风俗习惯、生活方式等多方面因素。例如：20世纪80年代初期，法国著名香水品牌Poison取名大胆奇特，若做到意义对等直接翻译过来意思是“毒药”。对于追求标新立异的人来说不失为好的名称，但在当时却不太符合国内大众喜欢的吉祥如意的传统习惯。译者别具匠心地采用“百爱神”的名称，结果收到了良好的效果，不仅保留了原读音，还使人感受到这种香水的独特的魅力。

3 总结

语言是文化的载体，文化信息往往通过言语声音符号和文字符号的编码进入语言，在解读时，人们需要进行解码才能获得文化信息。总之，文化、语言和翻译存在着密切的联系，相互依存，同时又给翻译带来一定的困难，只有熟悉和了解了翻译处理中的文化内涵，灵活地选用恰当的表达，做到文化信息等值，并对两种语言的文化进行对比。这种对比具体体现在译入语中寻找“对等语”的过程。在这个过程中，译者在翻译中对文化上的差异做些调整，这样才能完成文化信息的正确传递。

英语体育新闻的编译 *

郑昊霞　栾先乔　刘添硕 **

摘　要：随着体育运动在世界范围内的蓬勃发展，英语体育新闻日益普遍。英汉编译时，须格外留意其术语词汇和背景常识方面的特点并恰当应对，以期实现译文与原文在内容、形式以及功能上的对等。

关键词：体育新闻；编译

体育是社会文明的标志，是人类社会文化生活中不可或缺的组成部分。体育新闻不仅要传递信息，更要迅速抓住受众的注意力，所以通常具有语言简短准确、生动具体、富有表现力等显著特点。体育新闻以其丰富多样的表达用语报道各种赛事的组织进展、运动员的悲喜成败，弘扬人类顽强拼搏的体育精神，展现体育永恒持久的魅力。

随着体育运动在世界范围内的蓬勃发展，英语体育新闻也日益普遍。英语是当今世界通用语，英语体育新闻可谓数量极大。而近年来随着我国全民体育运动的开展以及奥运会等大型国际体育盛会与赛事的成功组织和举办，民众对于体育运动的热情达到新的高度，我国也正在从体育大国向体育强国迈进。为了更多的普通群众能够便捷地了解国际体坛动态、关注世界体育赛事，准确、专业、生动的体育新闻编译报道也成为一种迫切需要。

* 本文为 2017 年北京市级大学生科研与创业行动计划项目（编号：SJ201710011060）成果。

** 郑昊霞，北京工商大学外国语学院讲师，主要研究方向为英汉翻译。栾先乔、刘添硕，北京工商大学外国语学院在读本科生。

总的来看，相对于其他种类的文本，英语体育新闻在术语词汇和背景常识方面都有其特别之处，因此英汉编译的时候须格外留意并恰当应对。

1 术语词汇

1.1 缩略语

体育新闻中常见的缩略词既有机构的简称、国家及地区名称的缩略形式，也有职业或职称的简称，如 IOC（International Olympic Committee，国际奥林匹克委员会）、NBA（National Basketball Association，美国全国篮球协会）、FIFA（Federation International of Football Association，国际足球联合会）、IAAF（International Association of Athletics Federations，国际田径联合会）、MVP（most valuable player，最有价值球员）、CHN（中国）、FRA（法国）等。缩略语的翻译务必完整准确，切忌想当然，遇有疑问时须反复查证。

1.2 项目术语

体育运动项目种类繁多，每个项目都有其特定的术语，如篮球运动中就有以下常见的术语：slam dunk（灌篮），air ball（三不沾），bank shot（擦板投篮），block shot（盖帽），box out（顶抢篮板球），charge（带球撞人），rebound（篮板球），screen（掩护），free throw（罚球），等等；再如足球运动中常见的术语：banana kick（弧线球），diving header（鱼跃顶球），sweeper（清道夫），offside（越位），free kick（罚任意球），overhead kick（倒勾球），volley pass（凌空传球），grazing shot（贴地射门），等等。术语的翻译讲究专业化、规范化和标准化，应多参考术语词典，避免产生误译。

1.3 数字

体育新闻往往会涉及数字，尤其是比赛类的体育新闻，通常包括比赛时间、比赛过程中的统计数据以及比赛的最终结果等，因此数字是体育新闻中很重要的一个方面，数字的翻译应在透彻理解每个（组）数字含义的基础上做到准确表达。试看下例：

Roger Federer became the first man to win Wimbledon eight times and extended his record to 19 Grand Slam titles with victory over Croatia's Marin Cilic. The Swiss third seed won 6–3 6–1 6–4 as seventh seed Cilic struggled with a blister on his left foot and broke down in tears during the second set. Federer, 35, finished the contest in one hour and 41 minutes to claim his first Wimbledon title since 2012.（http://www.espn.com）

以上 ESPN 网站上有关费德勒温网夺冠的新闻中就用到了不少数字，译文如下：罗杰·费德勒击败了克罗地亚选手马林·西里奇，成为首位 8 次摘得温网桂冠的男子选手，并将自己的大满贯奖杯数量增加至 19 座。这位来自瑞士的 3 号种子选手以 6∶3、6∶1、6∶4 直落三盘击败了 7 号种子选手西里奇。西里奇在第二盘左脚负伤，并一度泪洒赛场。今年 35 岁的费德勒用 1 小时 41 分钟结束了比赛，拿下了他自 2012 年以来的首座温网冠军。（http://www.kekenet.com）

2 背景常识

体育新闻的综合性很强，涉及的知识面很广，即便我们已经掌握了特定项目的专业术语，有时仍然会在编译过程中遇到困难，这是因为有些普通词汇在用于特定体育项目时具有了特殊含义，这就要求我们对于特定项目要有充分的了解，具备相应的背景常识。

The Lakers beat the Cavs 94–83 in the Las Vegas summer league on July

14, and the next round will be Nets. "Ball brother" won the second time the summer couplets three double, with 16 points 12 assists and 10 rebounds and 5 steals all-around data, the key moment is to assist teammates in hitting three points to seal the victory. (http: //www.espn.com)

在上段新闻中，我们不仅要懂得 assist（助攻）、rebound（篮板球）、steal（断球）、three point（三分球）、three double（或 triple double，即三双，俗称大三元，指在得分、助攻、篮板、抢断、盖帽等五项中有三项技术统计达到两位数）这些篮球专业术语，也要对 Lakers（洛杉矶湖人队）、Cavs（克利夫兰骑士队）、Nets（布鲁克林篮网队）这些球队耳熟能详，还需要根据上下文对 summer couplets 有恰当的理解。couplets 本义是指英语诗歌中相连并押韵的两行诗，用在此处有转喻（metonymy）的意味，实际所指的就是连续两届 NBA 夏季联赛。因此上例可译为：在 7 月 14 日拉斯维加斯 NBA 夏季联赛中湖人队以 94 ∶ 83 击败骑士队晋级八强，下一轮的对手将是篮网队。“球哥”鲍尔第二次拿下个人夏季联赛的三双，斩获得分 16、助攻 12、篮板 10 、抢断 5 的全能数据，关键时刻更是助攻队友命中三分锁定胜局。[1]

随着体育运动在世界范围内的蓬勃发展，体育新闻的编译需求也越来越大。在英语体育新闻编译过程中，我们应注重译文的准确性与可读性，不仅要弄懂特定的术语词汇，也要熟悉相关的背景常识，同时力求兼顾译文与原文在内容、形式以及功能上的对等，以期实现英汉语之间的完美转换。

参考文献

[1] 王青云 . 体育新闻的翻译原则与技巧 [J]. 中州大学学报，2014（6）：93–96.

大数据背景下的机器翻译

索先予　苗天顺*

摘　要：机器翻译是应用语言学中的一门新兴的实验性学科，研究如何利用计算机按一定流程自动进行自然语言之间的翻译问题。近几年来，随着大数据的快速发展，机器翻译得到了实质性的突破。本文主要探讨在大数据背景下，机器翻译的现状以及机器翻译与人工翻译之间的关系。

“大数据”是指各种形式，从很多来源收集的复杂数据组，往往具有实时性。这些数据可能来自社交网络、电子商务网站、顾客来访记录，还有许多其他来源。而这也成为各大互联网公司争相研究的新领域。那么，在这种背景下，机器翻译的现状如何？机器翻译与人工翻译之间的关系又是怎样的？

关键词：大数据；机器翻译；谷歌；塔多思；人工翻译

1　机器翻译的现状

互联网的大数据时代给机器翻译带来机会的同时还带来了挑战：语料资源数据量的迅猛增加，使得自动获得和及时更新大量翻译资源成为可能；而翻译语言歧义现象较多及小语种双语翻译的资源稀缺也是不容忽视的问

* 索先予，北京工商大学外国语学院翻译专业硕士研究生。苗天顺，北京工商大学外国语学院副教授，研究方向为计算机辅助翻译和商务英语。

题。[1] 下面我从两款使用较频繁的机器翻译软件说起，来具体了解机器翻译的现状。

第一款是谷歌翻译。它支持 90 种语言，每天为超过 2 亿人提供多种语言的免费翻译服务。2005 年，谷歌翻译抛弃了基于句法规则的机器翻译模型，而它的翻译工作原理也转为在多种语言的平行语料库的基础上，结合统计和数学方法，构建大数据分析模型并挖掘各种语言之间的内在规律。虽然近年来，谷歌翻译发展迅速，但它也面临着许多问题和挑战。谷歌翻译的首席科学家 Och 指出，谷歌翻译的不足主要有：①不同语言的翻译效果不一样；②不同题材的文件翻译效果不一样，比如艺术新闻比政治新闻要难翻译得多；③翻译的结果不稳定，有些文件翻译得很好，而有些则翻译得很差；④不能翻译过长的文件；⑤无法识别语法结构，比如不能识别时态和虚拟语气等，而面临的挑战则就更多了。[2][3]

第二款是塔多思（Trados）。成立于 1984 年的塔多思是一家多语言互译平台供应商，致力于为企业和个人提供专家互动式的翻译系统，并针对与计算机相关的翻译领域和几乎所有工业部门、专业翻译机构提供高品质的翻译工具。塔多思翻译是根据翻译记忆原理，利用一个或多个翻译记忆库对雷同或相近的句子和段落进行快速翻译，从而减轻译者的工作量，提高工作效率，因此最适合于严谨、重复或是经常升级衍变的文件，如政府的文件或是软件产品。同时，翻译记忆库在后台不断学习和自动保存新的记忆，使其变得愈来愈“聪明”，效率也愈来愈高。这也是塔多思优于谷歌翻译的地方。塔多思的功能强大且很全面，唯一不足之处是该翻译软件过于复杂，初学者短时间内很难上手，而且塔多思不带有词库和句库，对于初学者来说就是一张白纸，而对于中级译员来说也不能很好地提高工作效率。[4]

通过分析，我们可以看到，由于大数据时代的到来和人工智能在机器翻译中的应用，自然语言处理已经取得了很大的发展，但是，当前机器翻译的程度距理想的“全自动高质量”的目标尚有很长的一段路要走。

2 机器翻译与人工翻译之间的关系

近几年来，在大数据的背景下，当译者在谷歌翻译或塔多思等大数据翻译平台上输入任何需要翻译的文档，都可以得到相对比较准确的翻译结果。那么，在未来，机器翻译将取代人工翻译吗?

如果将机器翻译与人工翻译进行比较，我们可以发现机器翻译具备的独特优势。第一，目前机器翻译可以覆盖近几十种语言，这是人工翻译难以达到的。第二，机器翻译可以包含多个领域、多个行业的海量词典和翻译模型，可在不同的场合下进行翻译，而人工翻译往往只能在某个特定的领域或行业有深入的研究。第三，在重复使用、创意不强的文本中，机器翻译可以替代人工。例如，财务报表中的术语使用了很长一段时间，已经建立在数据库中，并做好了收集与优化，如果让人工来翻译它们，更容易导致错误，这是滥用人力资源的一种行为，也是对技术资源的浪费。机器翻译给人们的生活带来了便利。通过机器翻译，人们可以解决小到出国旅游，大到国际贸易、跨区域交流合作的各种语言难题。

但机器翻译的瓶颈也是很明显的。类似一些高难度的翻译工作，如各类学术文献、文学作品和经典典籍的笔译，比较严肃的政治商务会议使用的同声传译或连续传译等，仍绝对依赖于人工翻译的主观能动性和创造性，这方面是机器翻译所无法企及的。翻译的标准是要实现“信、达、雅”，这对于专业的译者来说不是一个容易的任务，更不要说机器翻译。目前，机器翻译仍然苦苦挣扎在“信”的阶段，无法保证对原文的准确翻译。

我们可以看到，就翻译行业而言，人工翻译与机器翻译之间的关系应该是共存互助的。随着信息技术的发展，全世界信息及时共享的实现，译者借助机器翻译减轻负担、提高翻译质量，机器翻译体系能够在人机交互中不断创新，更好地辅助译者进行翻译。所以，机器翻译在短时间内是不会彻底取代人工翻译的，两者需要协调发展。

3 结语

总之，在大数据的背景下，机器翻译的水平比以前有了很大的提升，但要彻底克服语言障碍，实现理想水平，还需各类专家、学者等的通力合作，共同努力，在理论研究和应用开发上，都有更高的突破。机器翻译还需和人工翻译互帮互助，提高翻译行业的整体水平。

参考文献

[1] 舍恩伯格，库克耶 . 大数据时代 [M]. 盛杨燕，周涛，译 . 杭州：浙江人民出版社，2013.

[2] 斯介生，宋大我，李扬 . 大数据背景下的谷歌翻译——现状与挑战 [J]. 统计研究，2016（2）：33.

[3] 袁于飞 . 大数据时代：机器翻译能否取代人工 [N]. 光明日报，2016-01-18（5）.

[4] 李琨 . 塔多思（TRADOS）专业翻译辅助软件快速实现精确翻译 [J]. 电子计算机与外部设备，2001（2）.

教育技术辅助计算机翻译

邓　瑞　苗天顺*

摘　要：现代信息技术的飞速发展极大地提高了翻译生产的效率，并对语言服务业产生了前所未有的冲击。基于这一背景，本文阐述了计算机辅助翻译技术的基本概念，论述了计算机辅助翻译技术在现代翻译实践中的重要作用，分析了计算机辅助翻译技术的发展趋势。最后，计算机辅助翻译技术已成为现代翻译研究不可或缺的一部分，对提高语言服务业生产力、促进翻译理论创新具有深远意义。

关键词：大数据；计算机辅助；翻译；英语学习

1　前言

20 世纪 90 年代以来，机器翻译（machine translation，MT）和翻译记忆（translation memory，TM） 等计算机辅助翻译工具的发展在激烈的市场竞争环境中得到了迅速发展，计算机辅助翻译工具的便捷、有效、持续的升级已经成为众多翻译公司寻求生存空间的重要手段。[1] 市场的变化必然影响培训方法和翻译人才评价标准，在翻译教学过程中，如何把握市场的发展趋势，建立更为完善的培训机制，培养高级翻译人才的翻译市场的迅速变化，是一个值得我们思考的问题。

* 邓瑞，北京工商大学外国语学院翻译硕士研究生。苗天顺，北京工商大学外国语学院副教授，研究方向为计算机辅助翻译和商务英语。

2 计算机辅助翻译基本过程

2.1 已有翻译成果的重复利用

词汇复用：系统提供了专业词库大容量，为用户保存字典，自动频率记忆和词频按顺序排列，用户只需单击鼠标或按下快捷键完成句子。

句子复用：使用先进的TM技术，把原来的句子和翻译文本自动记录到数据库。在翻译过程中，通过搜索引擎，自动查找内存库，需要对翻译内容进行快速的分析、比较，保证同一句永远不要翻译第二遍。

模糊匹配复用：一旦发现相同或相似的句子，根据原来的记忆匹配，系统自动给出翻译建议，用户可以选择自动匹配替换，直接给出翻译结果，避免重复劳动，提高工作效率。

片段复用：将当前的句子和记忆库中的句子翻译成相同的片段，系统会给出提示，作为参考翻译。

2.2 翻译项目管理

项目管理是多语种翻译和多语种软件本土化项目的关键因素。多语种翻译和多语种软件本土化涉及世界各地许多人的合作，项目管理是完善产品和服务全球化的关键。项目经理是项目中最重要的资源，他们在项目中起着关键作用，员工都在多语种翻译和软件本地化项目信息交流中心。[2]为了有效地管理项目，项目经理必须履行以下职责：完成项目招标与规划、项目启动、物料分配、沟通计划、财务管理、质量管理、信息交流。

术语词库准备：在翻译之前，项目经理准备术语词汇和语料库，由同一项目的所有译者共享。同义词可以极大地影响项目的成本，但同样的单词和句子的翻译应统一。

材料接收和完成：翻译由项目经理接收到需要翻译的材料和术语词库，可用翻译软件打开文件进行翻译。在翻译中，译者可以使用翻译记忆和术语词典，把新的语言片段加入翻译记忆中，并保留新词的词汇。[3] 翻译后，译者在目标语言中代替源语言，建立一个完全符合源语言文件布局的语言文件。通过电子邮件发送给项目经理。在翻译过程中，译者只注重翻译的内容和形式的完全分离。通过电子邮件附件的接收和传递的材料大大减少。即使是大型的翻译项目，也很容易对全球的材料进行交流，打破了译者的地域限制，实现了高效的多语言翻译。

3 计算机辅助翻译技术教学进入翻译课程体系设置的必要性

3.1 翻译市场的需求

随着全球经济的发展和各国之间交流的日益增多，人们对语言翻译的需求也将进一步增加。在这种背景下，如何更有效地处理语言转换已成为许多组织和企业共同关注的问题。计算机辅助翻译技术就是在这样的背景下产生的，它可以帮助译者高效率、高质量地完成翻译工作。

3.2 翻译机构对技术的要求

CAT（computer aided translation，计算机辅助翻译）使繁重的人工翻译过程自动化，大大提高了翻译效率和翻译质量。BM、SAP、ORACLE、Borvne Global、Berlize、 LionBridge 等本地化公司和翻译公司也在广泛使用计算机辅助翻译技术翻译公司产品，欧盟和国际货币基金组织、沃尔沃、大众等国际组织和企业也是计算机辅助翻译技术的忠实用户。越来越多的大中型翻译公司需要加入的全职和兼职翻译如 Trados、ForeignDesk、WordFast 等主流 TM 软件。[4] 只有这样，译者才能成功地融入公司的工作流程，并与其他翻译人员共享术语数据，保证项目的质量。掌握计算机辅助翻译工具已成为语言工作者进入大企业、跨国公司和译者的必要条件。

3.3 我国翻译专业课程体系设置中 CAT 技术课程的缺位

在欧洲，为了满足市场的需求，计算机辅助翻译技术飞速发展，通过网上调查，并根据穆雷编著的《中国翻译教学研究》来看，在研究生课程体系设置中，许多高校并未开设如“计算机辅助翻译理论”“TM 软件的应用”这样的计算机辅助翻译的课程。

4 计算机辅助翻译技术在应用型英语翻译教学中的运用

4.1 课程设置

目前，计算机辅助翻译的教学模式有两种：一种是课外活动式的，即学生主要通过课堂外的方式，如网络，来学习计算机辅助翻译，教师会做一些定期的指导；另一种是整合式的，即传统的教学方法和计算机辅助翻译技术与教师相应的教学计划相结合，教师对学生的学习进行指导，并对学习成果进行评估。教师利用网络资源以对目标课程进行合理的分配。在选择网络资源时，教师需要考虑材料对提高学生的翻译技巧是否有效。

教师应该制订计算机辅助翻译技术的教学大纲，其中包括主题选择、教室的组织形式、教学方法、学生的英语水平评估以及其他。

4.2 课前准备

准备工作包括：提前浏览网站，选择适合学生的翻译学习信息和相关的任务内容；根据学生的学习能力安排学习材料。

4.3 教学实施

教师应明确指出本课程的教学目标和教学内容，根据实际教学内容自主或协同安排教学任务。

4.4 学习效果评估

学生学习效果评估可以检验学生的学习效果，学生能否合理、有效地使用计算机辅助翻译技术。

参考文献

[1] 吴赟 . 计算机辅助翻译系统在翻译教学中的应用 [J]. 外语电化教学，2006（6）.

[2] 许云峰 . 基于信息技术的计算机辅助翻译理论与实践 [J]. 航空科学技术，2014（6）：54–57.

[3] 王华树 . 信息化时代的计算机辅助翻译技术研究 [J]. 外文研究，2014（3）.

[4] 夏耘 . 智慧社会的计算机辅助翻译发展研究 [J]. 教育教学论坛，2016（34）：8–10.

基于语料库的翻译研究综述

孔海龙[*]

摘　要：基于语料库的翻译研究已然成为翻译研究的一种新范式。这一研究包含五个主要领域：语料库的编撰、翻译的特征、译者的风格、翻译规约以及翻译教学与实践。本文最后提出了基于语料库的研究在未来的发展趋势。

关键词：语料库；翻译研究；发展趋势

1　概述

基于语料库的翻译研究已然成为翻译研究这一大学科内不可或缺的研究流派。自 Baker 于 1993 年发表了一篇里程碑式的论文之后，基于语料库的翻译研究得到了迅猛的发展。基于语料库的研究方法成为翻译研究的一种“新范式”。这一方法将语料库语言学和描述性的翻译研究结合起来，将译文文本及其源文本关联起来进行数据库分析，侧重在词汇、句法、话语以及语用层面描述翻译的特征，进而揭示译文特征、译者风格以及翻译规约等内容。

这一方法离不开翻译语料库的建构。因为这些语料库翻译特征的假设提供了科学证据。对于传统的翻译研究而言，这些证据主要通过译者的直觉和反思或者通过译者对为数不多的经典实例的梳理和分析而获得。对于

* 孔海龙，北京工商大学外国语学院副教授，主要研究方向为叙事学、翻译与英语教育。

基于语料库的翻译研究而言，这些证据则通过检索较大规模的源文本及其译文文本语料库样本而获取。这样就将基于语料库的翻译研究与传统意义上的翻译研究区分开来。当前基于语料库的翻译研究主要包括以下五个领域：语料库的编撰、翻译的特征、译者的风格、翻译规约以及翻译教学与实践。[1] 在此基础上，本文指出基于语料库的翻译研究的未来发展趋势。

2 语料库的编撰

翻译语料库的编撰涉及复杂的过程，较为耗时，包括语料库的设计与类型、文本的选择、数据的获取、标注以及文本的排列等。翻译语料库的类型主要包括三种：单语语料库、双语对比语料库和平行语料库。[2] 单语语料库收集单一语言的文本。通过分析单一语料库，译者可发现不同文类或作者文体的特征，也可发现特定词形的用法。大型单语语料库如英国国家语料库可用作具有代表性的参照语料库。双语对比语料库一般规模较小，具有较强的专业性，可帮助译者更好地理解源文本和目标文本，有助于译者比较不同语言和文化之间的术语使用方式、词语搭配以及文本规约。平行语料库是指源文本和目标文本平行成对的语料库。通过平行语料库中句子与句子、段落与段落之间的并置，我们可以调查译者所采用的翻译策略。

3 翻译的特征

翻译的特征包括翻译普遍特征和与源语言、目标语言相关的翻译特征。前者揭示了译文文本的常规模式，对于理解翻译的本质具有重要的理论意义。尽管翻译普遍特征的研究已经取得了长足的进展，还有一系列问题尚未解决：翻译普遍特征的假设是否可用于所有的翻译活动？除了现有的翻译普遍特征，是否还存在其他的普遍特征？翻译普遍特征的潜在原则是什么？后者则在词法、句法以及话语等不同层面描述译文文本的特征，研究某些词法结构或句法结构的使用特征，从而体现出源语言和目标语言之间的差异，反映出译者的选择。

4 译者的文体

译者的文体研究主要考察译者在用词选择、句法结构、断句、话语结构等不同层面的鲜明特征，并从语言、认知、社会以及文化层面揭示隐藏于这些鲜明特征背后的动机。译者文体通常受三个要素的限制：源语言文化与目标语言文化之间的差异、译者所处的社会文化语境以及译者的个性特征、语言风格和译者对目标读者群体的期待。译者的文体研究首先需要描述译文文本的特征以及其他相关的变量因素，重点强调译者风格的整体特征。在此基础上，译者文体研究需要从多个角度进一步分析和阐释译者文体选择背后所隐藏的动机。

5 翻译规约

翻译受规约的约束。翻译规约反映了某些社会价值观对翻译活动的影响。从本质上讲，翻译规约是指译者在某个特定的社会文化语境内的习惯性选择。由于翻译是一种社会活动，译者不可避免地受到语言规约和社会文化规约的限制。译者的翻译活动或者说译文文本自然而然地就会揭示受相同社会文化规约影响而呈现出的相同或相似的倾向。因此，翻译规约的研究有助于我们发现译者所要接触的社会和文化要素。同时，翻译规约研究还可以考察在某个特定历史时期影响翻译行为的不同规约类型，从而进一步揭示翻译的社会属性。

6 翻译教学与实践

基于语料库的翻译教学与实践探讨如何使用语料库方法来解决翻译教学与实践中遇到的问题，包括开发基于语料库的翻译教学素材，编撰用于翻译教学目的的翻译语料库等。翻译的学习过程成为学生自主探索真实语料数据的发现过程，从而有助于提升学生的信心与自主学习能力。例如，通过分析检索样本或者检索语料库中的特有词汇或短语，学生可发现特有的语言规律和模式，从而提高学生的搭配认知能力。此外，语料库还可以用来评价翻译质量或者编撰翻译教材。尽管如此，基于语料库的翻译教学与实践研究还有一些尚未廓清的问题：如何科学设计翻译课堂教学中语料库使用方法的实际操作步骤？语料库方法如何与传统的翻译教学方法整合？语料在翻译质量评价中究竟如何发挥作用？

7 未来发展趋势

作为翻译研究的一个新的发展流派，基于语料库的翻译研究尚处于起步阶段，因此会碰到这样或那样的问题。但是，基于语料库的翻译研究确实为翻译研究重新注入了活力，也将量化方法与质化方法融于翻译研究。这一新兴学科要想取得长足发展，未来需要在以下四个方面努力：第一，进一步改观用于翻译研究的语料库建构与使用，推进语料库资源的共享；第二，进一步侧重翻译研究的跨学科性质，从语言学、文学以及文化理论的视角展开；第三，更好地将量化研究方法与质化研究方法整合起来；第四，进一步拓展其研究范畴，将语料库方法用于口译、视听翻译、字幕翻译以及翻译课堂教学等领域。

参考文献

[1] HU K B. Introducing corpus-based translation studies [M]. Berlin：Springer，2016.

[2] BERNARDINI S，DOMINIC S，FEDERICO Z. Corpora in translator education：An introduction [C]. ZANETTIN F，BERNARDINI S，STEWART D. Corpora in translator education. Manchester：St. Jerome，2003：1–14.

Brief Analysis of Common Figures of Speech in American Advertising Language

张艳华 *

Abstract: With the rapid development of culture communication, advertisements are affecting people's lives in many ways. Hence, how to get the advertisement across in the target country becomes crucial. So far, studies on the translation of advertising languages mostly focus on ways of thinking, cultural backgrounds and linguistic features and so on.

Figures of speech are one of the important ways of expounding advertisements. They have significant influence on the advertising style and communicating effect. In advertisement, they can be used flexibly and with distinctive characteristics. This paper conducts a brief analysis on the common figures of speech on the American advertisements by presenting a lot of cases.

Key words: common figures of speech; American advertisements; case analysis

1 Introductions

As an effective communicative method, advertising language has its unique

* 张艳华，北京工商大学外国语学院副教授，主要研究方向为语言学、翻译理论与实践等。

characteristics and obvious aims. American Marketing Association (AMA) defines advertisements as "the non-personal communication of information usually paid for and usually persuasive in nature about products, services or ideas by identified sponsors through the various media." "According to statistics, more than 2000 advertisements are available to adults in the developed countries each day, among which only 70% to 80% of them may be noticed, and less than 12% of the total can stimulate a person's desire for consumption." [1]In order to enhance the appeal of an advertisement, advertisers pay much attention not only to expressive devices such as colors and shapes to make an advertisement look beautiful and attractive, but also to develop the advertising language. The reason is that whatever the promotion strategies advertising takes, language is the main carrier of message. Advertising takes many forms, but in most of them, language is of crucial importance.[2]Among all the rhetoric devices of advertising language, figures of speech are frequently used in American advertisements.

2 Literature Review

2.1 About the Western Rhetoric

Since "no single definition is adequate to its many uses." [3]it is hard to give rhetoric a precise definition. "Hugh Blair held that rhetoric did not focus merely on style, plain or ornate, but on culture, on human beings and on how they used language to communicate with different audiences for different purposes." [4] The formal study of rhetoric in the West began in Greece in the fifth century BC with the Sophist, and then followed by Isocrates, Plato, and Aristotle. The main line of Greek rhetoric was extended by Roman rhetoricians, notably Cicero and Quintilian.

In The Art of Rhetoric, Aristotle defines rhetoric as "the faculty of observing in any given case the available means of persuasion." While Aristotle favored persuasion through reason alone, he recognized that at times an audience would not be sophisticated enough to follow arguments based solely on scientific and logical principles. In those instances, persuasive language and techniques were necessary for truth to be taught.

The Art of Rhetoric had a tremendous influence on the development of the study of rhetoric for the next 2000 years. Roman rhetoricians Cicero and Quintilian frequently referred to Aristotle's work, and universities required students to study The Art of Rhetoric during the 18th and 19th centuries. Cicero's approach to rhetoric emphasized the importance of a liberal education. According to Cicero, to be persuasive a man needed knowledge in history, politics, art, literature, ethics, law, and medicine. By being liberally educated, a man would be able to connect with any audience he addressed.

In the 18th and 19th centuries, universities in both Europe and America began devoting entire departments to the study of rhetoric. One of the most influential books on rhetoric that came out during this time was Hugh Blair's Lectures on Rhetoric and Belles-Lettres. Published in 1783, Blair's book remained a standard text on rhetoric at universities across Europe and America for over a hundred years.

The proliferation of mass media in the 20th century caused another shift in the study of rhetoric. Images in photography, film, and TV have become powerful tools of persuasion. In response, rhetoricians have expanded their repertoire to include not only mastery of the written and spoken word, but a grasp of the visual arts as well.

2.2 About Figures of Speech

2.2.1 Definition of Figures of Speech

Around 95 AD, Quintilian defined the figure of speech as "a departure from the simple and straightforward method of expression." Figures of speech were first identified and discussed in Aristotle's book The Art of Rhetoric. In The third part of the book, the use of some figures of speech, such as simile, metaphor, and personification, were discussed. Following Aristotle's theory, ancient Roman rhetoricians, such as Cicero and Quintilian, made a further research on figures of speech. Quintilian defined a figure as anything "artfully varied from common usage." Most of figures of speech are derived from Greek or Latin.

Figure of speech is one of the most important expressions in the western advertising language, which has significant influence on the advertising style and communicating effect. In advertising language, people pay more attention to figures of speech to make the advertisement succinct, accurate and vivid and to provide rich imagination and plentiful associations for readers so as to stimulate their desire.

Figures of speech, as effective ways of deviation, possess following functions in advertisements:

To arouse the consumer's attention and interest;

To make advertisements memorable;

To increase the artistic beauty of advertisements;

To enhance the producer's strength and competitiveness.

2.2.2 Classification of Figures of Speech

A rhetorical figure can be defined as an artful deviation in the form taken by a statement.[5]There is not an exact classification of figures of speech. In classical rhetoric, figures of speech were traditionally divided into schemes and tropes. Schemes are patterns of expressions. They include: alliteration, anaphora, antithesis, asyndeton, and climax. Tropes radically transform the meaning of words. These include: allegory, conceit, hyperbole, irony, metaphor, metonymy, onomatopoeia, oxymoron, paradox, personification, pun, rhetorical question, simile, and synecdoche. However, nowadays in many contexts the term "trope" is synonymous with figures of speech. In medieval times, figures were primarily divided in the way as Figure 1 shows:

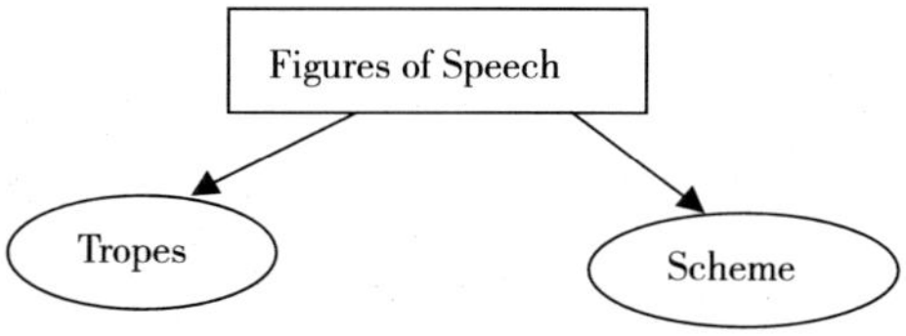

Figure 1 Medieval Classifications of Figures of Speech

Tropes referred to figures of thoughts or sense, such as metaphor and metonymy, while Schemes meant figures of words and arrangement, e.g. climax and assonance.

Until now, the classification hasn't got an admitted classification, since figures of speech can be divided into a large quantity of classifications through different ways to classify. Moreover, the classifications of figures of speech usually differ from the study purposes and sector.

3 Case Analysis of Common Figures of Speech in American Advertisements

3.1 Common Figures of Speech in American Advertisements

There are a large number of common figures of speech in American advertisements, such as simile, alliteration, hyperbole and so on. Through the collection of several American advertisements, personification, metaphor, parallelism and antithesis are chosen as the object of the study, since they are widely used.

3.2 Case Analysis of Common Figures of Speech in American Advertisements

3.2.1 Personification

Personification is a figure of speech which attributes human qualities and abilities to inanimate objects, animals, abstractions, and events. It is a figure of speech that gives human form or feelings to animals, or life and personal attributes to inanimate objects, or to ideas and abstractions. To put it more simply, it is a figure of speech in which a thing, quality, or idea is represented as a person.

Unlike me, my Rolex never needs a rest. (Rolex)

In this advertisement, the Rolex is no longer the lifeless wrist watch, it become an energetic person who "never needs a rest". This expression may impress the consumer with the excellent quality of Rolex. Through the personification, the advertisement can establish a trust relationship to the would-be buyers, which can encourage the desire to purchase.

3.2.2 Metaphor

A metaphor is in a sense a condensed simile, differing from the latter only in form and artistry. It is a higher form and requires greater ability on the part of the reader to perceive the hidden association, the insight into persons, things or ideas that is implied. That is to say, metaphor is a figure of speech containing an implied comparison, in which a word or phrase ordinarily and primarily used of one thing is applied to another. Here is an example:

Give me the world, or give me the yesterday. (Green world brand series late frost ads)

A famous politician and patriotic poet Henry during the American independence war has written verse "Give me liberty, or give me death." This advertising can impress the clever parody on consumers, which strengthens the impression of the slogan. The content of slogan indicates the significance of the youth. The "yesterday" is not the exact yesterday, it implies the "before" . So the whole slogan indicates that the late frost ads can maintain the skin energy as young as before.

3.2.3 Pun

Pun is a figure of speech that uses a word in such a way as to suggest two or several meanings or different associations, or two or more words of the same or nearly the same sound with different meanings, so as to produce a humorous effect. It often leaves a deep impression on readers by its readability, wit, and humor. However, to make a successful and impressive pun is not easy. Except for its own meaning, the word used as a pun is usually closely related to the characteristics of a certain product or the brand name of the product in advertising language. For example:

Coke refreshes you like no other can. (Coke-cola)

In this advertisement, "can" is used as a pun. "Can" has two meanings: to be able to do something and a closed metal container in which foods or drinks are preserved. The two different meanings of "can" give rise to two different interpretations of this advertisement: Coke refreshes you like no other drinks can do; Coke refreshes you like no other can-packed drinks can do. No matter you understand the slogan, the confidence this slogan shows will impress the consumer with the distinguished taste and quality of Coke-cola.

3.2.4 Parallelism

Parallelism is also a kind of repetition, but it's stricter than repetition in structure of a sentence. It can strengthen mood or semantic stratification by using a group of sentence components, clauses or sentences.

Earth is a person to be cared for.

Earth is a home to be managed.

Earth is a ball to be played with.

Earth is a pad for spaceships.

Earth is an eye watching us.

This advertisement includes 4 parallel sentences of similar structure. The whole advertisement is well organized, with the rhythm sharp and the idea conveyed smoothly. And these four sentences enrich the content of the advertisement, which makes the words more vivid.

3.2.5 Antithesis

Antithesis is a figure of balance in which two contrasting ideas are intentionally juxtaposed, usually through parallel structure and a contrasting of opposing ideas in adjacent phrases, clauses, or sentences. It is a counter-proposition and denotes a direct contrast to the original proposition. It is the deliberate arrangement of contrasting words or ideas in balanced structural forms to achieve force and emphasis. Antithesis is different from parallelism, because it not only needs neat sentence structure but also requests the meanings to be opposite or relative. In advertisement English, antithesis application could make advertisements' rhythm bright. For example:

No problem too large. No business too small. (IBM)

In this advertisement, the designer manages to use a pair of antonym—large and small in antithesis, which emphasizes the machine's excellent ability that no problem cannot be settled and the cordial attitude to the service. The use of these simple words, as a form of antithesis, make the slogan reads easily and writes tidy.

4 Conclusion

Language always plays a crucial role in conveying the ideas of the advertisements. In American advertisements, figure of speech, as one of the most important and frequently used expressions in the advertising language, could not only influence the advertisements in the style and feature, but also have direct effect to the attraction of advertisements. So far, studies on the translation of advertising language mostly focus on the thinking mode, cultural background and linguistic features and so on.

Through case analysis, the results show that among these common figures of speech in American advertising, personification can endow advertisements language character of people and establish an affinity between customers and the advertised products; metaphor make advertisements more vivid and rich in cultural connotation; pun, as the reflection of local culture, can make advertisements language reserved and humorous; parallelism can strengthen the energy of language through the tidy form of the language and antithesis can extrude the emphasized content with the contrast. All of these figures of speech are used flexed, which can appear individual or together. This study further reveals the purposes, features and the communicating effects of common figures of speech in American advertisements.

References

[1] LEECH G N. The language in advertising [M]. London: Longmans, Green and Co. LTD, 1966.

[2] VESTER G T, SCHRODER K. The language of Advertising [M]. New York: B. Blackwell, 1985.

[3] FLEMING D. Rhetoric as a course of study [J]. College English, 1998, 61（2）: 169–191.

[4] ZHANG X G. English rhetoric [M]. Beijing: Tsinghua University Press & Beijing Jiaotong University Press, 2005: 16–90.

[5] MCQUARRIE E F, MICK D G Figures of rhetoric in advertising language [J]. The journal of consumer research, 1996, 22（4）.

Case Analysis of Presupposition in English Advertising Language

周 洁*

Abstract: Advertising has been playing a vital role in product promotion. Interesting advertisements can leave a deep impression on consumers and persuade them to buy the products. Presupposition, as an effective advertising strategy, has been widely employed in advertisements. Presupposition can be divided into semantic presupposition and pragmatic presupposition, both of which have been studied by scholars. This thesis is not to put forward any new theories due to the inadequate knowledge of the author, instead, it is to illustrate both theories of semantic presupposition and pragmatic presupposition by using English advertisement texts. It is hoped that the findings of this thesis will help advertising designers and advertisement recipients to better employ and understand presupposition in advertising.

Key words: advertising language; semantic presupposition; pragmatic presupposition

* 周洁，北京市西城经济科学大学外语系教师，主要研究方向为经贸英语。

1 Introductions

Over the past decades, people have been exposed to thousands of advertising campaigns which are aimed to promote products. Advertising designers have used innumerable strategies to make advertisements effective. In this process, advertising has become more and more closely related to people's daily life and economic development. Advertising texts have become the focus of linguistic studies.

Presupposition, with its outstanding characteristics, has been employed in advertisements for a long time. Presupposition can be divided into two categories: semantic presupposition and pragmatic presupposition.

2 Semantic Presupposition in Advertising Language

2.1 Definition of Semantic Presupposition

Semantic presupposition is defined as "a relation between something that is actually said (or could be said), and something else that has to be the case in order for the thing said to make any sense at all." Semantic presupposition is a true relation. If the presupposing sentence p is true then the presupposed sentence q is true; if p is false, then q is still true; if q is true, then p can be either true or false.

Example (1):

a.Jane borrowed a book from Peter.

b.Peter has a book.

From example (1), b is the supposition of a. If a is true, then b is true; if Jane didn't borrow a book from Peter, then a is false, but b is still true.

Example（2）：

a.I met a ghost yesterday.

b.Ghost exists.

In example（2），there is a truth-value gap in sentence b，which means that we are not sure whether b is true，then a can be either true or false.

2.2 Characteristics of Semantic Presupposition

2.2.1 Stability

Semantic presupposition has stability. The negation or query on a presupposing sentence will not negate or question its presupposition； on the contrary，it will further prove the presupposition is true. For example，

（3）Jane’s dog is cute.

（4）Jane’s dog is not cute.

（5）Is Jane’s dog cute?

（6）Which is Jane’s cute dog?

（7）Jane has a dog.

From the example，we can see that（7）is the presupposition of（3）. If we negate（3）we get（4）； if we question（3）we can get（5）and（6），but all of them further prove that（7）is true rather than negate it.

2.2.2 Changeability

Presupposition is closely related to the focus of the presupposing sentence. If we focus on different words of one sentence，even though the sentence is literally same，the presupposition will be different. For example，

（8）Jane’s vase is broken by Tom’s cat.

(9) Jane has a vase.

(10) Tom has a cat.

In sentence (8), if we focus on "vase", then the presupposition is (9); if we focus on cat, then the presupposition is (10).

2.2.3 Transmissibility

If sentence a presupposes sentence b; b presupposes sentence c; then a also presupposes c. For example,

(11) The one who invented computer is great.

(12) Someone invented computer.

(13) There is something called computer.

In this example, (11) presupposes (12); (12) presupposes (13); then (11) presupposes (13).

2.3 Classification of Semantic Presupposition According to Presupposition Triggers

Semantic presupposition is often triggered by the segments of the sentences or different words or expressions—presupposition triggers. Presupposition triggers include lexical elements, syntactic constructions, and even intonation patterns that may carry certain presupposed assumption.

2.3.1 Lexical Elements

Lexical elements of the presupposition triggers include definite description, factive verbs, iterative particles, change of state verbs, verbs of judging, and implicative verbs.

2.3.1.1 Definite Descriptions

Definite descriptions are words or phrases that indicate definite meaning, including proper names, definite articles (the), demonstrative pronouns (this, that, those, these), possessive pronouns (your, my, our, etc.) and possessives (one's). Because definite descriptions can make seemingly true information believed, presupposition triggered by definite description is called existential presupposition. For example:

(14) The right choice. (AT&T)

(15) Behind that healthy smile, there is a Crest kid. (Crest Toothpaste)

(16) Feast your eyes. (Pond's Cucumber Eye Treatment)

(17) Neighbor's envy, owner's pride. (Onida TV)

2.3.1.2 Factive Verbs

Factive verbs are verbs presupposing the truth of an embedded sentence that serves as complement, as realize in I didn't realize that he had left, which presupposes that it is true that he had left. Advertisers tend to use factive verbs to presuppose that the information after it is a truth so that the customers can be convinced. For example:

(18) You know when you've been Tango'd. (Tango soft drink)

(19) We know why you fly. (American Airlines)

2.3.1.3 Iterative Particles

Iterative particles are words indicating repetition, such as again, anymore, return, another time, back, etc. Iterative particles can make people recall their past experiences. Advertisers use iterative particles to make people believe that the products can help them regain their past happiness. For example,

(20) Put the fun back into driving. (Vauxhall Motors)

In this advertisement, customers may recall their good old days when they drove with fun and this advertisement made them believe that they could have the experience again with Vauxhall products.

2.3.1.4 Change of State Verbs

Change of state verbs are verbs indicating changes in action, such as stop, begin, start, finish, carry on, continue, etc. Advertisers use change of state verbs to make customers believe that their products can help to change unpleasant states and achieve pleasant states. For example,

(21) Keep going. (Energizer Batteries)

This advertisement makes customers believe that the battery can last a long time, so the customers may want to buy it.

2.3.1.5 Verbs of Judging

Verbs of judging are words forming judgment, such as charge, criticize, recommend, repudiate, etc. For example,

(22) You see, the American Dental Association recommends you replace your toothbrush every three months. (Ad for Toothbrush)

This advertisement tries to persuade customers to replace their toothbrushes regularly by citing the authority's recommendation so that the sales volume will improve.

2.3.1.6 Implicative Verbs

Implicative verbs are verbs implying something but do not say it directly, such as happen, forget, avoid, etc. For example,

(23) Forget about slipping by unnoticed. (Toyota Celica)

This advertisement impresses customers deeply because it presupposes that the Toyota car will attract people's attention wherever it passes by.

2.3.2 Syntactic Constructions

2.3.2.1 Comparisons and Contrasts

Comparisons and contrasts are often used by advertisers to compare their products with their competitors' so that the customers will buy theirs. For example,

(24) We lead, others copy. (RICOH Copy Machine)

This advertisement is actually a pun: On the one hand, it means people use their copy machines; on the other hand, it implies that its competitors copy its designs. In this way, customers tend to believe that this product is the best.

2.3.2.2 Temporal Clauses

Temporal clauses are introduced by before, while, since, after, during, whenever, etc. For example,

(25) Gather roses while you may. (Mary Kay)

This is a cosmetics advertisement. It uses temporal clause to persuade customers to buy their cosmetics by implying that when young people should maintain their beauty.

2.3.2.3 Cleft Sentences

A cleft sentence is a complex sentence that has a meaning that could be expressed by a simple sentence, in an attempt to emphasize the focus of the sentence. There are mainly two types of cleft sentences: It is X that ...; Who/

What/When/How/Why ... is ... For example,

(26) It's the Internet that logs onto you. (SBC Yahoo! DSL)

2.3.2.4 Questions

Questions are frequently used in advertisements to stimulate people to interpreting the presupposition of the questions. For example,

(27) Shouldn't your baby be a Gerber baby? (Gerber Product Company)

This advertisement uses a question to presuppose that the customer's baby should use Gerber product.

2.3.2.5 Non-restrictive Relative Clauses

Non-restrictive relative clauses can provide more information with less words and space, so advertisers like use them in advertising. For example,

(28) Your choice down at Wendy's, where quality is our recipe (da-da da). (Wendy's)

The non-restrictive relative clause adds extra information and credibility to the advertisement.

2.3.2.6 Counterfactual Conditionals

Counterfactual conditionals are usually introduced by if and unless. Counterfactual presupposition is triggered by counterfactual conditionals, and it means that what is presupposed is not true but the opposite of what is true. For example,

(29) If it doesn't get all over the place, it doesn't belong in your face.(Carl's Jr.)

This advertisement uses counterfactual conditional to indicate that the product gets all over the place, so the customers should buy it.

2.3.2.7 Implicit Cleft with Stressed Constituents

Implicit cleft with stressed constituents is not used in sentences but in other stress forms like bold type, underlined type, italics, and upper-cases. Particular presuppositions can be triggered by heavily stressed constituents.

3 Pragmatic Presupposition in Advertising Language

3.1 Definition of Pragmatic Presupposition

Pragmatic presupposition was first put forth by Robert Stalnaker. The American philosopher Robert Stalnaker defines pragmatic presupposition as: "A speaker pragmatically presupposes that B at a given moment in a conversion just in case he is disposed to act, in his linguistic behavior, as if he takes the truth of B for granted, and as if he assumes that his audience recognizes that he is doing so."

3.2 Characteristics of Pragmatic Presupposition

3.2.1 Mutual Knowledge or Common Ground

Mutual knowledge means that the presupposition is known by both the speaker and the hearer. For example,

(30) A: How about go shopping with Jane?

The presupposition includes: ① Both A and B know Jane; ② Jane has a car. And both A and B know the presupposition, so the presupposition is mutual knowledge of A and B.

3.2.2 Felicity

Discourses are closely related to contexts, so is presupposition. Only when the contexts are appropriate can the presupposition be understood. For example, A says to B: "Clean the room." This sentence presupposes the following information: ① Both A and B know which room to clean; ② The room needs to be cleaned; ③ B is able to clean the room. Only in this context, can the massage get across.

3.2.3 Subjectiveness

Presupposition has the characteristic of subjectiveness, which means that when the speaker is saying something to the hearer, he thinks what he is saying is true, even though it is not. Leech once said: "When the speaker says X he takes for granted that Y is absolutely true." [1] For example, if John says "I don't believe Tom", he believes the presupposition that Tom is not worth trusting is true, though the presupposition is false.

3.2.4 Covertness

Presupposition is implicit and unsaid, so the hearer needs background knowledge to infer the implied information. For example, when a man asks a woman he meets at a party "Where shall we meet tomorrow evening", he does not say he wants to see the woman directly, but the woman can infer it according to what the man says.

3.3 Function of Pragmatic Presupposition in Advertising Language

3.3.1 Conciseness Function

The advertisement must be concise so as to save advertising expenditure.

Pragmatic presupposition can help achieve this goal. In addition, to be concise also means effectiveness. For example,

(31) Enjoy! (Coca-Cola)

This advertisement is most brief and concise, but it implies that the advertiser is confident that the drink is very great so that you can enjoy it.

(32) Fly me! (National Airlines)

The creativeness of this advertisement lies in its briefness, which gives the advertisement recipients a feeling that the company is so confident about its service that it dares to command the customer to buy its service. Conciseness not only saves cost but also shows confidence.

3.3.2 Humorousness Function

When an advertisement implies something that is contrary to people's traditional thoughts it will achieve humorous effect. For example,

(33) Feel free to lie about your age. (Olay)

This advertisement humorously challenges the traditional belief that lying is not good and it even encourages customers to lie about their ages with the precondition that the customers use their cosmetics.

(34) The car in front is a Toyota. (Toyota)

This advertisement uses a pun which achieves an effect of humorousness. On the one hand, it describes that in the video the car runs in front is a Toyota. On the other hand, it implies that Toyota is a quality and leading brand among cars. In this way, the advertisement gives people a sense of smartness and humorousness.

3.3.3 Closeness Function

Some advertisements use caring words and sentences to establish an intimate relationship between the customers and the advertisers so that customers will find the product favorable. For example,

(35) Home is where you can always bathe in comfort and warmth. (A Bathtub Brand)

This advertisement not only promotes its product but also let people feel warm, so the customer may buy the bathtub because they may think that this product is more caring and favorable.

(36) Because life is complicated enough. (Abbey National)

This advertisement is novel because it expresses an idea shared by almost every adult, which establishes a close relationship between the advertiser and the customer. Every adult knows the complicatedness of life, and this advertisement gives people a sense of understanding and hope that this product can make life easier.

4 Conclusion

Based on previous studies, this thesis illustrates the semantic and pragmatic presupposition in advertising language with concrete examples, so as to help readers better understands previous theories.

Though there are many studies on presupposition in advertising, the system has not been well formed. This thesis tries to organize a relatively complete framework of study on presupposition in advertising language. On the other hand, the previous studies focused mainly on academic theories rather than pragmatic application. In order to provide with a simple way to understand these theories and further use them in advertising, this thesis uses many examples to make the theories less abstract. It is hoped that this thesis will provide both advertising designers and advertisement recipients with instructive information about application and interpretation of presupposition in advertising language.

References

[1] LEECH G. Semantics. [M]. Shanghai: Shanghai Foreign Language Education Press, 1998.

名胜古迹汉译英翻译浅谈

颜 昆 武 悦*

摘 要：随着“一带一路”峰会的召开，西安这个作为古丝绸之路起点的城市在国际上受到了广泛的关注，越来越多的外国游客来到西安，感受西安的历史文化氛围。对于外国游客来说，旅游景点的英文介绍是其了解西安的重要桥梁，然而调研小组在实地考察过程中发现西安部分景点的翻译存在不规范、不正确的现象，这使得西安名胜古迹的文化内涵无法得到良好的传播，也对西安的城市形象带来了负面的影响。本文对这些错误进行了归纳、分类和改正，希望对我们今后旅游文本的翻译工作起到一定的借鉴作用。

关键词：旅游景点；汉译英；错误分析

1 研究背景

西安，古称长安、京兆，是中国四大古都之一，拥有十三朝古都的悠久历史。联合国教科文组织 1981 年将西安确定为 “世界历史名城”。西安吸引着大批的中外游客前来观光旅游，感受其浓厚的文化底蕴和现代气息。但由于旅游景点的英语翻译缺乏统一的翻译标准和参差不齐的翻译水平，西安旅游景点的英文翻译中存在着一些错误和不规范的现象。本文就

* 颜昆，北京工商大学外国语学院讲师。武悦，北京工商大学商务英语专业学生。

西安旅游景点的英译现状做了大量调研和分析，得出西安旅游景点的问题有以下几点：拼写和语法错误；用词不当；中国式英语；翻译内容不全面等。

2 研究方法

在进行公式语翻译的纠正时，项目组以德国的功能翻译理论为基础，对古都西安文化景区的中英翻译展开研究。

德国功能翻译学派有很多代表人物及其理论，其中笔者侧重于文本类型理论，即该理论将文本功能列为翻译批评的一个标准，从原文和译文的功能上阐释评价译文。[1] 此理论追求语篇层面的对等，不将单词或句子作为翻译单位，以达成在思想内容、语言形式和交际效力上都实现对等的目的。但是，有些情况下无法通过翻译做到对等，比如把文学作品翻译成教科书等，而这些情况不适用于我们组所研究的问题，因此不作过多阐释。功能翻译学家指出对翻译的评估应先从文本类型的确定开始。他们将其分为三类：信息型文本、表达型文本和操作型文本。西安的旅游景区多为信息型文本，特点是文字简朴，语言逻辑性强，内容是焦点。

文本类型学在翻译中起到较大影响，然而其自身也有一定局限。鉴于影响翻译策略的因素来自多方面，如译者意图、文化制约等，该理论仍存有一定缺点。

3 西安旅游名胜的英译汉翻译问题

3.1 拼写和语法错误

拼写和语法错误是英译中最基础的错误，也是最能反映翻译水平，给西安带来负面影响的问题。西安作为一个国际化的旅游城市，在英译中出现最基础的拼写和语法错误不仅不能很好地向外国游客传递信息，还会使外国游客对西安的翻译水平产生怀疑，大大拉低西安的城市形象。

根据调研小组收集的信息显示，景区正式提供的翻译文本中几乎不会存在拼写和语法错误。拼写和语法错误主要出现在旅游景区周边由私人经营的店铺所提供的英译文本中。例如，在参观秦始皇兵马俑博物馆时，在旅客的必经之地有一条十分繁华的商业街。店主们为了招揽外国旅客，往往会在招牌上给出英文的公示语。由于翻译能力有限，在这些公示语中经常会出现单词的拼写错误和语法错误。例如，restaurant（餐馆）写为 rsetaurant，“批发”应为 wholesale 但被写成了 wholsale，agency（机构）写为 anency 等。

这些错误可能会让外国游客对店铺的经营业务产生误解，不利于景区商业活动的进行。此外，这些错误虽然没有出现在正式的景区的英文翻译中，但是由于与景区相邻，几乎会被所有来此参观的外国游客看到，这同样会影响西安的城市形象。我们建议有关部门审查景区周边地区的英文翻译，及时纠正此类基础错误。

3.2 用词不当

调查组发现在西安的名胜翻译中同时存在许多用词不当现象。英国批评家斯威夫特（J. Swift）在谈及词语与文体的关系时指出：“在恰当的地方使用恰当的词，这就是风格的真实定义。”（Proper word in proper places makes the true definition of a style）吕叔湘先生也说过：“句是积词而成，不认识单词的意义，句的意义必然模糊不清。” 旅游翻译是一种实用性较强的文体，其着重在向外国游客提供旅游目的地的信息，了解当地文化，激励游客采取前往目的地旅游的行动。西安作为丝绸之路的起点，拥有十三朝文化的古都也是中国最具代表性的旅游胜地之一，因而在翻译过程中应该考虑到旅游翻译的准确性，这也说明了旅游相关部门应在汉语旅游文本英译的过程中借鉴英语旅游文本的用词特点。[2] 可是，西安有些旅游文本翻译严重用词不当。

调查显示，其一为关于大雁塔的翻译：仅大雁塔北广场的英文就有6个，使用较多的是North Square of the Giant Wild Goose Pagoda和Da Yanta North Square。大雁塔被译为“大野鹅塔（the Dig Wild Goose Pogoda）”。由于在英语里不分鹅与雁，goose的本意是野鹅，但通常引申为“像鹅一样臃肿的，摇摇晃晃的傻瓜、笨蛋”。不仅路牌上这样翻译大雁塔，大雁塔的官方网站上曾经也这样翻译。黄帝陵中的“黄帝”被译为黄颜色的皇帝（Yellow Emperor）也曾引来不少争议。但现在，这些公共场所公示语一名多译、不够规范的情况在不断改善，比如大雁塔官方翻译为“Dayan Pagoda”，北广场则为“North Square of Dayan Pagoda”。其二，笔者观察到大唐不夜城误译为“Great Tang All Day Mall”，译为“只在白天营业的商场”，恰好与原意相反：“all day”英文意指白天，和“不夜”没有关系。笔者认为较为妥当的译法是“Ever-bright City of Great Tang Dynasty”。其三，回民街译为“HUI Minority Street”有失妥当，词典中明确给出回民、穆斯林是Moslem，因此将其译为“Moslem Street”更为地道。其四，闻名于世的秦始皇陵被译为“The Tomb of Emperor Qinshihuang”。研究发现，Tomb和Mausoleum是存在区别的，Tomb更多的指墓碑、坟墓；而王室陵墓用Mausoleum更恰当。举世闻名的“秦始皇兵马俑博物馆”，其翻译版本至少有15种，仅官方旅游网站就有6种译名，博物馆自身也有3种译名。虽然这些英文译名都没有错，但是没有对外统一的英文名称显得比较混乱，不利于文化传播，不利于达成文化共识。

旅游景点是公众场所，是外国游客了解景区城市文化形象的重要途径，像这种公示语翻译的不规范、不统一及用词不当，只能给游客带来不满和误解。因而要想充分发挥公示语的信息传递功能和文化交流，提高国家旅游文化地位和综合软实力，英译汉公示语传递的信息应当是准确的、一致的。

3.3 中国式英译

在英语翻译中，由于中外语言文化差异和习惯差异导致大量具有汉语特色的“中式英语”出现，即使是出自官方译文也难免会有差错，而这些细微的地方可能使人产生认知错误，树立起文化思想的传播隔阂。

中式英语主要表现在以下几个方面：搭配不当、词汇误用和语法错误。这些问题源于母语的干扰、思维方式的不同和文化习俗的差异。中英之间语言差异最为严重的便是共性与个性、主客体偏重不同，使得很多时候在翻译中会不经意把中式语言习惯带入。

我们在探访西安时便遇到此类情形。前往钟鼓楼的地下通道里，有公示语写着“公安民警提醒：保管好财物，注意防扒”，其译文为“The policeman remind：take care of your property and beware of thieves”。很明显这是对汉语逐字逐句翻译的，有多处不符合欧美用语习惯的地方。因为英语中警示语的表达鲜少会用“take care of”，更多的是语气更加强烈的“caution”，前者虽从汉语上也是“提醒”的意思，但语义中包含“照顾，照料”的成分，显得较为温和；并且“扒手”一词也不能只用“小偷”代替，在英语里“pickpocket”更为合适，所以此句应当改为“beware of pickpockets”。

因此，景区公示语不单单是将汉语简单直译成英语，更多的要结合欧美语言习惯，忠实地表达原文意思，才能将古都西安的风貌展示给外国友人。

3.4 翻译内容不全面

根据调查小组对来到景区参观的外国游客的随机采访显示，外国游客反映一些景区的展品还没有提供英文的介绍。例如，在钟鼓楼顶层展出的齐白石的十几幅画作，主办方仅仅提供了作品的中文文字解释，这使得外国游客不能很好地欣赏画作。此外，一些体现中国古代传统乐器的表演也没有提供英文的文字介绍或者语音讲解，外国游客在观看表演的时候仅仅是看个“热闹”。翻译内容的不全面使得外国游客不能及时、全面地了解西安文化，这对我国的文化传播也十分不利。

根据以上问题，我们建议景区的相关部门做好完善英文提示工作，尽可能地向外国游客提供英文的翻译文本，增强游客的游览体验，同时更好地向外国游客全方位、多层次地展现西安文化的独特魅力。

4 结语

总之，旅游景区的翻译是一项重要的工作，文本的翻译应该做到 “传神达意”，同时语言表达方式也应恰当、自然，符合英语表达规范，从而更好地对外宣传旅游景点，弘扬传统文化，促进中外交流。这也是促进西安旅游业的发展，树立良好的国际大都市的形象，提高中国软实力的重要一环。

参考文献

[1] 朱紫莹，刘艳芳 . 德国功能派翻译理论的应用研究 [J]. 海外美语，2015（2）.

[2] 高存、张允 . 旅游文本的美译——问卷调查与策略探讨 [J]. 上海翻译，2005（8）

浅谈法律英语词汇特征
——以 LEC 法律英语证书考查内容为例*

杨怀恩　张　森**

摘　要：法律英语（Legal English）作为 ESP 专门用途英语的重要组成部分，不仅涉及“法学”和“英语”两种学科，更涉及两个甚至多个国家的司法体系、法律制度和法律文化。作为法律英语学习者，除了要具备扎实的英语能力外，还要具有一定的法律知识储备，这样才能在法律英语学习过程中得心应手地处理各种疑难问题。笔者从法律英语特征出发，以 LEC 法律英语证书考察内容为例，对法律英语学习特别是法律翻译学习的技巧及注意事项提出几点建议。

关键词：法律英语；法律英语翻译；LEC 法律英语证书

1　引言

Tepper 认为学习法律就像学习一种新的语言，学习法律英语更是如此，法律英语的表达方式与日常英语大相径庭，法律语言要直接体现司法的权威性，因此法律英语具有严谨性和准确性的特征。法律英语反映的是一个

* 本文为 2017 年北京工商大学学科建设与研究生教育专项“特殊用途英语课程体系改革的研究与实践——研究生法律课程建设”的研究成果。

** 杨怀恩，北京工商大学外国语学院教授。张森，北京工商大学外国语学院 2016 级法商英语专业研究生。

国家的法律制度和法律文化，甚至社会习俗，因此全面了解两种国家的法律制度和体系也是十分必要的。法律翻译与商务翻译、文学翻译等其他领域的翻译不同，由于法律英语有其独特的词汇特征，使得用词和语句结构都十分值得考究，了解法律英语的文体特征，通过词汇特征找寻适合的翻译方式，往往能达到事半功倍的效果。

2 法律英语的词汇特征

2.1 古体词

大量地使用古体词是法律英语权威性、正式性的特征。“古英语”（Old English）是指公元 449 年至 1066 年期间所使用的英语，也称为“盎格鲁－撒克逊英语”（Anglo-Saxon English），是由盎格鲁－撒克逊人和朱特人（Jutes）等日耳曼部落从欧洲大陆带到不列颠的若干日耳曼方言合成的。

法律英语文本的古体词多是指由“where”“there”和“here”加其他诸如“in”“of”“to”等介词组成的合成词，其结构形式为“here/there/where+ 介词”，因此在进行法律文本的翻译特别是在进行合同翻译时，要时刻谨记使用古体词代替日常英语的副词形式，这样才能保证译文的法律特征不走样。常见形式如“hereinafter”“hereinabove”“hereunder”“herein”“hereby”“wherein”和“whereof”等。

古体词在法律文本中的具体体现如表 1 所示。

表 1

词　组	含　义
except as herein provided	除本合同所规定的以外
in respect thereof	关于上文已提及的事项
in testimony whereof	以此为证
in witness whereof	特立此证
the parties hereto have hereunto set their hands and seals	双方当事人已在合同上签字盖章

以真题为例：

A. 第四百二十四条居间合同是居间人向委托人报告订立合同的机会或者提供订立合同的媒介服务，委托人支付报酬的合同。（节选自 2008 年 5 月 LEC 法律英语证书考试卷二汉译英翻译部分）

参考译文：Article 424 An intermediary contract refers to a contract whereby the intermediary reports to a principal an opportunity for concluding a contract or provides intermediary services for concluding a contract，and the principal pays remuneration therefor.

B. 中华人民共和国全国人民代表大会是最高国家权力机关。它的常设机关是全国人民代表大会常务委员会。全国人民代表大会和全国人民代表大会常务委员会行使国家立法权。（节选自 2008 年 12 月 LEC 法律英语证书考试卷二汉译英翻译部分）

参考译文：The National People' s Congress of the People' s Republic of China shall be the highest organ of state power. The permanent body thereof is the Standing Committee of the National People' s Congress. The National People' s Congress and the Standing Committee thereof shall exercise the legislative power of the state.

2.2 外来语词汇

法律英语中有很多外来语，特别是法语和拉丁语，这与英国历史和法律英语形成过程密不可分。1066 年“诺曼征服”后，英语开始受到法语的影响，法语成为英国上流社会使用的语言，成为宫廷、政府和贵族的通用语，法语对法律、文学、政府等领域的影响最为深远，诺曼法国人统治英国后，英语逐渐吸收法语词汇，在法律英语领域，一些法语词汇经过流传和演变一直沿用至今。以“de facto marriage”为例，“de facto”是法语词汇，表示的意思是“事实上的”，因此“de facto marriage”表示“事实婚姻”。普通法是由中世纪罗马法演进而来的，中世纪罗马法是用拉丁语撰写的，法律英语使用的基础是普通法，因此法律英语包含很多拉丁语词汇，比如“inter alia”，通过查阅《元照英美法词典》可知，“inter alia”的含义是“除了别的东西；除了其他事项；特别（是）”，其中，其英文含义是“among other things”。比如，合同法中的相关条例“除了其他事项，合同规定当事人将任何争议提交做出有约束力的仲裁”，英文为：The contract provides，inter alia，that the parties will submit any dispute to binding arbitration.

2.3 普通词汇的法律含义

在法律文本中，词汇的普通含义与其所表示的法律含义往往不同，如表 2 所示。

表 2

词汇	普通含义	法律含义
action	行为	诉讼
avoid	避免	取消
execute	执行	签署
prejudice	偏见	损害
serve	服务	送达

由表 2 可知，动词“action”的普通含义为“行为”，法律含义为“诉讼”，因此短语“cause of action”在法律文本中所表达的意思是“案由”而不是“行动的原因”。

以“action”为例，通过检索万律法律词汇数据库（http：//edu.westlawchina.com/），关于“action”的法律词汇分为三类，如表 3 所示。

由表3可知，动词“action”在法律文本中的含义可以分为三类：通用、金融和民事诉讼，其中“诉讼”含义出现的次数最多。这仅是“action”一词的情况，其他词汇笔者在此就不一一列举，希望法律英语学习者在日常阅读和翻译中多积累相关词汇，着重记忆词汇的法律意义。

表3

词 条	含 义	类 别
action in tort	侵权诉讼	民事诉讼
adverse action	不利行为	通用
ultra vires action	越权行为	通用
cause of action	案由	民事诉讼
re-file the action	重新提起诉讼	民事诉讼
representative action	代表诉讼	合同
supplementary civil action	附带民事诉讼	民事诉讼
incidental civil action	附带民事诉讼	民事诉讼
collateral action	附属诉讼	民事诉讼
joint action	共同诉讼	民事诉讼
class action	集团诉讼	民事诉讼
corrective action	纠正措施	通用
specific administrative action	具体行政行为	通用
enforcement action	强制措施	金融财会
enforcement action	强制行动	银行
file an action	起诉民事诉讼	民事诉讼
time limit for action	诉讼时效	民事诉讼
cause of action	诉讼原因	民事诉讼
conclude an action	诉讼终结	民事诉讼
cause of action	诉因	民事诉讼
respond to an action and submit one’s answer	应诉答辩	民事诉讼
written notice to respond to an action	应诉通知书	民事诉讼
preventive action	预防措施	通用
repeatedly filed action	重复起诉	民事诉讼

2.4 法律术语

法律术语（legalese）指法官、检察官、律师和仲裁员等法律从业人员在司法活动中所使用的专门语言，法律术语属于行业语言，同时也是一种社会习惯用语，其作用是用来表达某种特定的法律概念。从法理上讲，法律术语是法的构成要素之一。法律术语是指“具有专门法学含义的语词”。法律术语有其特定的使用范围即只能在特定条件下或者特定语境中使用才能表达其应有之意。使用法律术语是法律英语的主要特征之一，所谓的“法言法语”就是指法律从业者要使用法律行业用语，通常可以理解为“行话”，法律语言的使用有其固定的特点和模式，比如正式性、严谨性和权威性，这是由法律的性质决定的。

常见的法律术语有：原告（plaintiff）、被告（defendant）、当事人（party）、刑事诉讼（criminal procedure）、刑事责任（criminal liability）、仲裁（arbitration）、仲裁协议（arbitration agreement）、司法救济（judicial remedy）和有限责任（limited liability）等。中国属于大陆法系，美国属于英美法系，相同的法律术语在中美两国法律法规中难免会有不同的含义。法律术语的翻译直接体现司法的公正性和权威性，准确性是法律翻译的灵魂，在法律文本的翻译中，要注意法律术语的正确翻译形式，了解法律术语在中外两国法律制度中的含义，切勿望文生义。

以“法定代表人”和“物证”的英译为例。对于“法定代表人”，多数人的想法是“法定”+“代表人”的结构，于是我们有了法定代表人的英译形式“legal representative”，从词汇意义的层面上看，“legal representative”完全符合“法定代表人”的表达方式，但从概念意义（conceptual meaning）的层面看，其含义与中国法律法规中的“法定代理人”的概念不对等，根据《元照英美法词典》的解释，“legal representative”有三个含义：①遗嘱执行人；遗产管理人；②继受人，如继承人、受让人、受托人等；

③（在人寿保单中指被保险人的）遗嘱执行人或遗产管理人。而我国法律法规中的“法定代表人”是指“依法代表法人行使民事权利，履行民事义务的主要负责人”，因此“chief executive officer”才是最符合中国法律法规的概念。

物证的正确英译为“real/physical evidence”，而不是“material evidence”，出现误译的主要原因还是读者习以为常的“望文生义”，在进行翻译时，我们应该了解其真正的概念意义（conceptual meaning）而不是字面意义。根据《元照英美法词典》的解释，“material evidence”译为“实质性证据”，是指因其与重要事实或争议问题的逻辑联系而可能影响案件审理者对事实的认定的证据。而在我国相关法律法规中的“物证”是指以外部特征、物质属性、所处位置以及状态证明案件情况的实物或痕迹。因此，“real/physical evidence”更符合我国法律法规中“物证”的概念。

以考试真题为例，“In general，evidence is divided into two categories：circumstantial and physical...Physical evidence consists of actual objects，bodies，weapons...”（节选自 2012 年 11 月 LEC 法律英语证书考试卷二英译汉翻译部分），这段英译汉的主题为“The Nature of Evidence”，由上述可知，此处的“physical evidence”应译为“物证”。

2.5 情态动词

日常英语中常见的情态动词有 may、must、shall、should、would、could、might、have to、ought to 等，但在法律英语中，最常用的、出现频率最高的情态动词是 shall。shall 是构成法律英语文本的重要组成部分，在跟第三人称使用时，表示“命令”“责任”和“义务”等含义，这是学界所公认的。通过查阅《布莱克法律词典》（第九版）可知，“shall”在法律英语最主要的意思是“has a duty to”和“is required to”。因此，对于初级法律英语学习者来说，若在翻译法律文本或是撰写英文法律文书的过程中，需要使用命令性、指令性等含义的情态动词时，要使用 shall 代替 must、should、have to，这样才会让译文或者文书更符合法律文本的要求。以考试真题为例：

A. “第五条公司以其全部法人财产，依法自主经营，自负盈亏。”（节选自 2012 年 5 月 LEC 法律英语证书考试卷二汉译英翻译部分）

参考译文：Article 5　A company，with all of its assets owned by it as a legal person，shall operate autonomously and be responsible for its own profit and loss in accordance with the law.

B. “第五条　县级以上人民政府通过政府发展经济和调整产业结构、规范人力资源市场、完善就业服务、加强职业教育和培训、提供就业援助等措施，创造就业条件，扩大就业。”（节选自 2012 年 11 月 LEC 法律英语证书考试卷二汉译英翻译部分）

参考译文：Article 5　People’s governments at or above the county level shall create conditions for employment and increase employment by taking such measures as developing the economy...

3　结论

法律语言自身的独特性决定了法律翻译方式的与众不同，使用日常通用的翻译方法来翻译法律文本，而不考究适合法律英语语言习惯的遣词造句，即使符合“信、达、雅”的标准，也势必会影响译文质量。掌握法律英语词汇特征，以词汇特征为基础，寻找符合法律语言方式的翻译方法，可以帮助法律英语学习者克服法律翻译不地道、用词不准确的问题。在翻译法律文本时，注意使用古体词代替普通副词、理解普通词汇的法律含义、使用正确的法律术语形式以及选用恰当的情态动词，可以保持译文“不走样”，保证法律文本的正式性和严谨性，在日常学习中多积累“法言法语”的使用形式，才能不断提高译文质量和法律翻译水平。

浅谈莎士比亚作品在媒介引用中的翻译*

杨怀恩　张雪丹**

摘　要：当莎士比亚的翻译被引入电影和电视作品时，它与电影和电视艺术形成了互文性的对话。从文本翻译出来的电影，不仅仅是为了让读者了解诗句，而是成为作品中不可或缺的部分，肩负了表现主题、推动情节的重大作用。

关键词：莎士比亚；十四行诗；翻译；比较；影视作品

1　莎士比亚诗歌的巅峰

在精神层面上，翻译与哲学具有同等的核心。因此，当电影中引入了伟大而古老的中文译本，将会引发深刻的哲学思考。

一些电影、电视剧，尤其是一些好莱坞商业电影，不同于文艺片，引用莎士比亚的作品可以提高其深度，赋予其哲学内涵。莎翁的诗达到了深度和艺术性的高峰，具有极大的精神内涵，不仅展现了人物的心理活动，也使人物的形象更加丰满和生动。例如，在电影《爱情》中，莎士比亚的第二个十四行诗让父亲乔这个形象变得丰满。失去了妻子的乔，说他在女儿面前不能太伤心，他的形象必须很大，感觉必须被束缚，否则他不能安抚他悲伤的女儿。然而，这节十四行诗带来了他所积累的情绪，倒出

* 本文为北京工商大学教务处大创项目“跨文化视角下翻译探究”（编号：201710011059）的研究成果。

* 杨怀恩，北京工商大学外国语学院教授。张雪丹，北京工商大学外国语学院 2015 级学生。

了他在心里压抑的悲伤。观众不仅可以看到一位父亲，更能看到父亲的微妙情绪。此外，对隐喻的翻译也是其他语言无法匹敌的。正是因为语言的不直白，翻译才能让电影给观众留下巨大的想象空间。在《狮子的传说》结尾，引进第二十九个翻译只是将虚构的空间带入了文森特和凯瑟琳之间的爱情。

电影和电视艺术通过视听语言来展示故事，而经典如莎士比亚的十四行诗一向被认为拥有超越文本以外的隐藏意义。当将文字翻译成电影文本时，也许一直被削弱甚至被忽视的隐藏意义，将会在电影中被展现甚至放大出来，原意反而被消除了。当讨论借助光和颜色翻译情感时，本文提到的大部分电影都用了朦胧的点亮，色调更深，这是电影和电视技术对翻译的贡献。光和色对诗意表现的巨大作用。同时，诗与哲学是相互联系的，后者可以表明对翻译中的信仰和存在等形而上问题的探索和敬畏。我们也可以想象，在未来，也许，翻译本身的一些看不见的特征将会通过影视更全面地揭示出来。

2 莎士比亚在图像世界不完整

2.1 消化的整体美

后现代社会非集中化的特征导致信息分散，翻译亦然：十四行诗被任意分解，大量地引入电影、电视剧。然而，分裂和截取诗句所造成的问题就是翻译的整体美被肢解和破坏。

首先，翻译的整体美感体现在节奏上。 影视作品没有空间引入整个翻译，截取的后果是破坏了诗歌本身的美感。莎士比亚的十四行诗，其最大的特点是“五步抑扬格”和节奏、韵律，曲折跌宕。然而，在被截取的一两句话中，观众不能感觉到“五步抑扬格”带给人美的震撼。创作者的意图不是显示翻译，而是添加到行。

其次，截取也使翻译内容缺乏完整性和连贯性。诗歌更像是诗人特定情况下情感的流露，并不是刻意的宣泄。因此，当有一个特定的情节，电影的主题将被僵化地套在翻译中，这将会限制十四行诗的诗意空间，诗意内容的延伸。即使这部电影被高度评价，它不能也无法逃避破坏翻译完整性和连续性的责任。只要看一下这首诗开头翻译的“天生的尤物”，也许观众会认为这是一首赞美女性温柔可爱的歌曲，但前 18 首诗远远超过这一点。在这个简单的截取中，观众不能看出“易逝时代”“容颜难以永存”“繁衍孳生”“不朽”等的主题

因此，在转向电影、电视的过程中，既缺乏韵律和节奏，又缺乏内容，失去了美感。

2.2 消失的孤独之美

翻译本身是一个个人和灵魂的讲话，电影与电视艺术的商业性质注定了其大众娱乐功能。因此，当翻译被引入电影中时，孤独的固有美就丧失了。

电影为人们提供了一个狂欢节的地方，让人体验到所有的不可能，并满足所有的禁忌和幻想。当寂寞的诗人和译者进入这个狂欢节世界时，更是一种无能为力的感觉。“诗歌比其他类型的文学更加谨慎、纯洁，更精致。”在谈论电影时，人们可以自由地评论，脱离卷轴，但是谈论翻译，大多数人会变得谨慎。当诗加入了电影和电视艺术集体嘉年华时，它将失去原来的私人、纯粹的部分。例如，电影《我讨厌你的十件事》是莎士比亚《驯悍记》的校园青春版，在电影中，黑人教师用说唱来展示莎士比亚的十四行诗。现代流行元素说唱和十四行诗的混合震撼了学生，让观众感到新鲜有趣。然而，在电影中诗原本想展现黑人恋人内心隐藏着的斗争和纠结的情绪完全未被展现。

3 莎士比亚电影，电视剧在后现代消费文化中的转型与启示

3.1 莎士比亚诗歌的全面性

在传播电影电视媒体的过程中，莎士比亚诗歌的去分化集中体现在创作方面，即莎士比亚诗歌创作过程中的综合表现。

首先，在视觉文本翻译中不仅把作家当作莎士比亚一人，而是把作家、导演和演员、音乐家、摄影师、编剧等集体的智慧汇集在一起。在屏幕上最后展现出来的莎士比亚诗歌包含了许多人的声音。文本的著作者不唯一，甚至不属于原作者，而是属于众多影视编剧，甚至有些是观众影响下形成的产物。由于受教育程度和不同的背景、身份差异，新文本在形成的过程中经历了不同文化的洗涤和打磨。在这个过程中，翻译文本的原始的意义被层层剥下，表达的内容从单一到多元。影视作品中引用的莎士比亚的诗被赋予了更加深层次和多样化的意义，它可以成为导演解读主人公内心情感的诗歌，可以成为导演对现实社会现象的隐晦反映，也可以成为影星对自身塑造的人物身份和心理的解读。莎士比亚的诗歌成为各种各样的意义文本，变得更加多样化。

其次，莎士比亚的艺术超越了时代，在数千年以后的现在仍展现着巨大的艺术魅力，并且借助高科技手段，作品中的画面被更加生动地展现出来，这很有助于我们了解诗人创作时的内心情感。而在传统的书籍阅读中，读者只能通过字里行间感受诗中的意境，并想象其中的画面和情感，缺乏了身临其境的感受。在电影电视技术方面，读者角色转换成为观众，他们可以感受到对画面空间的翻译，在诗歌意境发展中，在过往书籍中无法提供的视听体验被现代技术建立起来，所以电影和电视开始引用经典文本及其翻译，不再是讲故事的艺术，而是空间流动的综合立体艺术，并由视听元素重建。

3.2 莎士比亚诗歌的普及

在电影和电视翻译过程中，莎士比亚诗歌的去分化也体现在消除文化层面的距离上。后现代社会中的无深度文化和反智现象强调消除艺术与平常生活的距离，致力于推进高雅文化与大众文化之间边界的模糊。这种形象在消费社会中起着十分关键的作用，并将人类推向了一个新的世界。大众媒体为人们提供了许多便利，很大程度上有助于打破虚拟和现实之间的界限。

在消费社会，艺术已融入人类生活的各个方面。影视公司和现代媒介的手段在科技发展中越来越强大，艺术无孔不入地进入了我们的生活，影响着每一个人，使得人们无论何时何地都能感受到艺术的熏陶，当影视作品中大量引用莎士比亚之流的经典时，阳春白雪与下里巴人之间的界限正在逐渐模糊。

英汉同声传译中脱离原语形式的实证研究

王致虹 *

摘　要：Seleskovitch 和 Lederer 所创立的释意理论一直以来在口译理论界占据重要地位，而该理论的一个重要概念就是脱离原语形式（deverbalization）。无论在理论层面还是实践层面，脱离原语形式都具有重要意义，值得进行深入研究。长久以来，学界鲜有对脱离原语形式的实证研究。而在英汉口译理论方面，脱离原语形式的实证研究更几乎是空白。基于此，本文所述研究以实验法验证英汉口译员是否会在同声传译时脱离原语形式，以及口译员的相关背景知识对脱离原语形式的影响。实验结果表明，英汉口译员会在同声传译时脱离语言形式；如果口译员具备充足的相关背景知识，才会脱离原语形式，反之则不会。

关键词：同声传译；脱离原语形式；实证研究

释意理论由 Seleskovitch 和 Lederer 所创立。自从释意理论诞生以来，它一直在口译理论界占据重要地位，而该理论的一个重要概念即为脱离原语形式（deverbalization）。释意理论认为，口译员在将原语语句输入大脑后，会剥离其语言形式，而保留其意思。原语语句的意思在大脑意识中存留的状态，被 Seleskovitch 和 Lederer 定义为脱离原语形式 [1]。Gile 认为，待原

* 王致虹，北京工商大学外国语学院教师，主要研究方向为口译理论。

语语句的形式被剥离后，口译员的大脑中并无任何语言形式，仅存有原语语句的意思。随后，口译员会回忆存留于大脑中的原语语句的意思，并将其以目的语表达出来，从而形成译文[2]。

无论在理论层面还是实践层面，脱离原语形式都具有重要意义，值得进行深入研究。然而，长久以来，学界对脱离原语形式的研究基本上都集中于理论层面，鲜有实证研究。基于此，本研究以实验法验证英汉口译员是否会在同声传译时脱离原语形式，以及在怎样的条件下才能脱离原语形式。

影响脱离原语形式程度的因素有很多，本文仅以口译员的相关背景知识水平作为变量，探究其对脱离原语形式程度的影响。需要说明的是，这里所说的相关背景知识指的是与原语相关的专业知识和其他知识。

本研究以实验法验证在英汉同声传译中是否存在脱离原语形式，以及口译员的相关背景知识水平与脱离原语形式之间的关系。实验假设是，在具备充足的相关背景知识的情况下，口译员会在英汉同声传译过程中脱离原语形式。反之，如口译员不具备充足的相关背景知识，则不能脱离原语形式。实验变量是，口译员的相关背景知识是否充足。

共有 45 位接受过系统的、专业的口译培训的英汉口译员参加了实验。在这 45 人中，有 43 位硕士毕业于英国巴斯大学口笔译专业，1 位硕士毕业于英国纽卡斯尔大学口笔译专业，1 位硕士毕业于中国中山大学口笔译专业。

实验对象头戴耳机坐在电脑旁，然后上机在规定的时间内完成 6 道在线测试题。如实验对象无法来到现场完成在线测试，则可自行选择较为安静的环境、自行寻找合适的设备，在规定的时间内完成在线测试题。实验开始前，实验对象并没有被告知实验的目的，而仅了解了实验的形式，并得知实验测试题与知识产权和物权法有关。

实验开始后，实验对象需认真听 6 段录音，录音形式为朗读，朗读语速较慢（每分钟约 165 词），每段录音长约 20 秒，且意思完整。实验对象每听完一段录音，需在 15 至 20 秒（选项较长的题目为 20 秒，选项较短的题目为 15 秒，计时以录音中的“滴”提示音为准）内完成一道选择题，在选项 A 和 B 之间选择与所听录音意思最接近的选项。然后继续听下一段录音，完成下一道选择题。选择题录音总长度为 3 分 55 秒。实验对象只有在听完相应的录音后才可以看选择题，不可提前看题。

选项 A 和 B 由笔者设计，为两段英语文字，其中一个选项为所听录音内容的同意改写，意思与所听录音内容一致，但考点处使用的单词或句式结构与录音不同；另一个选项则在考点处与所听录音意思不一致，但所使用的句式结构或单词或所使用的单词的发音与所听录音相似，该选项语言形式上的相似易让实验对象以为该选项与所听录音内容意思一致。每道题目的考点皆为物权法或知识产权领域的专业知识。除考点之外，两个选项其他部分所使用的词汇和语法结构都较简单，以防止实验对象因无法了解选项的意思而无法有效答题，从而达到控制变量的目的。

完成测试题后，实验对象接受采访，说明其是否了解每道选择题中专业知识考点的意思、其在做选择题时的思考过程、为何选其所选选项、为何排除其认为错误的选项等。

实验结果显示，大多数实验对象在知道题目所考察的专业知识的意思的前提下答对了相应的题目，而在不知道题目所考察的专业知识的意思的前提下则答错了相应的题目。进而也就证明了，在具备充足的相关背景知识的情况下，口译员会在英汉同声传译过程中脱离原语形式。反之，如果口译员不具备充足的相关背景知识，则不能脱离原语形式。即实验假设成立。

不过，还有少数实验对象的实验结果并不支持实验假设，他们大多在不知道题目所考察的专业知识的意思的情况下依旧答对了相应的题目。因此，笔者又对这部分实验对象的访谈答案进行了进一步分析。分析结果显示，这部分实验对象实际上并没有在答题过程中脱离原语形式，而是使用了诸如排除法等的答题技巧才成功选出了正确选项，有的实验对象甚至完全是蒙对了正确选项。显然，这样的情况并不能记为有效实验数据。这样一来，不支持实验假设的实验数据数量就降低了，这也就会进一步提高支持实验假设的实验数据所占的比重。综上所述，实验假设成立。

参考文献

[1] 许明 . 口译认知过程中“deverbalization”的认知诠释 [J]. 中国翻译，2010（3）：5–11.

[2] GILE D. Scientific research vs. personal theories in the investigation of interpretation[C]// Aspects of applied and experimental research on conference interpretation. Udine：Companotto Editore，1990：41.

法商话语

语言、文学与文化类

翻译类

教育教学类

加强词汇教学有效提高大学英语教学效果

陈 荣*

摘 要：大学新生的英语词汇量达不到教学大纲要求的标准。通过对新生进行词汇量测试，按词汇量水平分别设计教学策略，使学生学习掌握不低于3000词族的英语词汇量。

关键词：词汇量；测试分级；3000词族；词汇教学

1 问题：大学新生英语词汇量不达标

笔者在2016年秋季教授3个班级共130名新生英语公共外语课程。这些学生的英语基础参差不齐，其中，约10%相对较好，约60%非常差，其余约30%非常一般。这三类英语基础不同的学生有一个共同特点：英语词汇量显著低于学生高考所要求的3500个英语词汇量。

在教育部最新制定的《大学英语教学指南》中，大学英语教学目标分为基础、提高、发展三个等级。基础目标的教学要求是“能够基本满足……信息交流的需要；……在高中阶段应掌握的词汇（3500）基础上增加约2000个单词……”，主要针对英语高考成绩合格的学生，是大部分学生本科毕业时应达到的基本要求。提高目标和发展目标的教学要求是“能够……使用英语进行较为独立的交流；……在高中阶段应掌握的词汇基础上增加约3000个单词……”。

* 陈荣，北京工商大学外国语学院副教授，主要研究方向为大学英语教学。

由此可见，我国教育主管部门对大学非英语专业各级别学习者都提出了基本的词汇量标准。但是，大学新生在词汇量方面离标准还有相当的距离。在我校这类非“985/211”大学的新生身上这种差距更加明显。这是我校英语公共课教学必须面对的基本情况。

2 英语词汇的“量”和“质”是大学生英语能力的基础

大学生的英语词汇知识可以在“量”和“质”两个层次上衡量。英语词汇的“量”，以“数量多少”衡量，表明学生“知道”和“记得”多少个英语词的最基本和最常用的中文意思；英语词汇的“质”，是指学生“熟悉”和“使用”从而在相当程度上“掌握”一个英单词的形式（口头/书面）、位置（语法句型/搭配）、功能（频率/得体性）和意义（概念/联想）。这两个层次就是学生掌握词汇的广度和深度，可以清楚地表明学生的综合英语能力和水平。

国外有研究发现，词汇量与阅读及语言综合水平呈显著正相关关系。我国学者的相关研究也得出基本一致的结论。解放军外国语学院英语测试中心调查显示，词汇量与语言综合能力呈高度正相关关系。[1]李晓的研究表明，词汇量可以有效预测语言综合能力的变化，词汇量和词汇深度知识均为英语综合能力的有效预测因子。[2]

首先，学生的词汇量必须达到一定的“量级”，否则不可能具有将英语作为一种有效的沟通工具的能力。英语语言学家威尔金斯说：Without grammar very little can be conveyed；without vocabulary nothing can be conveyed.（没有语法，人们不能很好地表达；而没有词汇，人们则无法表达任何东西。）我国大学英语教学目标是培养学生在听、说、读、写方面使用英语进行有效沟通的能力。如果大学生没有掌握一定词汇量，一切都无从谈起。国外学者 Nation 提出，词汇量达到 2000 词族，学习者能理解文本内 79.7% 的词汇；词汇量达到 3000 词族，则能理解文本内 84% 的词汇。[3]

Laufer 在论及词汇量与阅读能力时则指出，要达到对原版文章最基本的理解，学习者必须具备的最低词汇量是 3000 词族（相当于 5000 个词汇）。[4] 这里所说的词族包括基本词和其曲折形式及其相对常用的派生形式。

大部分学者认为，3000 词族是阅读理解所需词汇量的下限。相应地，我们也可以提出，大学生在词汇量达到 3000 词族的水平时，他们才有能力将英语作为一个有效的沟通工具。

其次，学生对词汇的学习，除了要增加“量”以外，还必须拓展“深度”，也就是能自如地并相对准确地使用词汇进行有效的沟通。有了一定的词汇深度能力，学生的阅读理解能力将显著提高，同时其写作的能力也有非常明显的进步。例如 increase，如果在写作考试中既能用它写出 to increase the sense of cultural identity（增加文化认同感），又能写出 the increasing number of people（越来越多的人），还能写出 the figure increased dramatically after a short period of adjustment（在经历短期调整后数据开始急剧增长），这才意味着该考生真正掌握了这个单词。

3 分级开展英语词汇教学，有效地实现大学英语教学目的

我们已经清楚地知道新生的词汇量现状，也认识到大学生英语学习目标的达到在很大程度上有赖于其词汇知识。那么，如何在课堂上开展效果良好的词汇教学就是一个必须有效应对的挑战。

3.1 对大学新生进行词汇测试，有针对性地提出不同级别学生的词汇教学目标

对于英语公共课的教学，首先应该通过科学的测试，按照新生不同的词汇量级别进行分类的课程内容设计。大学英语公共课可以将学生分为低于 2000 词汇量、2000~3000 词汇量和超过 3000 词汇量的三个等级，分别

设计课程内容和教学重点，从而有针对性地开展课堂教学，在不同层次上使学生完成大学英语教学目标。对于2000词汇量级别的学生，以增加学生词汇量为主；对于2000~3000词汇量级别的学生，在增加词汇量之外，要兼顾拓展词汇深度知识；对于词汇量超过3000的高词汇量学生，重点要放在词汇深度知识的教授上，使学生在一定程度上达到教育部最新《大学英语教学指南》中提出的提高目标和发展目标的教学要求。

3.2 多维度开展词汇课堂教学，提高词汇教学成果

3.2.1 多层次增加课堂词汇教学的有效性

首先，要加大新词汇的输入频率，通过同义词、近义词、反义词和同根词进行反复再现。其次，根据词汇意义和结构构建词汇网络。建立词汇网络记忆词汇比按字母顺序记忆效率提高一倍。词汇网络可以在意义、结构和搭配三个角度开展，从而有利于加深学生对词汇的理解。例如，单词stop，要表达“阻止某人做某事”的意义时，要用“stop sb. from doing sth.”这个结构和搭配。最后，介绍词汇的文化载体属性，注意词汇使用语境的得体原则（appropriate）、意义的得体原则（accuracy）、表情达意的得体原则（vivid）。在这个过程中，既要注意介绍词汇的文化背景知识，比如，a white elephant（昂贵而无用的东西），face the music（承担后果）和a catch-22 situation（无法摆脱的困境）等在英语词汇里的用法；还要特别注意消除汉语思维对英语词汇学习的影响。

3.2.2 拓展课堂词汇教学策略

首先，要对学生的词汇学习观念进行疏导，要在“单词要背”的观念之外，还要树立“在上下文中”和“通过应用”来学习词汇的观念。其次，要特别强调词汇学习的具体语境。在词汇课堂教学中提供真实、具体、新

颖、贴近生活的语境，尽量不要照搬词典上的例句。坚持“词不离句”原则，在句中把好词汇关。在语境中运用词汇是词汇学习的最有效形式，在同一个语境中记一个单词 10 次不如在 10 个不同语境中各记一个单词一次。最后，要充分发展学生的猜词技能。词汇教学中要指导学生发展独立策略进行词汇学习，有效的猜测词汇的能力是必不可少的。

4 结语

大学新生英语词汇量不能满足最基本的沟通需要。在大学英语公共课教学中必须使学生在词汇量和词汇准确使用方面有足够的进步，否则不能实现大学英语教学大纲所要求的教学目标。通过测试对新生进行分级，有针对性地开展词汇教学，努力实现大学生完全掌握 3000 英语词族的教学要求。

参考文献

[1] 解放军外国语学院英语测试中心 . 建立分级词汇，调查学生词汇量 [J]. 外语教学与研究，1987（3）：42–46.

[2] 李晓 . 词汇量、词汇深度知识与语言综合能力关系研究 [J]. 外语教学与研究，2007（5）：352–359.

[3] NATION I S P. Learning vocabulary in another language[M]. New York：Cambridge University Press，2012.

[4] LAUFER B. How lexis is necessary for reading comprehension[C]//Vocabulary and applied linguistics. London：Macmillan，1992：126–132.

大学生英文写作中常见错误分析

陈秀珍*

摘 要：《大学英语教学大纲》要求大学生能够熟练应用英文表达自己的思想感受，而在大学生的英文习作中语法和句子结构方面的错误。本文旨在通过对北京工商大学部分大二学生在2017年5月批改网上完成的一篇习作中出现的错误进行分析，使教师和学生更加清晰地理解这些错误产生的原因和可以纠正或避免的方法。

关键词：大学生英文写作；常见错误分析

1 引言

《大学英语教学大纲》中对大学生的英文写作能力做出的一般要求如下：能用常见的各种应用文体完成一般的写作任务，能较好地描述个人经历、事件、情感、观感等；能就一定话题或提纲在半小时内写出120~150词的短文，内容完整、用词恰当、语篇连贯，表达意思清楚，无重大语法错误，并能使用恰当的写作技能。以上内容作为对大学生英文写作的指导方针，一直要求教师注重训练和培养大学生对英语语言的综合运用能力，然而大学生在实际的英文写作过程中仍然出现很多错误。本文根据2017年5月批改网上作文号为913712，题目为*Are We More Connected or More Alone?*

* 陈秀珍，北京工商大学外国语学院讲师，主要研究方向为跨文化交际学。

的作文，对北京工商大学食品学院及理学院大二学生的 83 篇作文中由批改网评分为 80 分（含 80 分）以上的 35 篇作文中出现的错误进行分析，旨在引起大学英语教师更加关注英文写作教学，同时对学生写作中出现的，与本文中所分析的相同或类似的错误进行针对性的指导和纠正，帮助学生写出符合要求的高水平的英文作文。

2　大二学生英文写作常见错误

2.1　标点符号使用方面的错误

学生的作文中对标点符号，尤其是逗号和句号的使用常出现错误，导致所写出的句子往往是断句或者语义不完整。比如某个学生文章开头是这样写的：With the rapid development of science and technology.（误）以上例子不是一个完整的符合语法规范的句子，只是一个短语，后面应该用逗号，而不是句号。再比如另一个学生文中写了这样一句：Life is so stressful now，all the people have a lonely side.（误）以上例子中前后两句均为语义完整的句子，如果逗号后面没有用关联词连接两个句子，则前一句句尾应使用句号，后一句开头首字母大写。此外，学生作文中还经常出现单独写了一个条件句，并且并非表达强烈的愿望（有一个类型的虚拟语气可以用单独的条件句表达 if only he cared!），然后以句号结束。例如：If you are addicted to the computer.（误）

2.2　冠词使用方面的错误

学生的作文体现出对冠词（包括不定冠词和定冠词）使用的混乱。具体表现在：名词前缺少冠词；错用定冠词或不定冠词，以及不定冠词“a”和“an”的不正确使用。例如：The Internet plays an significant role in our life.（误）

2.3 介词使用方面的错误

在本次分析的学生作文中，关于介词的使用方面的错误主要有二种。其一，在使用某些动词或形容词、名词等词汇时，没有使用相应的介词与之搭配。例如：Internet helps us a number of things.（误）此句中 us 一词后应有介词 with 搭配使用。其二，有不少介词宾语的使用错误。例如：Connecting with other people online is different from meet other people.（误）介词后面的宾语主要由名词、动名词、代词和名词性短语构成。这一点很多学生需要注意。

2.4 词汇使用不当发生的错误

对词汇的使用不当发生的错误一般有三种。其一，对同一词义的词汇，不同词性的使用不当发生的错误。学生的作文中，普遍存在对词汇的不同词性掌握不够熟练，从而产生所使用的词汇词义恰当但是词性不准确的现象。例 1：Additional，the functions of mobile phone are more than just phoning or sending short messages.（误）此句中，additional 应使用副词 additionally。例 2：Therefore，the more people are obsession with computers，the more loneliness they will feel.（误）此句中的 obsession 应使用形容词 obsessed。此外，在词汇的使用方面，及物动词和不及物动词的使用也存在错误。其二，由于本次作文取样于批改网，网上提供拼写和语法自助检查，所以学生的作文中出现的拼写错误较少，但是这并不能表明，一旦脱离计算机和网络，学生的拼写不会出现非常多的错误。本次作文中，动词的第三人称单数和复数的使用，以及形容词和副词的比较级和最高级的形式也存在错误。 其三，选词不当。有些学生的作文中没有使用恰当的词汇来表达自己的意思。例如：We should rationally use intelligent devices to play the convenience of these devices. 画线部分中 play 一词改为 enjoy 更恰当，而将介词 of 去掉改为 brought by 后，整个句子的意思就更清楚了。

特别需要指出的是，在学生的作文中，频繁出现动词连用的现象。例如：Meanwhile，more people are tending to chat online which leads to them ignore the real life.（误）画线部分可改为 which leads to their ignorance of their real life。这类错误还常体现在以下例子中：We are not only live for ourselves-...（误）

由于受母语表达方式的影响，学生英文表达也会出现类似汉语的句子结构。例如：There are many people believe...（误）

2.5 语义表达不明和语义不完整的句子

笔者发现，在本次采样的学生作文中，即使是平均成绩高于 80 分的作文，也常出现语义表达不明确和语义不完整而且句子语法也不正确的情况。例如，有一位学生的作文中是这样写的：Learn to experience and experienced in internet world，love and loved in the real world.（误）再比如有一位学生的作文中第一段中间一句是这样的：A scene which all people are bowing their heads in phones in a party.（误）还有这样一句：People are so far away from the distance between people because they play cell phones.（误）以上三个例子中，都存在语义表达不明的现象，令读者十分费解。

3 结语

随着大学英语教学改革的深入，兼之教学大纲对大学生英文写作能力的要求，大学英语教学过程中需要更加突出对学生英语综合表达能力的培养和训练，加强语法和句型结构等内容的练习，帮助大学生提高英文写作水平。

大学英语应试教育与能力培养的平衡互促

范燕燕 *

摘　要：大学英语教学大纲确定了培养学生跨文化交际能力、文化素养和自主学习能力等目标，但迫于各种应试压力，教学大纲精神很难被认真贯彻。本文就以下问题进行探讨：应试教育与素质教育是否对立？二者如何达成平衡互促关系？

关键词：应试教育；能力培养；素质教育；跨文化交流

大学英语教学大纲规定："大学英语以英语语言知识与应用技能、学习策略和跨文化交际为主要内容……提高综合文化素养，以适应我国社会发展和国际交流能力。"[1] 据专家透露，培养学生的思辨思维能力也将写入新的英语教学大纲。随着全球化的发展，外语教学越来越提倡素质教育，而学生的素质直接影响到学生的就业。然而，各学校在实施素质教育方面，拘于教学条件的差异和统一考试的压力等因素，落实教学大纲的程度不尽相同。关键在于提高教师和学生，尤其是主管领导对贯彻大纲要求的重要性和平衡应试教育与素质教育的可行性，以及具体实施方法的觉悟。

* 范燕燕，北京工商大学外国语学院讲师，主要研究方向为教学法和跨文化交流。

1 提高跨文化交际能力和思辨能力的迫切性

1.1 来自大学外语教育龙头院校及其组织的呼声

在全球化发展的情势下，多种文化的并存与交流成为趋势。近几年来，迫于职场对于外语人才外语水平鉴定的需要，一方面，大学英语四六级考试通过率已经成为中国各大院校比试外语教学水平的标准；另一方面，外语教育的龙头院校及其组织也在大张旗鼓地倡导引领要重视培养学生的语言应用能力。外研社出版了专门培养跨文化交际能力和思辨思维能力的教材以及其他提高外国文化素养的图书。指导教师如何进行培养学生跨文化交际能力和思辨思维能力的暑期研修班期多次在北京举行。例如，2016 年 8 月 11~12 日，由北京市教育委员会、北京外国语大学中国外语教育研究中心、中国跨文化交际学会、外语教学与研究出版社共同主办的“跨文化外语教育研习营：嫁接课堂与职场”，来自全国 209 所高校的近 400 名教师参加了本次研修，其中 80 多名教师通过网络同步直播进行了学习。在学习班上，北京外国语大学校长孙有中教授在报告中提到：普通大学英语课堂融入跨文化教学可以“略加改造，因地制宜”。（《新标准英语》课本，就融合了许多跨文化交际的内容。）文化的深刻习得，要靠多读书，文史哲等各个人文领域都要涉猎。阅读不应该囿于书籍，看原声电影，跟踪外媒报道，这些间接经验都可以培养跨文化的眼光和视角。

1.2 来自职场专家的呼声

磊石跨文化发展有限公司创始人和合伙人黄伟东先生在这次的研修班中做了《跨文化交流能力与职场嫁接》的报告。基于多年的职场实践和咨询经验，黄伟东先生指出，当今中国经济已经高度国际化，企业深度参与国际合作竞争。全球化更加凸显了原有的差别和多元性。一项针对 1000 家涉外中国企业的调查显示，72% 的受访人士认为开展海外业务面临的最大困难是如何克服文化差异造成的交流障碍，并促成多元化的员工队伍高效地进行团队合作。那么，国际化管理人才应具备哪些品质？这样的问题就需要引起中国高校的足够重视了。有效的全球领导者应具备全球思维（global mindset），包括社会资本、心理资本和知识资本，能够领会、分析、解读全球经营环境、权衡灵活性和原则性，能够在全球经营环境下识别有效的管理策略，有效地影响来自不同文化背景的人。

2　应试教育对于能力培养是否有促进作用

2.1　深入理解应试内容有助于促进教学

既然应试教育是中国教育永远绕不开的门槛，那么必须研究如何把应试教育与能力培养结合起来，而且要让考试促进能力培养。首先必须确定两者关系互促而非对立。其一，笔试出题的内容越来越利于促进学生学习多元文化知识。大学阶段的应试教育，如大学英语四六级考试的主要内容都包括听力和阅读。新增加的国际新闻听力内容以及阅读理解的内容，都选材于英美最重要的报纸杂志和电台，这对于师生了解外媒中的文化信息是一个有效的督促。其二，考试出题的方式有利于促进教师改进授课方式。正确答案的选项是对原文中关键句子的解释。抓住关键词和关键的句子，并对词句的解释能力和精准理解能力恰恰是思辨思维能力和交际能力的基础。因此，无论在课文的学习中，还是应试的练习中，都要注意对于思维能力的培养。为了提高应试能力，在教学中教师势必要更多地采取问答的方式，以取代满堂通篇的教师讲解和翻译，从而刺激学生思考，对所学的课文内容迅速找出要点。其三，考试的出题方式也促进学生对自己的学习进行反思。有些学生发现了自己的问题：为了考试花费大量的时间和精力记忆四级词汇宝典之类的词汇手册，所得到的词汇量似乎很大，但在阅读和写作中，可以准确理解和使用的数量却很有限。考试中找对了关键句子，认识句子中的单词，却不能选择正确答案，或作文中不能用自己掌握的词汇准确表达意思。笔者就这个问题对多个学生进行了访谈。学生们通常以中文翻译的释义记忆单词，造成理解偏差（有些词汇的中文对应不能准确反映词义），缺乏用英文解释词汇并记忆。阅读理解选项中的正确答案，经常是对关键句子的英文解释。因此，通过应试训练，学生会意识到学会用英文解释词语和句子的能力非常重要。其实，这样的练习在教材里很多，平时教师也布置学生做，但学生一般不太重视。不做或不认真做，有的做了，也认识不到练习的意义在哪里。一个思想，换一种表达方式来交流，也是思辨思维训练的基本内容。其四，增加了口语考试后，对于课堂教学中的小组活动和口语演示等都有促进作用。

2.2 角度意识至上

在大环境之下，学校对于教材的选用，基本上可以跟上能力培养的时代需要做出选择。问题是，如何处理应试训练和教材使用的时间分配和内容方面的取舍。应试教育与素质教育能不能有机结合，关键在于师生对于学习目标的理解。培养学生跨文化交流和思辨思维的意识至关重要。例如，是不是只有跟外国人交流才是跨文化交流呢？是不是思辨思维只有在课堂上才能学习呢？答案是否定的。在中国，汉族与少数民族交往也存在跨文化交流的问题。从经济文化落后地区来的学生，进入大城市的大学，实际上也需要跨文化交流能力——情况类似于从国内到国外学习，面临着如何从他人的角度认识自己和从自己的角度了解他人，最后能够与环境和谐并和谐自己的内心。学生从学校课堂上学习和适应多元化校园生活的经验中养成的思维和交往能力，会迁移到未来的职场和更为复杂的生活中。如果对于培养这两种能力的重要性有认识并深刻理解应试内容的意义，那么，无论在使用教材还是应试训练中，教师和学生都会善于发现可以利用的素材。以写作教学为例，四级考试的出题方式越来越给学生独立思考留出余地，引导学生发现问题、描述问题和提出解决问题的建议与方案。这种思维训练对于提高学生的思辨能力十分必要。如果教师和学生从思维训练的角度，而不仅仅从语言使用技能的角度来理解写作的意义，那么在学习过程中就会更自觉地把考试中的其他项目如听力、阅读以及综合填空等结合起来，用于提高写作能力。

综上所述，大学外语教学中应试教育与能力培养的平衡互促显得越来越重要，而且这种有机结合的前景具有可行性。各级领导不能一味强调应试而忽视能力培养。教师和学生需要提高角度意识，使应试与能力培养达成平衡互促的关系。

参考文献

[1] 大学英语课程教学要求（教学大纲）[M]. 北京：清华大学出版社，2005：4.

新技术时代与大学英语分级教学*

何苗苗 梁桂霞**

摘　要：随着新技术时代的到来，大学英语的教学模式面临着严峻的挑战。以网络技术为支撑的英语教学不再受到时间与空间的限制，这也就对课程的安排、教师的教学方法、教师的思维模式提出了更高的要求。如何依托现有的媒体技术进行高效的教与学，如何让师生间的沟通与交流更加方便有效，是新技术时代我校大学英语分级教学所要探索的重中之重。

关键词：新技术时代；分级教学

1　引言

随着时间的推移，信息技术迅速渗透我们的生活，它对生活的改变具有快速性、革命性、全面性的特征。作为教师，也应该紧跟时代步伐，不断丰富自身的信息量、改善教学方法，做到与时俱进，因材施教。新技术条件下，教师应该学会在虚拟和现实交合空间中，针对不同级别学生的学习特点，将如何把握正确的英语学习方向以及学习方法传授给学生。我们可以从以下几个方面优化大学英语分级教学模式。

* 本文是北京工商大学“2017 大学生创新创业项目——新技术时代我校大学英语分级教学模式的优化与探索”（编号：201710011057）的研究成果之一。

** 何苗苗，北京工商大学经济学院金融专业学生。梁桂霞，留美硕士，北京工商大学外国语学院副教授，主要研究方向为大学英语教育、跨文化翻译。

2 新技术为分级教学提供平台服务

智能手机的普及使学生的注意力被分散，课堂学习效率降低。但若教师能够充分利用手机，就能使学生的英语学习行为受到有效监督。现在有很多可以进行课堂签到的微信公众号以及APP。我们以某公众号为例，了解下如何有效监督学生。关注公众号后，学生可以根据教师给出的课堂编码，加入相应的班级，进行课前签到，此时教师也可查看学生的签到位置以此来避免代点到或者在宿舍进行签到的不当行为。利用手机互动，教师便不用费时费力点名，能够充分利用上课时间，提高教学效率。同时，若教师布置相应的听、读、写作业，也可通过手机端发布，相应的学习平台会及时提醒学生完成作业。学生在该平台进行作业提交，教师即可进行及时批改与反馈。如此一来，教师不需要统一收集作业再进行批改，只要有学生提交，教师便可利用琐碎的时间及时进行批改，提高了效率。看似是简单的对科技的应用，但实际上是对学生管理的一大突破。既节约了上课的时间，又大大提高了学生的自我约束意识，激发学生自主学习的积极性。

3 新技术改变分级教学方法，完善教学方案

网络资源的开放性和丰富性使得英语课程资源更加充足，网络上有丰富的媒体资源以及专门为英语教学服务的网站，为各个层次的英语学习提供了便利。在各种信息充斥的技术时代，学生的自主学习也面临难以抉择的困境，此时教师的教学方法就要有所改进。传统的“填鸭式”教学，已经无法满足学生的需求。教师应该依托现有的网络资源，培养学生的自主学习能力。在教学过程中应该教给学生的是去哪里寻找优质英语学习资源、如何筛选与个人能力匹配的内容、如何依照自身水平制订自我学习计划。“授人以鱼不如授人以渔”，教会学生如何学习更为重要。教师应该追求

的是以学生为中心的教学方法，当学生的学习环境、学习态度、学习方法发生改变的时候，教师也要顺势而为。

此外，教师们也要优化自身的教学方案，让课堂内容变得更加丰富多彩。英语分级教学与其他学科最大的不同就是除了常规知识点的教学之外，还要让学生掌握听和说的能力。在这方面，技术则大有用武之地，除了在我们已有的平台进行学习外，我们可以充分利用学校已有的语音室设备，建立有效的语音交流平台。在这上面，任课教师可以根据不同级别学生的英语学习水平，发布话题，让学生以组为单位，在语音平台上尽情表达自己的观点，并让其得出统一的结论，进行小组展示。因为在非面对面交流的情况下，学生便更敢于表达自己，这样才能充分锻炼学生的口语表达能力，同时促进听读能力。

4 新技术完善分级教学反馈机制，促进双向沟通

英语教与学的过程应该是教师和学生的一个双向沟通，而不应该是信息的单项传递。当教师通过课堂教学把信息传递给学生之后，必须有相应的反馈机制促使教师了解学生对于课堂信息的吸收情况。在分级教学中，针对不同层级的学生教师应该给出相应的反馈内容要求。现如今我校有相应的期末评教系统，但是一学期一次的反馈效率太低。英语教学应该是实时跟进的过程。因此，我们可以充分利用移动端的便利性，每两周或者每一个月进行小小的知识技能评测与学生感受的自主反馈。主观与客观的结合能够较为公正地展现阶段学习成果。教师根据反馈进行课程内容和进度的调整。以此形成良性循环，教师的教学与学生的自主学习相互促进。

5 新技术与分级教学结合，促进学生全面发展

我校现实行的分级教学模式会针对不同层级的学生为其选择不同难度

的网上学习平台。虽然分级教学使得英语教学针对性加强，学习效果有所加强，但是与此同时也有一些我们不得不考虑的潜在的问题。当大家处在水平相当的环境中时，会出现学习动力不足、进步缓慢的情况。与英语水平比自己好的学生交流和探讨，会看到自己的不足，能够从同学那里学到更适合学生的英语学习方法。尤其是在听、说方面，表现尤为明显。

因此，我们在实施分级教学时，不仅要因材施教，也要依托技术建立一个不同层级之间可以多方联通交流的英语交流平台。在这里学生可了解到英语水平较好的学生是如何自主学习方式、口语听力练习方式等学生自己总结的方法。教师也要积极参与其中，成为引导者，有意识地调动学生积极性。同时拥有不同所长的教师也可针对学习英语中的某一类问题跨层级进行辅导。这样一个跨层级的平台交流方式恰恰弥补了分级教学的缺点。多媒体平台与分级教学有效地结合起来，可以促进学生的自主学习能力，使得学生全面发展。

6 结语

新技术时代对于教学方法的改变是革命性的。我校在实施分级教学模式下，应该将技术与教学进行匹配结合，充分利用技术创造的多样化平台，为学生创建一个完善的、多层次的、深入的学习模式。同时教师的身份要发生改变，由原来的“主导者”变为“引导者”；教学模式要发生改变，由原来的“以教为主”转变为“以辅为主”；教学方式要发生改变，由原来的“填鸭式”教学转变为“参与式”教学。新技术时代，教师是学生学习策略的指导者。技术促进了英语教学的跨越式发展，我们不能墨守成规，要积极引入技术，并将之进行创新发展，为学生打造适合的英语教学模式，促进我校大学英语教学质量的全面提升。

苏格拉底教学法及其应用

胡艺东*

摘　要：起源于古希腊时期的苏格拉底教学法要求教学在师生的问答中进行，注重培养学生的逻辑思考能力，在西方的法学、医学教学中已被广泛地采用。在我国大学英语教学中采用苏格拉底教学法有诸多好处，但是也面临着一些问题和挑战。

关键词：英语教学；美国文化；高等教育

起源于古希腊时期的苏格拉底教学法，强调教学在师生的问答中进行，注重训练和培养学生的逻辑思考能力。这种教学方法在西方的一些高等学科，比如法学、医学的教学中已经被广泛地采用，并取得了很好的效果。在大学英语教学中采用苏格拉底教学法同样可以培养学生的逻辑思考能力，加深对知识的理解，并且突破外语教学只注重机械地传授语言语法知识的瓶颈。但与此同时，在英语教学，尤其是基础教学中采用这种对师生都有较高要求的苏格拉底教学法，也将面临一些问题和挑战。

1　苏格拉底教学法的起源

苏格拉底教学法起源自古希腊伟大的哲学家苏格拉底。除了其伟大的哲学思想外，苏格拉底对后人重要的贡献还有他独特的教导学生的方法。尽管其本身是一名哲学家和深刻的思考者，苏格拉底却认为自己最重要的

* 胡艺东，北京工商大学外国语学院讲师，主要研究方向为英语教学、比较文化。

使命是教育青年，帮助他们产生自己的思想。[1] 为了实现这个目的，苏格拉底不是像传统的教师一样对学生进行说教和灌输，而是作为一个对话的主持者和平等参与者，对学生提问，在反复的问答和论辩中使学生意识到错误和矛盾，最终得出对事物正确的结论。由此，苏格拉底形成了一套由反诘、助产、归纳和定义四个步骤组成的教学方法。苏格拉底的学生柏拉图的《对话录》一书以及其另一个学生色诺芬的《回忆苏格拉底》一书中均对这种教学方法有所记录。[1][2] 因为苏格拉底的教学方法注重教会学生思考的逻辑方法，并逐步用问题引导学生沿着逻辑的方向得出正确的结论，它又被形象地称为“产婆术”，以比喻这种教学方法如同为思想接生。[3]

2 苏格拉底教学法在现当代的应用

苏格拉底教学法在现当代教育中最显著的应用应当是其在美国法学教育中的应用。1870 年，哈佛大学法学院院长克里斯托弗·朗德尔在大规模改革法学院教育时，首度引入了苏格拉底教学法。在英美法体系的法学教育中，这种教学法具体体现为案例教学。课前，学生们需要仔细研读教授布置的上诉法院的案例。上课时，教授一般不会进行传统课堂中常见的说教，而是会选中一名或几名学生进行提问。这些问题并不是自由的讨论话题，而是经过教授的精心设计，并由浅入深：从纯粹的基于案例事实的问题开始，当学生将重要的事实讲清楚后，问题则会进一步深入案件所涉及的法律原理及其在本案中的应用，当法律原理在问答中得到明确之后，问题会进一步升华到关于该如何在各种假设案例中应用涉及的法律原理以及关于判决的政策性和哲学性思考。就这样，在一步步的提问之下，案例的事实、涉及的法律原理原则以及法律该如何应用，都会被学生自己分析和总结出来，教授只需要寥寥数语而不必长篇大论。其他听讲的学生，则需要集中精力从他们同学的并不完美的回答中，总结出有用的知识。尽管这种教学方法因为其对学生自主性的过高要求，对学生造成心理压力等而受到批评，它确实有效地培养了学生分析和总结案例的能力，对之后从业有巨大的帮助。如今，使用苏格拉底教学法教授案例的方法早已被美国和加拿大的法学院广泛采用，并成为法学院的标准教学方法。[4]

除了法学教育之外，一些其他学科也开始采纳这种教学方法。比如，在美国临床医学教学中，苏格拉底教学法已被较为广泛地采用。[5]而在中国外科护理学教学中，也已有教师采纳了这种教学法教授临床护理学课程。[6]

3 苏格拉底教学法在英语教学中的应用

近年来，我国一些学者也开始探讨在大学英语教学中采用苏格拉底教学法的问题，并且倡导在英语课堂中运用这种教学方法。的确，在大学英语课堂中采用苏格拉底教学法有助于刺激学生主动思考，增强师生互动，创造真实语境，将听说读写的教学有机地融合到一起，并且帮助改善英语课堂只重视机械性地学习语言知识而不注重提高整体人文素养的问题。[7]

然而，苏格拉底教学法在外语教学中的应用也面临一些挑战和问题。首先，苏格拉底教学法作为对学生参与程度有极高要求的教学方法，未必适用于基础语言教学。如果学生的外语基础比较薄弱，并不能够有效地参与问答，苏格拉底教学法未必能有效向学生传授基础的语言语法知识。因此，苏格拉底教学法更适合于中高级英语课程，而初级英语课程更适合以教师传授基础知识为主的传统教学方法。苏格拉底教学法不仅对学生有比较高的要求，对教师亦然。[9]苏格拉底教学法与普通的对话式教学或课堂提问讨论的区别在于，它不是肤浅的随意的问答，而是要求教师能够通过层层问题，引导学生在回答中推导出重要的知识。比如，在普通的问答式教学中，教师只需要问诸如 “What does the sentence mean?” “What’s the meaning of...”的问题。而在苏格拉底教学法中，教师则需要提出一系列的连贯的能够引导出原理的问题——比如在教授“visibility”这个词的时候，通过“What does the word ‘visibility’ mean?”“Why did the author use ‘visibility’ instead of ‘visible’?”“What is the relationship between ‘visible’ and ‘visibility’?”这一系列问题，引导学生得出“-ility”是一个将形容词名词化的词根的规律。因此，想有效地实施苏格拉底教学法，教师必须具备较高的逻辑推理水平，并且要精心设计课堂中提出的问题。

4 结语

起源于古希腊的苏格拉底教学法，在今天的高等教育中依然起着重要的积极作用。在大学英语教学中借鉴西方法学和医学教育，采取苏格拉底教学法可以获得诸多的益处。但是，由于外语教学的特殊性以及苏格拉底教学法对学生及教师的特殊要求，在外语教学中采取苏格拉底教学法也面临着一些问题和挑战。因此，在大学英语教学中采取苏格拉底教学法，需要考虑到师生双方能否有效地参与到辩论和问答的过程中去，并将传统的教学方法和苏格拉底教学法有效结合起来，取长补短，以获得最好的教学效果。

参考文献

[1] DELIC H，BEĆIROVIĆ B. Socratic Method as an approach to teaching [J].European researcher，2016（111）：512.

[2] 洪燕君 . 苏格拉底教学法的现代启示 [J]. 牡丹江教育学院学报，2011（6）：161.

[3] 杨西强 . 苏格拉底教学法的现代应用 [J]. 全球教育展望，2000（2）：46.

[4] VISGER M A. The use of the Socratic Method in legal education [J]. West point，2013:（1）.

[5] HUGH A，STODDARD H A，O'DELL D V. Would Socrates have actually used the “Socratic

Method" for clinical teaching? [J]. Journal of general internal medicine，2016（31）：1092.

[6]吴丹，汪小燕．"Socratic Method"在外科护理学教学中的应用研究[J]. 九江学院学报（自然科学版），2014（4）：1.

[7]郑大湖．苏格拉底教学法对大学英语课堂教学的启示和作用[J]. 上海理工大学学报（社会科学版），2012（34）：163-164.

大学英语分级教学主体缺失之探讨*

黄清如 李典格 王珂昕 张 依**

摘 要：本文分析了现行高校流行的英语分级教学现状，探讨了在该分级模式下，教师和学生两类主体的作用缺失，教师在课程设计和教材选择上被动和无助，学生在选择班级的自主性的缺失和被动等问题。最后从分级教学教师和学生作用缺失的视角提出了分级改革的新思路。

关键词：分级教学；分班模式；分班测试

1 国内大学英语分级现状

1.1 现实需求和理论研究

随着大学英语教学改革的不断深入，各高校都在尝试各式各样的新思路。其中分级教学是各大学教学改革重中之重，也是教育主管部门极力推荐的举措之一，教育部最新修订的《大学英语课程教学要求》更是明确指出：大学英语教学应贯彻分类指导、因材施教的原则，以适应个性化教学的实际需要。但由于我国幅员辽阔，各地教育教学发展不平衡，学生英语水平也参差不齐，个性差异较大，这就是大学英语分级教学的现实需求。分级

* 本文为北京工商大学 2017 年大学生科研与创业行动计划项目（编号：201710011066）成果。

** 黄清如，北京工商大学外国语学院讲师，主要研究方向为应用语言学。李典格、王珂昕、张依，北京工商大学新闻专业学生。

教学的学术研究也为其提供了理论基础。西方教学实践与研究成果证明，只有当语言学习者所接触的学习材料处于其可理解的范围内，并有一定的在其可承受区域内的挑战性时，学习才会是有成效的。国内学者马建桂指出：受先天资质、成长经历、教育条件等多种因素的影响，学习者个体的学习智能是有差异的。[1]

1.2 分级模式和过程

分级模式是大学英语分级教学至关重要的环节，其理论研究必不可少。刘雅敏等学者在研究中把分级模式分为：①按学生的英语成绩由高到低分成三个级别，进行教学的三分法模式；②将基础好的学生分流出来组建“提高班”，其他学生按自然班进行教学的“两分法之培优法模式”；③将基础差的学生分出来组成“帮困班”，其他学生仍按自然班进行教学的“两分法之帮困法模式”；④分级 + 模块模式。[2]

分级过程通常先由学校组织分班考试（placement test），然后根据学生成绩的高低分成相应的不同班级，一个班的学生可能来自不同的专业或不同的学院，之后再由学院制定不同班级的教学教材，但是考虑到该门课程的学分问题，考核标准却是统一一致的。

2 分级过程中教学主体缺失问题

教学的主体是教师和学生，在分级教学中，这两类主体人群应该处于关键核心位置。然而在分级教学实践中，教师和学生的想法与建议却鲜有提及，更妄论重视之。下面主要探讨分级教学主体缺失的问题。

2.1 教师作用的缺失

2.1.1 分级模式选择和设计的缺失

如何分级、分级的标准和分级的过程这些涉及分级教学成败的关键问题很少会考虑教师的想法和建议。按道理，教师是教学的直接实施者，对教学的方方面面最有发言权，如果他们能积极参与到教学分级设计和模式中，这对后期的教学无疑是有的放矢，是教学效果的有效保障。然而现实的情况却是，管理部门或是出于管理简便的考虑或是出于自以为是的傲慢，自上而下制定分级教学模式和过程，而教师和学生却只能被动地适应这种教学模式，削足适履式的教与学往往会造成不必要的困境和麻烦。

2.1.2 教材决定作用的缺失

教材是教师教授学生学习的重要依据，是教师和学生沟通的桥梁。尤其是在分级模式的教学中，教师针对不同的授课对象，不仅需要不同的教学方式，同时也应该选用不同的教学教材，因而在选用何种教材中教师的话语权至关重要，不可剥夺。遗憾的是，在现实中，教材的选择仍是管理部门自说自话的游戏。于是教师和学生再次陷入被动无助之中。虽然教师在教学中也能增加自己的教学内容，但完全脱离教材另起炉灶则是不现实的。

2.1.3 评价体系制定作用的缺失

科学的评价体系是大学英语分级教学深入推进的关键。全面、客观、科学、准确的评价体系对于实现课程教学目标至关重要。保证评价体系有效性和科学性的主体应该是教师，而学校管理部门为了管理操作简便性依然遵循固有的评价标准，即各个分级班级采用同一试卷进行考核，这势必导致教师教学的盲目和被动，也难以有效评价自己的教学效果。

2.2 学生学习自主性的缺失

英国著名的语言学家 Tarone 和 Yule 主张教学要以学习者为中心，应该充分考虑不同个体的具体需求。学生不同的语言水平和个体需求是分级教学的理论依据。[3] 不考虑学生群体的主客观因素，一味以一次分班测试的分班模式不仅笼统模糊，且罔顾学生个体的语言需求。现在的分班模式只是遵从学校和教师的意愿与理解，学生群体的参与只体现在分班测试的语言水平上。

3 分级教学的新思路

首先，要突破现有的分班模式。现有的分班模式只能大致表明学生测试中的语言水平，很难全面反映学生的个体需求，这类班级定位模糊，难以明确教师教学的方向和学生学习的策略。所以分班模式的设计应考虑学生的语言水平，更重要的是在能满足学生的个体需求的同时，还能注重学生在学业选择上的自主性和责任感。

新的分班模式可以给分班班级冠以具体明确的名称，比如初级词汇语法班、中级阅读班和高级商务写作班等，并且附上说明授课内容和教学目的及适应对象。学生根据分班考试的成绩和自己的实际情况选择适合自己的班级。这样的分班模式可以在两个方面体现教师的主体作用：在班级设计上，能充分表达自己的意见和想法；在教学上，同一班级教师团队能自主确定教学内容和教学教材。而学生自主选择也符合以学生为教学中心的教学理念，他们学习的自主性得以加强，更能对自己的学习负责。同时学习内容和目的更加清晰。

其次，分级教学的另一个关键指标即建立一套新型的、科学的、符合教学规律的评价体系——测试模式。另外，学期测试应该以各个班级的教学内容和目的来设计与制定，而不能使用统一的试卷作为不同班级的考核标准，这既不公平也违背了基本的教学逻辑。当然最后可以举行一次水平测试来检验学生是否达到了学分要求的程度。

最后，也是最为关键的是教学管理模式的创新。既然分级教学作为教学改革的重头戏，与之相对的教学管理也应该有相应的变革和创新，否则原有的管理模式如何能适应新的教学模式。大学英语分级教学是按照学生的英语水平来进行分级的，打破了以前按照行政班级的教学模式，这势必会增加教学和管理的难度，对高校教务管理提出了新的挑战，更加考验管理者的智慧和能力。不管困难如何，教学管理模式的改革势在必行，这样才能真正成为教学改革的助力而不是障碍。

参考文献

[1] 马建桂. 多元智能理论视角下的大学英语分级教学新探[J]. 中国成人教育，2010(10).

[2] 刘雅敏，朱正才，常辉. 大学英语分级教学模式的改革新探——按技能分级教学、按模块分层上台阶[J]. 外语界，2009（4）.

[3] TARONE F，YULE G. Focus on the language learner[M]. Oxford：Oxford University Press，1999.

外语类通识选修课与高校第五大职能的几点思考

——以北京工商大学小语种（法语）通识选修课为例

吉　山*

摘　要：本文通过介绍北京工商大学外语类（法语）通识选修课的教学生态、教学管理等相关情况，对存在的问题进行分析，依据大学第五大职能：国际交流与合作，提出课程改进建议，以期对相关教学实践有所启示。

关键词：外语教学；通识选修课；高校职能

1　引言

目前，国际公认的大学三大职能主要是人才培养、科学研究、社会服务。不久前，在中共中央、国务院印发的《关于加强和改进新形势下高校思想政治工作的意见》中，着力强调了高校除肩负着世界公认的三大职能之外，还应担负起文化传承创新和国际交流合作的重要使命。

不同文化之间的相互学习是大势所趋，尊重和理解文化的多样性有助于促进我国与世界的交流与融合，提高我国国际影响力。《国家中长期教育改革和发展规划纲要（2010—2020年）》第十六章第五十款提出："加

* 吉山，北京工商大学外国语学院讲师，主要研究方向为法国文学文化、法语教学。

强国际理解教育，推动跨文化交流，增进学生对不同国家、不同文化的认识和理解。”

通识选修课是高校整体教学体系、培养方案和人才培养目标的重要组成部分及实现途径，外语类通识选修课在开拓学生国际视野，提高学生人文素养，增强学生跨文化交际能力和国际竞争力方面具有更突出的作用。语言是了解一种文化最好的方式，高校小语种通识选修课可以让学生用语言学习文化，认识世界，是实现高校第五大职能最重要的支撑课程。

2 小语种通识选修课的教学生态与教学管理

笔者目前在学校开设了“二外法语”通识选修课（素养与个体成长模块），每学期伊始都会对学生进行问卷调查，主要包括：选课目的，对法语或法国的了解程度以及希望更多获得哪些方面的知识。在“选课目的”调查中，多数学生选课理由都是出于对法国某一文化领域的好奇或对法语的兴趣。但在“对法语或法国的了解程度”的调查中，却有近一半的学生甚至连法国国旗都无法分清楚，同时存在部分学生对于某个国家的盲目崇拜或误解。在“希望更多获得哪些方面的知识”调查中，除了个别有出国或考研计划的学生希望更多讲解语言基础知识之外，大多数学生都希望更多地了解文化方面的内容。

通过六个学期的连续调查可以看出，目前在校大学生对于非英语国家了解的渴望之强烈与需求之大，同时由于学习精力、资源和视野的局限，找不到更好认识世界的窗口。小语种通识选修课正是为学生打开这一窗口的最佳平台。在这里学生可以全面正确地了解异域文化的概况，对相应语种有基本的了解与认知，为学生开启国际文化大门，拓展国际视野，增强跨文化交际能力，是一门“授人以渔”的基础人文素养课程，肩负起了大学的第五项职能“加强国际交流与合作”的重要使命。

然而，目前小语种通识选修课的教学模式和教学管理并没有充分与我国发展目标与时俱进。在课程安排方面，通识选修课的上课时间主要在晚上，学生经过了一天的学习，上课多呈疲态。另外，以考试作为本课程最终考查方式也是阻碍该课程发展的一个重要因素。学期后段，一部分学生会将注意力全部集中在与期末考试相关问题上。部分学生功利心较重，对于分数也有很多顾虑，使得部分教学效果和育人效果不能实现。

小语种通识选修课自身的特点要求学生需在课下做相应的练习与复习。通过调查，在专业课与通识选修课付出的精力和时间来比较，大多数学生表示不会在课下复习选修课的学习内容，认为“选修课是用来休息或完成专业课作业的，更不会在课下预习或复习”，但同时希望在选修课上获得更高的分数。即使出于兴趣选课，也会在精力和时间的分配上厚此薄彼。且在课程中后段，随着课程难度逐渐升高，会有部分学生出现长期缺勤的情况。

一门入门级别的小语种通识选修课程，可以帮助更多的学生了解一个国家，学习一门语言，减少文化冲突带来的交流与理解问题。这种通识性选修课程的意义与专业课必修课的意义具有同等重要性。促进国际交流与合作更多源于国际文化传播的广泛性。

大学的五大职能也正是我国对人才储备的具体要求：学习能力、在学习中解构，抛弃偏见，以公平和有意义的方式解读他国文化，成就个体发展、文化传承与创新和社会进步。

3 小语种通识选修课的改进建议

近几年，教育理念不断更新，现代化的教育信息技术层出不穷，从“微课”到“慕课”再到“翻转课堂”，以及“雨课堂”等智慧教学工具，带给了教师和学生全新的教学体验，极大地推动了教学改革。

每一种技术都有其自身的优势与局限，最新的并不一定是最适合的，教师应结合课程本身特点，让现代化教育技术为课堂所用，以最大限度和最大广度使学生获得其所需知识为前提。教育部在《大学英语课程教学要求（2007）》中指出："大学英语课程不只是一门语言基础课程，也是拓宽知识，了解世界文化的素质教育课程，兼有工具性和人文性，因此设计大学英语课程时也应该充分考虑对学生的文化素质培养和国际文化知识的传授。"因我国学生对于非英语国家了解程度相对较低，小语种通识选修课更应该充分考虑对学生文化素质的培养和国际文化知识的传授，且更应注重对学生兴趣的培养与深化。

笔者认为，在课程之初不适合使用"翻转课堂"的教学模式，可更多使用"雨课堂"智慧教学工具。通识选修课的性质使得学生对于该课程所花费的精力与时间相对较少。对该语种及相关文化知识储备较少，即使查看资料也只能是二手的，不但耗费大量时间，二手资料的准确性也存在一定差异。此外，"雨课堂"可提前发布上课内容，跟踪学生预习情况，了解学生在学习过程中的心理变化。

持续激发学生兴趣对于外语类通识选修课也非常重要。以当下文化新闻或者目的国有趣的文化现象引入，激发学生兴趣，帮助学生更好地融入目的国的语言文化中，克服初学语言后的畏难情绪。随着课程的深入，应根据学生的具体情况和需求变化制订教学方案，让语言教学和文化教学相得益彰。在语言学习和文化学习的入门阶段，动机因素的培养十分重要，与知识一样，不同的情感能力会影响跨文化交际的效果。在全球化的今天，如何拓展学生的国际视野，提高学生的文化素养和跨文化交际能力，培养学生对他国正确且准确的认知是大学课堂最需要思考和亟待解决的问题之一。

在注重文化教学的同时，不应放弃对于音标和词汇的基础教学。这是小语种通识选修课有别于其他文化课程的天然优势。因为语言是一个民族的象征，是文化的载体。只有了解语言的内涵才能够更深入地了解目的国的文化习俗，更畅通地与其交流沟通。但是音标与词汇的教学不能仅仅局限于书上枯燥的规则，更应该注重词汇内涵的讲解，以典型例词或经典名句带动语音学习，将语音学习生动化，语音素材生活化、交际化，激发学习动力，使学生逐步具备主动学习、主动探索的意识。学生可在课程结束后具备自我更新、自我扩展的能力。

联合国教科文组织发表的《跨文化能力：概念与操作框架》报告的前言中指出："所有显存的文化都是跨文化交流的结果。当一种文化清楚地知道自身优势与局限，它就能突破自身的界限，丰富其智力和精神资源，在知识、伦理、审美和世界观方面获得不同的视野。"

国际化人才培养不仅要提升学生的外语能力，更要发展学生的跨文化交际与理解的能力，把学生引入他们向往的世界，带他们了解世界的另一个角落。一方面，这是全球化高素质公民的必然选择，使学生可以与不同文化背景的人进行有效的交流和沟通；另一方面，也能促使学生重新审视并欣赏自己的文化，理解和接受异文化。

游戏化学习在英语教学中的应用*

赖　花**

摘　要：随着英语教学从现实空间向虚拟空间延伸，游戏化学习应运而生。“互联网 +”时代背景下，移动式游戏化学习“寓教于乐，寓学于乐”，其在高校英语教学中的科学应用能将教与学、课内教学与延续教学深入结合，对于改进英语教学、提高教学效率和提升教学效果具有积极意义。

关键词：游戏化学习；英语教学；寓教于乐

1　引言

国内外教育教学的研究者一直在尝试将新的教育理念和教学手段应用到外语教学的实践中，以改进教学，提高教学的效率，取得更好的教学效果。现行的英语教学通常利用网络、多媒体等现代科技手段将课内课外连成一片，实现个性化教学、翻转学习和混合式学习。随着英语教学从现实空间向虚拟空间延伸，游戏化学习也应运而生。

“互联网 +”时代背景下，借助移动端进行的移动式游戏化学习，特

* 本文是北京工商大学青年教师科研启动基金项目“‘产出导向法’理论视域下的商务英语教学研究”（编号：QNJJ2017-30）和北京工商大学教育教学改革研究项目“移动式游戏化学习模式在基础英语课程中的应用研究”（编号：JG175107）的阶段性成果。

** 赖花，北京工商大学外国语学院讲师，主要研究方向为英语教学。

别是利用数字化游戏辅助教学的游戏化学习具有区别于传统教学的突出特点和优势，为高校的英语教学提供了新的方式和途径。

2 游戏化学习的教学应用概述

游戏在教学中的应用由来已久。从最初的教学中的游戏设计或者游戏情境的植入，到计算机、网络及社交媒体时代专门的教育类游戏、基于电子或数字化游戏的学习等，游戏在教学中的应用与时俱进。事实上，教育领域对于游戏的教学效用曾经持保守意见，认为游戏干预教学一方面会让学习者上瘾，另一方面不适合中高级学习者。移动互联网和各种无线智能终端的发展与普及重塑了人们对于游戏化学习的认识，“寓教于乐、寓学于乐”的趣味性和泛在学习的便捷性是其突出的特点。[1] 与此同时，新网络智能时代成长起来的学习者的学习习惯、学习方式和对游戏化学习的接受度也促进了游戏化学习的兴起。

游戏化是游戏设计元素在非游戏情境下的使用。[2] 游戏化学习根植于游戏应用于教学所产生的内在动机及认知效用和潜能的理论基础[3]，是在非游戏情境的教学中，游戏设计、游戏元素、游戏特征和游戏的有意义使用，可以称为游戏化在教学领域的应用。目前，游戏化学习的正式教学应用主要包括两类：数字化游戏辅助学习和游戏活动辅助学习。本文所述的游戏化学习属于第一类，它从教育游戏、基于游戏的学习和严肃游戏发展而来，随着各类型的教育类游戏 APP 的出现，越来越受到关注。[4]

就高校正式的英语教学而言，游戏化学习的教学应用体现为现有的数字化游戏辅助教学实践，主要集中在微课教学模式的设计、翻转课堂的应用实践、组织模型设计、在线教育和网络课程的建设等方面，一些教学实践还侧重于游戏化学习的交互设计、个性化设置和学习效果评价等方面。从总体上看，由于英语教学的内容和特点与游戏化学习的优势相契合，游戏化学习在英语教学领域的应用和研究，特别是对于中高级学习者游戏化学习的应用和研究将进一步发展与深入。

3　英语教学中游戏化学习的应用

本文以北京工商大学商务英语专业的基础英语课程为例说明游戏化学习模式在英语教学中的应用。基础英语是英语专业学习初级阶段的必修核心课程，通过进行听、说、读、写、译的综合训练夯实学生的英语语言基础。目前，课程教学依然面临教学课时的局限和大学一年级新生高考后学习动力不足的问题。依据现代二语习得理论研究结果，只有通过有效地激发学生的学习动机才能使学生主动投身语言学习，切实提高学生语言技能和水平，增强学生的英语交际能力。[5] 因此，在有限的课堂内外，利用多种现代化手段的辅助教学显得极其重要。

基于信息技术和通信技术的迅速发展，以智能手机、平板电脑为代表的新一代移动智能设备已融入了人们日常的学习和生活之中，为建立智能化、趣味化的移动式游戏化学习奠定了现实的基础。移动式游戏化学习适应青年学生的学习行为和习惯，为激发和保持学生的学习热情，提高学生学习的频率和教学效率提供了解决方案。

基础英语课程在原有课堂教学的基础上，对现行的延续教学的方式和手段进行变革。通过构建和使用移动端的基础英语课程游戏化学习平台，将学生课内课外的学习纳入系统管理，用智能化、趣味化、游戏化的乐学平台将移动端和课堂、线上和线下的教与学连接，使学习变得主动、智能、有趣，提高学生主动学习的积极性和主动性，辅助学生进行规定的任务操练和可选择的自我训练，增强教与学的实效。

游戏化学习在基础英语课程教学中的应用是对英语专业一年级学生的语言基本功训练做系统的规划和管理，通过智能化、多维度的移动式游戏化学习助力英语教学，解决教学学时有限、学生学习动力不足的问题，提高教学的效率，取得更好的教学效果。

4 结语

游戏化学习在英语课程教学中的应用力求发挥游戏化学习的泛在学习和趣味性优势，从培养训练实际的英语语言能力入手，将英语的教与学、课内教学与延续教学深入结合，解决课堂教学时间上的限制、课外辅导空间上的局限和学生自主学习效果差强人意等问题，直接强化课程教学效果，提高教学效率。未来游戏化学习在英语教学中的应用将在广度和深度上进一步拓展，英语教学将更具个性化、科学性和时代性。

参考文献

[1] 陶侃. 从游戏感到学习感：泛在游戏视域中的游戏化学习 [J]. 中国电化教育，2013（9）22–27.

[2] DETERDING S，DIXON D，KHALED R，et al. From game design elements to gamefulness：Defining “gamification” [C]//Proceedings of the 15th international academic mind trek conference：envisioning future media environments. ACM，2011：9–15.

[3] 尚俊杰，裴蕾丝. 重塑学习方式：游戏的核心教育价值及应用前景 [J]. 中国电化教育，2015（5）：41–49.

[4] 鲍雪莹，赵宇翔. 游戏化学习的研究进展及展望 [J]. 电化教育研究，2015（8）：45–52.

[5]SKEHAN P.Individual differences in second-language learning[M]. London：Edward Arnold，1989.

大学日语六级考试听力题型分析与应试技巧

李香春*

摘　要：在大学日语六级考试中，听力所占比例较大，听力成绩的高低直接影响考试能否顺利通过。本文主要总结分析了听力考试中常见的题型，考查信息点和应试技巧。

关键词：大学日语；六级考试；听力；技巧

为了适应时代发展的需要，反映我国高等院校日语教学的变化，推动教学发展，根据《大学日语课程教学要求》分级指导的原则，自2009年起，大学日语考试设置了四级考试和六级考试。其中，六级考试对象是进大学之前学过六年日语的学生，即高起点学生。对于这些学生来说，大学日语六级考试是大学阶段面临的最重要的外语考试，它关系到毕业后能否找到合适的工作，能否在工作中赢得更强的竞争力。改革后的六级考试，听力理解在整个考试中的分值比例为25%，可以说听力成绩的高低直接影响考试是否顺利通过。

1　教学大纲对听力能力的基本要求

《大学日语课程教学要求》中针对六级听力技能做出了以下规定：能基本听懂题材熟悉、篇幅较长的日语讲座、日本广播和电视新闻节目，能掌握其中心大意，抓住要点和相关细节。

---

* 李香春，北京工商大学外国语学院讲师，主要研究方向为日语语言文化和教学法。

2　大学日语六级考试听力题型分析

大学日语六级听力考试有两种题型，共 25 题，其中 20 题为听对话，选择项用图片或文字给出，5 题为听短文，选择项用文字给出。语速每分钟约 320 个音节。从信息的角度看，考察的内容主要包括以下几类。

2.1　地点和场景

这类题主要涉及人和事物存在的地点、事件发生和人物活动的场所等。为了迷惑和干扰考生，对话中不直接提到某个地点或场景，而且常出现多个场所。考生应根据对话给出的信息或相关词汇间的关系判断或推理。常见的提问方式有“どこですか。”“どこにありますか。”“どこにいますか。”“どこへ行きますか。”“どこで～ますか。”等。

2.2　人物、人物关系及外表特征

这类题主要问是谁、是什么关系、外表特征是什么。人物关系可以根据一些词汇和尊敬语、自谦语、郑重语、授受关系等来判断。常出现的词汇有あなた（丈夫称妻子）、お父さん（有子女时丈夫称妻子）、おまえ（妻子称丈夫）、お母さん（有子女时妻子称丈夫）、同僚、いとこ、姉妹、兄弟、亲子、姑、嫁等。外表的设问内容一般是外貌特征（高矮，胖瘦，长相）、穿着打扮、发型（長い、短い、ショートカット、ワンレングス、パーマ、前髪、肩まで）等。

2.3　时间和数字

这类题涉及的方面比较广，包括年、月、日、时、星期、价格、人数、号码等。对话中很少直接道出数字，而且，若干个数量概念混合在一起，考生应从中选择，并根据选择的信息进行计算。常见的提问方式有：“何時ですか。”“何番ですか。”“いつ～ますか。”“何本（何冊）注文

しましたか。”“どのぐらい～ますか。”“いくら払いますか。”“全部で～ですか。”等。

2.4 选择

这类题主要涉及物品的选择、行为的选择。常见的提问方式有“何の～ですか。”“～は何ですか。”“何にしますか。”“何を～ますか。”“どうしますか。”“どうすることにしましたか。”等。

2.5 手段和方法

这类题主要问利用什么样的手段和方法完成某一项工作或达到某一个目的。常用的提问方式有“何で～か”“何を使って～か”“どのように～か”“どんなふうに～か”“何によって～か”等。

2.6 原因和结果

这类题主要问某一事情发生的原因或结果。常用的提问方式有“～理由はどれですか。”“どうして～”“なぜ～”“何のために～”“きっかけは何ですか”“どう変わったんですか”“～はどうなっていますか。”等。

2.7 判断语境

这类题一般很短，内容不多，重点不在听内容上，而在辨别语气领悟含义上。由于日本人说话比较委婉、含蓄，模棱两可，往往会造成一些理解上的困难。常见的委婉表达方式有“それが……”“あいにく……”“～はちょっと……”“実は……”“～はどうも……”“けっこう”“まあまあ”等。此外，要注意日语中向对方提出不满，拒绝对方时通常通过省略的方式来表示一种暗示。

2.8 主题

这类题要求考生判断对话的主旨和大意。常用的提问方式有“何について話していますか。”“何についての会話ですか。”“言いたいのはどれですか。”等。

2.9 顺序排列

这类题要求考生根据对话内容判断对话中出现的几个动作哪个在先哪个在后，并进行排列。常用的提问方式有“どの順番で～ますか。”“どんな順番がいいですか。”，要注意“～てから～に行く、～前に、先に、～た後で、戻ってくる、～帰りに、そして、それから、ついでに”等表达方式。

2.10 季节和天气

这类题要求考生根据对话内容判断季节或某地区某时间段内的天气变化，四个选项用图片或文字的形式给出。常用的提问方式有“今、どんな季節ですか。”“二人が言っている天気予報はどれですか。”，听的过程中主要抓住“春めく、紅葉、雨、雪、晴れ、曇り、～を通して、梅雨、週半ば、全般的に～がち”等表达方式。

3 2009 年、2010 年真题听力题型分析

笔者对《大学日语四、六级考试大纲》中收入的 2009 年、2010 年真题进行了分析。表 1 和表 2 是各信息点出题数量与出题比例。从统计结果中不难看出上述 10 个信息点是听力考试中重点考查的内容，所占比例高达 92%。

表 1　各信息点出题数量　　单位：个

年份	地点场景	人物	时间数字	选择	手段方法	原因结果	语境	主题	顺序排列	季节天气	其他
2009	4	0	2	6	1	5	0	2	1	2	2
2010	2	2	4	7	1	3	0	4	0	0	2

表 2　各信息点出题比例　　单位：%

年份	地点场景	人物	时间数字	选择	手段方法	原因结果	语境	主题	顺序排列	季节天气	其他
2009	16	0	8	24	4	20	0	8	4	8	8
2010	8	8	16	28	4	12	0	16	0	0	8

4　大学日语六级考试听力应试技巧

4.1　听前快速预览选项

听录音前预览选项是做好题的重要前提，因此试卷发到手中后，要快速预览选项。通过选项中的词汇、表达、句型等信息推测可能涉及的话题。

4.2　调整心态，放松自己，不要轻易放弃

调整心态，放松自己。由于词汇量有限，在听的过程中难免会出现一些听不懂的单词，这时千万不要慌张。大量的实践证明，即便有一两个听不懂的单词，也不会影响整体内容的理解，因此，不要轻易放弃。

4.3　边听边记，抓住关键词

边听边记是听力中一项非常重要的技能，听的过程中考生要及时地把一些关键词、关键信息、重要的细节快速记下来，并根据这些内容通过分析合理地推测正确答案。

总之，了解和熟悉考试题型，并在考试过程中注意应试技巧的运用，这对考生来说至关重要。然而，听力水平的提高绝非一朝一夕的事，因此，考生应注意平时的积累，对反复出现的信息点加以重视，采用科学的训练方式，有针对性地进行训练。

高校－企业翻译人才联合培养模式研究

李学勤　夏博一　石佳鑫*

摘　要： 目前大学英语翻译教学因翻译师资不足而造成学生对翻译学习的需求无法得到满足，同时学生也缺乏翻译实践的机会。而校外一些翻译教育企业在翻译人才培养方面做得有声有色。如果能够将大学英语翻译教学目前存在的问题和翻译教育企业的需求结合起来，势必会使大学和企业翻译人才培养中面临的问题迎刃而解。因此，有必要对高校和企业翻译人才联合培养模式进行研究。

关键词： 大学英语翻译教学；翻译教育企业；校企翻译人才联合培养

1　引言

2013 年 12 月，大学英语四、六级考试有了革新，将单句汉译英调整为段落汉译英，用时由 5 分钟调整为 30 分钟，分值比例由原来的 5% 调整为 15%，翻译分值的提升反映了大学生翻译能力日趋重要。而目前大学英语翻译教学因翻译师资不足而造成学生对翻译学习的需求无法得到满足，同时学生也缺乏翻译实践的机会。正如蒲轶琼所说“……师资水平不高和规模不足、缺乏职业翻译经历……大学翻译教学实践与培养目标脱节，教

* 李学勤，北京工商大学副教授，主要研究方向为翻译教学、应用语言学。夏博一，北京工商大学中外食品专业 2015 级学生。石佳鑫，北京工商大学中外统计专业 2014 级学生。

学理念与方法缺乏创新……”而与此同时，校外一些翻译教育企业在翻译人才培养方面做得有声有色，但是这些企业需要了解更多对翻译学习的需求信息以拓展其业务范围，同时也需要一些翻译实习生满足其翻译业务发展需求。如果能够将大学英语翻译教学目前存在的问题和翻译教育企业的需求结合起来，将两者的生源和师资资源共享，势必会使大学和企业翻译人才培养中面临的问题迎刃而解。因此，有必要对高校和企业翻译人才联合培养模式进行研究。

2　高校大学英语翻译教学现状调查

以笔者所在的北京高校为例，外国语学院近 70 人的英语教师中，翻译专业出身的教师只有 6 位（包括 2016 年新进的翻译教师 2 位）。虽说一些非翻译专业的教师自身对翻译感兴趣，在教学之余参加过一些翻译专业师资的培训，但参加翻译培训的教师仅有十几人，也就是说翻译专业出身和参加过翻译培训的教师仅占教师总数的 20%，而学习大学英语的全校学生达 7000 多人，这远远满足不了全校学生对翻译学习的需求。其他高校也面临着翻译师资缺乏的窘状。由于英语教师缺乏系统的翻译技能培训，在承担大学英语翻译教学过程中，多数教师不得不弱化翻译教学，而四、六级考试中汉译英段落翻译占卷面总分的 30%，翻译教学师资的不足直接影响到大学生四、六级考试的成绩，从长远的角度来看，更影响了中国文化“走出去”的步伐。

3　翻译教育企业的蓬勃发展

与高校翻译教学面临的窘状相比，校外的翻译教育企业却抓住了巨大的商机，并通过自身的翻译教育满足了社会对翻译人才的需求，由此实现了蓬勃发展。

以北京某教育科技有限公司为例，其总裁系外交学院英语翻译理论与实践专业毕业，曾以优异成绩考入外交部翻译室接受培训后调任新闻司担任新闻发言人同传。自2003年起致力于口译、笔译教学，通过其对汉英翻译的独到心得，他所传授的翻译方法易于掌握，翻译用词精妙传神，应试与实用并重，深得广大学员好评！他培养出来的学员在空客、中石油等世界500强企业中担任翻译，还有的成为专职口译员和口译教师，也有的学员留在他的企业翻译培训团队中。

4 校企联合培养翻译人才模式研究

4.1 校企联合培养翻译人才的合作模式

北京某教育科技有限公司主营互联网线上翻译课程和线下翻译资源推荐学习相结合，并配有定期的沪江网上和绝地学社翻译学习讲座，与此同时还配有专门的翻译学习QQ群和微信群，为翻译学员实时实地提供翻译学习的答疑解惑以及学习资料的实时更新跟进，以此满足学员365天全维度学习翻译的需求。网络翻译笔译授课和学员作业提交、修改、反馈点评有效结合，为学员的翻译做及时诊断和方向指引。其翻译网络课程费用低，内容广泛，涉猎面广，可以满足学生不同程度的英语学习需求，旗下的学习产品包括翻译基础课程，翻译考试通关课程，四、六级考试和考研翻译内容学习等七大系列。

根据该公司所提供的翻译教育课程，校企联合培养翻译人才的模式如下：

（1）根据学生的水平和职业规划为学生提供个性化的翻译课程配置，以及非翻译类的辅助提高课程。对于英语基础好的学生，可以为其配置四、六级考试系列中的翻译题型新解、商务英语系列、MTI考研英语系列，为其翻译学习提供渐进式学习方案。同时给学生推荐适合其学生的辅助英语课程学习以实现英语的全方位提高，为翻译学习的进一步提升提供必要准备；根据网络翻译课程的级别为学生设置翻译学习方向。

（2）根据学生的翻译学习兴趣和职业规划为其定制专业翻译学习课程。对于有志从事翻译口笔译工作的学生提供口笔译考试系列，为其考取 CATTI 翻译证书通关做准备；并为其口笔译的实战训练提供三级九译课程系列；由此学生可以从低到高系统地学习翻译课程。

（3）充分利用该公司提供的翻译学习 QQ 群和微信群每天更新的实时学习资料和最新资讯，使得学生的翻译学习处于一个学习共同体中，可以互相交流学习经验，答疑解惑，开阔视野，补充学校以外的学习和人际资源。

（4）充分利用该公司的翻译直播课程，学习从创新的视角解决翻译中的一些难题，可谓是实践性的学习体验。

4.2 校企联合培养翻译人才的困难与挑战

在校企联合培养翻译人才尝试中，我们也遇到一些问题和挑战。比如，如何将大学英语课堂的教学内容和企业的网络课程有机结合起来，将学生的个性化学习和课堂上的学习有效融合，实现从重知识传授向重技能训练转变，从重视教法向重视学法转变，形成“教师为主导、学生为主体、训练为主线”的互动性、创新性教学模式，这方面还需要继续摸索；此外，如何根据学生的学习状况为学生提供合适的翻译实践机会，也需要进一步探索。

5 结语

校企联合培养翻译人才势在必行，有助于大学生及时了解翻译学习的技巧和社会对翻译技能的实际需求，更能激发大学生学习翻译的热情，同时利用企业的翻译教育资源有效缓解高校翻译师资短缺的矛盾

“中国文化走出去”背景下的大学英语翻译教学

刘 婧*

摘 要：“中国文化走出去”作为国家文化战略，对大学英语翻译教学的指导作用不言而喻。大学英语翻译教学一直面临指导思想、课程设置、教材选材、学生翻译能力等方面的问题。本文拟从学校和教师等层面以大学英语四、六级考试为契机，提出应对策略，以便使教学发挥更大的作用。

关键词：“中国文化走出去”；大学英语翻译教学

1 “中国文化走出去”背景及政策支持

2000年10月，在党的十五届五中全会上，“中国文化走出去”战略第一次被提出。2011年10月，党的十七届六中全会通过的《关于深化文化体制改革推动社会主义文化大发展大繁荣若干重大问题的决定》指出，推动中华文化走向世界。2013年11月十八届三中全会决定提出了进一步扩大对外文化交流的重要性。《国家中长期教育改革和发展规划纲要（2010—2020年）》提出鼓励学校优势学科面向世界，支持参与和设立国际学术合作组织、国际科学计划，支持与境外高水平教育、科研机构建立联合研发基地。这样的国际学术交流与合作背景，势必要求各高等院校

* 刘婧，北京工商大学外国语学院副教授，主要研究方向为翻译理论与实践、教学法。

重视培养学生跨文化交际的意识与能力，使学生成为文化交流的使者，具备在进行学术交流的同时也能用英语恰当地表达和输出中华优秀文化的双文化交际能力。早在2007年9月，教育部公布的《大学英语课程教学要求》对翻译能力提出了更高层面的要求，即能借助词典翻译所学专业的文献资料和英语国家报刊上有一定难度的文章，能翻译介绍中国国情或文化的文章。在此背景下，全国大学生英语四级考试委员会于2013年12月实施的大学英语四、六级翻译题型调整为汉译英语篇翻译，占总分值的15%，内容涉及中国社会、经济、历史、文化等方面。

2　大学英语翻译教学现状与存在的问题

大学英语翻译教学在大学英语教学中一直在“夹缝”中生存，存在以下几方面的问题。

2.1　大学英语翻译教学在教学指导思想上没有得到足够的重视

一直以来，翻译教学被认为是专业英语的范畴，对于大学英语教学来说，也只是为了应付考试的需要。且一般高校的大学英语教学体系的主干课程多为综合英语和视、听、说。很多学校在推行大学英语教学改革时，进一步压缩大学英语课时，使得大学英语翻译教学只能在精读课程中有一点体现。

2.2　大学英语教材中涉及的中国文化知识和信息的比例很小

大学英语教材在教学内容上中西方文化比重严重失衡。选材多与英美文化有关。有关中国题材，尤其是中国文化的内容并不多见，影响了“中国文化走出去”中涉及中国文化价值观的对外传播，所培养的学生普遍缺乏使用英语传播中国文化的能力。大学英语四、六级考试委员会顺势而为，充分发挥其考试杠杆的作用，通过题型改革和主题调整对大学英语翻译教学做出了有益的尝试。

2.3 学生知识面窄，英汉语言能力有待提高

学生知识面窄，百科知识有限，英汉语言表达的基本功不够扎实，在汉译英的篇章翻译中不能熟练运用英语中的惯用表达和句式，从而制约了翻译能力的提高。且班级里的学生来自全校各个院系，教师课堂时间有限，无法进行有针对性的翻译教学。如法学类的学生，就无法讲授法律翻译；商务类的学生，也无法讲授商务翻译。这样导致的结果是，学生难以学到对其专业真正有益的翻译知识并切实提高翻译实践能力。[1]

3 大学英语翻译教学的应对策略

大学英语翻译教学（特别是汉译英教学）是向世界传播中国文化的重要手段和途径。[2]大学英语翻译教学要从以下几方面进行应对。

3.1 根据学校类型和特色，充分利用现有资源，重视专业翻译教学

学校根据办学特色和方向，使所开设英语课程和所办专业紧密结合，与学生专业相关的翻译教学渗透其中，顺应学校和学生的发展需求，增加学生在未来就业市场的竞争力。早在 2002 年，清华大学罗选民教授就认识到了大学英语翻译教学的重要性，他曾对中国铁道部下属的翻译和传讯做过一些调查，发现“50% 以上的雇员毕业于非外语专业，可以肯定，将来许多科技翻译人员将来自大学翻译教学”。[3]

3.2 教师以大学英语四、六级考试为契机，将课堂翻译讲授与课后学习引导相结合

教师在翻译教学效果中发挥重要作用。在有限的课堂翻译讲授中，增加翻译理论与技巧的内容，讲评学生的翻译作业、与多种参考译文对比，融入中国文化价值观的内容，增强学生的文化意识。

鉴于中国文化知识和信息的段落汉译英在四、六级中所占的显性比重，引入中国文化知识和信息还将帮助大学英语课程学习者调整或进一步明确相关学习内容，激发用英语传递中国文化知识和信息的学习热情，提高学习效率，以取得理想的考试成绩。[4] 增加翻译实践的内容，使之与真实环境中的翻译需求、交际需求更为接近，符合“中国文化走出去”的国家战略。[5]

教师利用现代技术手段，对四、六级段落翻译常考的传统文化习俗、经济社会发展、科学技术介绍等，进行微课的录制。这些独立的微视频拿出来都是一个完整而丰满的翻译知识点，而放到整个微课模块当中又能形成一个体系，这样才能让学生系统而具体地学习翻译知识，提高翻译技能。[6]

教师还可以向学生推荐一些介绍中国传统文化、历史、经济、社会发展相关的英文网站，如 China Radio International、期刊如 *Beijing Review* 和 *China Today*、纪录片如 BBC 的《美丽中国》等供学生课外学习，帮助学生进行词汇积累和表达、知识储备。

4 结语

大学英语翻译教学针对的绝不仅仅是学生四、六级成绩的提高，更是能使学生经过相对系统的学习，获得用英语传播中国文化的能力，获得在未来的学习工作中的跨文化交际能力甚至学术表达能力。大学英语翻译教学在社会、学校、教师、学生的配合下，任重而道远！

参考文献

[1] 刘晓民，刘金龙 . 大学英语翻译教学：问题与对策 [J]. 山东外语教学，2013（5）：69–73.

[2] 潘宏伟 . 准确把握大学英语翻译教学的定位 [J]. 大学英语教学与研究，2016（3）：59–61.

[3] 罗选民 . 中国的翻译教学：问题与前景 [J]. 中国翻译，2002（10）：56–58.

[4] 顾卫星,叶建敏.中国文化在大学英语课程教学中的现实性研究——基于大学英语四、六级考试试卷结构和测试题型调整后的命题 [J]. 外语测试与教学，2014（1）：9–13.

[5] 陆仲飞 . 大学英语需要从“教学翻译”向“翻译教学”过渡——评析“大学英语四、六级考试新题型”中的段落翻译 [J]. 上海翻译，2014（2）：72–74.

[6] 裴琼 . 关于微课应用于大学英语翻译教学的探讨 [J]. 兰州教育学院学报，2016（11）：145–147.

浅谈大学英语四级写作中的词语搭配问题

吕 绵*

摘 要：初步探讨大学英语四级写作中词语搭配的问题，防止中式英语，学会地道表达。

关键词：四级写作；词语；搭配

我们谈论四级考试的写作，通常是按照自上而下的步骤，即先从文章结构着手，到段落的处理，再到词汇的选择和运用。虽然词汇是最后才考虑的问题，但并不能说明词汇在写作过程中不重要。相反，好的文章需要有地道的词汇做支撑才能更好地表达中心思想，方便交流。

搭配是词汇学习中的重点和难点。所谓搭配指的是某些单词会自然而然地结伴出现。英国语言学家 J. R. Firth 早在 20 世纪 50 年代就提出了词语搭配的问题。"You shall know a word by the company it keeps." （"由词之结伴可知其词。"）这句话告诉我们，单词的搭配就是指一些词和一些词会结伴出现的语言现象，同时也限制了某个词要与哪些词用在一起，体现了搭配的制约性。所以，一味地按照母语的习惯生硬地将某些单词放在一起是极其有害的。

1 词汇搭配的类型

搭配从稳定性方面考虑，通常可以分为"封闭性搭配"和"开放性搭配"

* 吕绵，北京工商大学外国语学院讲师，主要研究方向为英语教学、英语教育。

两大类。“封闭性搭配”也就是平时所见的习惯性用语。这类搭配是在长期的文化积淀过程中形成的，其结构具有稳定性，不能随意修改，是约定俗成的，如 butterflies in the stomach（忐忑不安），stand a chance（有机会，有希望），kick the bucket（死）等。这类搭配往往从字面上无法推测其含义。

“开放性搭配”是在多变的语言环境中按照一定的语法结构和语意联系造就的灵活的词语组合，词和词之间的搭配可以有各种各样的含义，比如动词和名词之间的搭配、名词和动词之间的搭配、形容词和名词之间的搭配、动词和副词之间的搭配、副词和形容词之间的搭配等。这类搭配要特别避免受到中文的影响，防止根据中文的意思生硬地将某些词汇放在一起使用。

1.1 “动词 + 名词”的搭配

词语搭配关系中以“动词 + 名词”的搭配最难掌握。比如，“开支票”的对应英文是 make out a check 或 write a check，而不是 open a check，因为 open 与 check 不搭配。英语中同一动词与不同名词搭配表示不同的意思，比如，wear 可以和不同的名词搭配表示不同的意思：wear a watch（戴着手表）/ wear glasses（戴着眼镜）/ wear her hair long（留着长发）/ wear beard（留着胡子）/ wear a dress（穿着衣服）/ wear a diamond（戴着首饰）/ wear a seatbelt（系着安全带）/ wear a smile（面带笑容）/ wear a frown（皱着眉头）/ wear a grin（面带微笑）等。此外，英语中许多不同的动词可以和同一名词搭配，表示相同的意思，比如，broaden / expand / open up / widen one’s horizons 都表示“开阔视野”的意思，develop / boost / expand / improve economy 都表示“发展经济”的意思。这类搭配不同于固定搭配，需要在学习过程中日积月累才能熟练掌握并运用。

1.2 “名词 + 动词”的搭配

英文中的某些名词需要搭配相应的动词组成主谓结构，如上文提到的动宾结构的“发展经济”里的动词“发展”，是不是可以全盘照搬到主谓结构中的“经济发展”里的“发展”呢？其实是不可以的。“经济发展”的正确搭配是 economy develops / grows / flourishes / expands。上文中的某些动词可以用，某些就不可以。可见，即使是同一个名词，在主谓结构和动宾结构中搭配同样意思的动词和名词也不尽相同，由此可见搭配的复杂性。

1.3 “形容词 + 名词”的搭配

形容词和名词的搭配就更能体现出搭配的多样性和复杂性。举一个简单的例子。平时常见的“大风”“大雨”“大雪”的对应英文，同样是形容词表示“大”，同样是修饰名词，但由于所修饰的名词不同，“大”出现了不同的词汇与后面的名词进行搭配。如“大风”的英文可以是：a strong / high / stiff / terrible / fierce wind，“大雨”的英文则可以是：a heavy / pouring / lashing / driving rain，而“大雪”却是 a heavy / thick snow。再比如，“杰出的政治家”会翻译为 a great statesman，而“出名的赌徒”则会翻译为 a notorious gambler。因为后面的名词不同，前面具有相似含义的形容词必须进行调整与之配合。只有了解这方面的知识，我们在用英语表达思想时才可以避免出现望文生义的词语搭配错误。

2 结语

今天只稍微探讨了搭配中最常见的三种形式，其他的如“动词 + 副词”的搭配、“副词 + 形容词”的搭配等也同样多变和复杂。其复杂性从下面的例子中可以略见一斑。形容词与名词的搭配“激烈的竞争”可以是：fierce / intense / keen / severe / serious / tough / strong / stiff / cut-throat competition；而副词与形容词的搭配表示“竞争激烈”却是：extremely / fiercely / highly / intensely / very competitive；动词与副词搭配表示“竞争激烈”常见的翻译是 compete fiercely。大学英语四级写作时应该力求用词有所变化，避免重复。鉴于此，诸如此类的同义词语的搭配最能派上用场，可以使文章看起来生动多样不单调。不论是哪种形式的搭配，都需要同学们在平时的学习中注意积累，处处留心，用心体会，反复记忆并加以利用，做到融会贯通。

浅析英语四级考试汉译英常见错误

马　蓉*

摘　要： 本文以北京工商大学二年级非英语专业的学生为例，分析他们在应对大学英语四级考试翻译题型（汉译英）中出现的错误及原因，简要探讨了大学英语教师在教学中应如何帮助学生规避翻译错误。

关键词： 汉译英；中式英语；错误分析

从2013年12月起，大学英语四级考试的翻译题型有了重大改变，从原先的补全句子翻译转换为段落翻译，翻译内容涉及中国的历史、文化、经济、社会发展等方面。这无疑给广大的非英语专业学生以及大学英语教师带来了更严峻的挑战。因此，如何有效规避不必要的翻译错误、提高非英语专业学生的汉译英水平成为亟待解决的一个问题。

1　研究对象及方法步骤

本次研究对象选取了北京工商大学二年级非英语专业的150名学生。根据入学分级考试以及大学一年级期末考试的结果，这150名学生被分到了五级班（水平从低到高分别是一到十级），也就是说这群学生的英语学习处于中游偏下的水平。按照学校整体的教学规划，他们必须经过两年系统的英语必修课学习后，在大学二年级的第二学期参加全国大学英语四级

* 马蓉，北京工商大学外国语学院讲师，主要研究方向为英语翻译、英语教学。

考试。

我们在 2017 年春季学期里对学生进行了应对四级考试的各项辅导，其中就包括汉译英。在多次翻译练习中，我们选取其中比较集中并且典型的错误，对其进行归纳总结和分析。

2 研究结果及错误分析

在收集上来的多次翻译作业中，我们发现因为受母语负迁移的影响，中式英语的错误比比皆是，主要体现在以下两方面。

2.1 词汇错误

词汇层面的错误是最基础的，也是最普遍的，主要问题体现在词语选择不当、搭配不当、语义重复等几方面。学生的作业直接反映出他们词汇基础不够扎实，对于词语的具体含义、应用场合、固定搭配、词性等都没有很好地掌握，因此导致了很多令人啼笑皆非的错误。另外，这个水平的学生在翻译的时候往往直接生搬硬套，不去认真思考中文的内涵，也会造成选词不当的问题。

例 1：中国的风筝一般用丝绸画粘贴在竹框上制成，用一根丝线作为它的弦。

误译：...bamboo basket...，... chord...

例句中“竹框”指的是风筝的框架，因此应该是 bamboo frame。而不少学生选用的 chord 一词正确的解释是“a straight line connecting two points on a curve（如：弓弦）； a combination of three or more notes that blend harmoniously when sounded together（如：琴弦）”。因此，例句的正确翻译应为：Chinese kites are usually made of painted silk on a bamboo frame，with a silk string attached to it.

此外，学生在词语搭配上也经常错误百出，介词使用相当混乱。

例 2：放风筝 \ 起源于 \ 基于。

误译：playing kites \ originate in \ based by.

正译：flying kites \ originate from \ based on.

2.2 语序错误

由于学生的语法基础不扎实，词汇使用不当、对中英语语言特点差异不了解，中式英语的表述和错误随处可见。其中，比较明显且普遍的错误集中在翻译的语序方面。即使选词准确无误，不少学生还是完全按照中文的语序来进行翻译。而英文的特点是状语等修饰语习惯后置。

例 3: 学习者可以随时随地借助互联网和信息技术来获取知识和技能。

误译：Learners can be anywhere at any time with the help of the Internet and information technology to get knowledge.

正译：Learners can acquire knowledge and techniques with the help of the Internet and information technology at all times and places.

此外，英语注重形合，句子的基本结构必须完整，严密规范。而汉语的特点是意合，意念连贯，不严格追求结构的完整，比如常常省略主语、句与句之间流泻铺排等。

例 4：中国政府非常重视环境保护方面的法律法规建设（formulation）。迄今，已经颁布（promulgate）了环保方面的 5 个特别法和 9 个自然资源法。

误译：...Until now，have promulgated five special laws and nine natural resources laws.

正译：...Up to now，five special laws and nine natural resources laws related to environmental protection have been promulgated.

3 对大学英语翻译教学的启示

根据以上对学生汉英翻译过程中所犯错误的简要分析，我们可以在今后的教学中注意采取得当的方法，从词汇、句法等方面入手，逐步提高学生的翻译水平。在帮助学生巩固中文语言文化知识及阅读理解能力的同时，还可以通过专题讲解、增加阅读量等方法，使学生更深入、扎实地了解英语语言的特点和表达方式。对于字词的理解和掌握不能停留在表面，而是将其放入特定语境下，通过上下文来更好地掌握词语的内涵意义、固定搭配等。此外，基础语法知识和翻译技能的培养仍需加强。可以在课堂引入翻译理论和策略，同时配合实战练习。

大学英语分级教学之探讨

彭　淳*

摘　要： 本文主要探讨分级教学的利弊以及实施中应注意的原则。

关键词： 英语教学；分级教学；教学法

分级教学在我国的大学英语教学中越来越普遍，这是由中国英语教学的特殊情况造成的。分级教学有显而易见的好处，也带来许多问题，在实践中要遵循一些原则，扬长避短。

1　我国大学英语教学的特殊情况

1.1　幅员辽阔，地域差异大

中国是一个地域广大、幅员辽阔的国家，各个地区的教育水平和教学环境，尤其是英语教学的情况参差不齐，千差万别。全国不同地区、不同基础的学生走入同一所高校的英语课堂，必然带来学生水平的巨大差异。

1.2　大学英语作为公共必修课的地位

英语在中国的环境中一直都是一门外语，在许多国民中并不普及。同时大学英语是各个专业的公共必修课，而且全国大学英语四、六级水

* 彭淳，北京工商大学外国语学院讲师，主要研究方向为应用语言学、英语教育。

平考试与大部分高校的大部分专业的学位或毕业相关。学生在外语学习的能力、基础和兴趣上存在很大差异，但是他们都别无选择地走进了大学英语的课堂。

1.3 高考扩招带来的生源变化

1999年开始我国实行高校扩招，更多人口进入高等教育也意味着学生学业水平差距加大，对大学英语教育提出了更严峻的挑战。

2 大学英语分级教学之必要

2.1 分级教学的好处

传统教学中部分学生吃不饱、听不懂的现象通过分级教学可以得到部分解决。分级教学使得教师可以根据不同级别学生的英语基础和学习特点制订不同的教学方案，设定更恰当的教学目标，使用更有针对性的教材。

2.2 英语分级教学的理论依据

孔子的“因材施教”强调要根据学生的不同特点有针对性地教育才能收到效果。美国语言学家克拉申提出的“可理解性输入”假说认为按照语言学习者现有水平可以理解并稍有难度语言输入是“语言习得”的必要条件。

3 大学英语分级教学的问题

3.1 学生的心理问题

分到较低级别的学生容易产生自暴自弃的心理，没有高水平学生的带动，士气低落，学习氛围不浓，课堂活动参与积极性差。

3.2 教学管理的问题

一个英语班级的学生来自不同院系和专业，而且每学期还会滚动变化，导致学生彼此熟悉度差。学籍管理、考试安排、排课、小组形式的课内外活动和课堂的活跃度与默契程度都受到影响。

3.3 分级的落实问题

学前分级测试的准确度不易保障：入学分级测试要做到准确有效需要考查学生的听说能力，学习习惯。新生人数多的学校要做到这一点是很困难的；统一大纲和统一考试的限制：不同级别的教材和教学目标的设置不仅需要深入的摸索和改革，而且受到统一的教学大纲和四、六级考试的牵制；不同级别的班级期末考试的标准较难把握：不同教学内容需要与之适应的考试才能有好的效果。区分度不高的试题不仅不能反映各级别的教学成果，还会导致不同级别的班级成绩差别大，挫伤低级别学生的积极性。而分别命题同样可能导致高级别学生因为拿高分难而认为不公平。

4 针对分级教学中的问题提出的建议

针对分级教学中的问题，本文提出以下建议：关注学生心理，及时进行疏导，使他们认识到更有针对性的学习才能带来更好的效果和更快的进步；不断摸索提高分级测试的准确度；尽量使同一英语班级的学生来自较少的院系专业；加强英语班级师生的联系，保证沟通及时；进一步深化大学英语教学改革，给教师更多的空间根据学生情况灵活自主地制订教学计划，设计教学内容；期末根据教学内容和学生情况按级别梯度命题，考入高级别自动获得低级别的学分并可以选修其他英语专业课程。

分级教学是我国大学英语的特殊情况所要求的。要使分级教学真正发挥作用，需要大学英语教师付出更多心血在每个环节上探索实践落到实处，也需要深化教学改革，允许教师在教学中有更多的自主空间。

英美文学与文化在大学英语教学中的意义

——以《新标准大学英语》为例

邱国红*

摘　要：在大学英语教学中重视文化的输入和文学的积累，可以有效减少学生因为文化和文学的缺失而发生的理解偏差与误读，增强理解力，提高阅读质量，从而有效地提高学生的英语应用能力。

关键词：英美文学；大学英语教学；《新标准大学英语》

1　引言

目前，某些高校的大学英语教学单一地强化学生的听、说、读、写等基本技能，将大学英语从一门提供文化多视角、拓宽学生国际视野和提高人文精神境界的学科变成了一门机械的语言训练课程。这种做法有悖于培养全面、高素质和具备核心竞争力的应用型人才的教育目标，也无法真正提高学生的英语应用能力，导致大学英语教学质量不高。因此，在大学英语教学中重视文化的输入和文学的积累，可以减少学生因为文化和文学的缺失而发生的理解偏差与误读，提高阅读质量与英语应用能力。

* 邱国红，北京工商大学外国语学院副教授，主要研究方向为英美文学。

2　英美文学与文化在大学英语教学中的重要意义

文学，作为人文学科中的重要分支，对于提高学生的文学素养，培养高素质的国际化人才起着举足轻重的作用。忽视文学在语言教学中的作用往往会导致很多语言学习的失误。王守仁教授在其《〈大学英语教学指南〉要点解读》中指出：“作为目前全球使用最广泛的语言，英语是英美文化的重要组成部分和载体，是国际交往和科技、文化交流的重要工具。”因此，在大学英语教学中导入文学因素就变得刻不容缓。

2.1　英美文学和文化知识可以有效地提高学生的阅读理解能力

为了增强学生对于英语文本的深入理解，英美文学知识是必不可少的。以《新标准大学英语》第一册第一单元课文 B《回忆录》（*Tis: A Memoir*）为例，如果学生在欣赏课文前不了解爱尔兰移民在美国遭受歧视的历史，他们就无法理解小说的作者——弗兰克·麦考特（Frank McCourt），一个出生在美国的爱尔兰年轻人在纽约大学求学期间时时笼罩他的那种忐忑、自卑和压抑：当其他大学生在课堂积极提问或发言时，他却不能，因为“the whole class would stare at me and wonder who's the one with the accent”；他也试图模仿美国腔来掩饰自己爱尔兰人的身份，但是“people always smile and say，Do I detect an Irish brogue?”；当教授讲到英国新教徒离开英国以逃避宗教压迫时，他愤懑地想，难道英国人不是更压迫爱尔兰人吗？他是多么想控诉英国对于爱尔兰几个世纪的压迫和奴役，可是“If I open my mouth they'll know I am not one of them.”这个年轻人甚至浮想联翩，想象着通过和自己心仪女孩的交谈，让她惊异于自己广博的阅读和深厚的文学功底而爱上他。

为了理解好课文，学生被要求课前收集相关资料，之后在课堂上共享。由此，他们深入了解了爱尔兰人的遭遇以及移民美国后被歧视的辛酸史。在这样的文学和文化导入下，学生就理解了爱尔兰裔美国作家 Frank

McCourt 在他著名的自传体小说《安吉拉的骨灰》（*Angela's Ashes*）以及续篇《回忆录》中所描述的悲惨家庭和遭遇。在这样深厚的背景文化下，学生积累了英美文化的知识，对于提高阅读理解能力意义深远。

2.2 英美文学和文化知识可以拓宽文化视野，丰富情感体验，引发学生对人生的思考

在探究课文的丰富文化背景的同时，学生也了解到，根据作家的说法，他擅长讲故事的基因其实来自他的酒鬼父亲。由此，我适时地向学生指出，爱尔兰这个民族有着深厚的讲故事的传统，这就有力地佐证了为何爱尔兰历史上出现了那么多人们耳熟能详的大文豪的原因，如大剧作家乔治・萧伯纳和塞缪尔・贝克特，著名诗人和剧作家威廉・巴特勒・叶芝，著名作家奥斯卡・王尔德和詹姆斯・乔伊斯等。

同时，学生也了解了英国的宗教改革运动、英国的清教徒，以及他们如何为了谋生和逃避宗教迫害移民美国，继而，清教徒文化是如何深深地影响美国的文化和教育等。此外，在这篇小说节选所提及的经典作品中，我还让学生重点阅读美国 19 世纪最著名的小说家之一赫尔曼・梅尔维尔的经典作品《莫比迪克》（*Moby Dick*），观赏电影并写读后感，让学生探索大白鲸丰富的象征含义，深刻体会小说所揭示的自然和道德探索的心灵之旅。

3 结语

通过这样的课堂实验，笔者深深感到，将英美文学和文化在教学中渗透与延伸的教学不仅可以提高学生的文学修养，拓展学生的国际视野，而且可以丰富他们的情感体验，促使他们对于人生和价值进行思考。这种教学给学生带来的深厚文化积累和良好的学习指导，必然会增强他们对于英语语言的理解力，提高他们应用英语的能力，同时为有效地使用英语传播中华文化与思想打下了良好的基础。

将智能手机应用在大学英语课堂教学中

石洪宇*

摘　要：智能手机使用的广泛性和功能的多样性使其应用不仅限于生活中，还可以应用在大学英语课堂教学中。

关键词：智能手机；大学英语；课堂教学；应用

随着信息技术的发展、移动网络的引入及配套应用软件（APP）的开发，智能手机的功能越来越多样化，成为人们生活中不可或缺的电子设备。在大学校园中，大学生几乎人手一部智能手机，低头操作手机的“低头族”随处可见，有些学生甚至课上课下手机皆不离手，沉浸在手机 APP 所营造的世界中，极大地影响了课堂听课效果。同时，大学英语教学也面临着困境。尽管大学英语课堂利用现代教育技术，引入多媒体教学，教学资源比起传统课堂更加丰富、更加有趣味性，但是由于班容量比较大，学生对于课堂活动的参与度仍然不高。而语言学习恰恰具有较强的实践性，需要学生的积极性、主动性、参与性以及相互之间的交流合作。在这种情况下，与其禁止学生上课使用手机，不如积极地因势利导，充分发挥智能手机的功能，将智能手机应用在大学英语课堂教学中。

首先，手机社交软件的开发与利用为师生提供了一个交流和合作学习的平台，例如，在国内比较广泛使用的 QQ、微信、微博等社交软件，它们可传送各种数据的功能使得沟通几乎没有障碍。使用者不仅可以个体间

* 石洪宇，北京工商大学外国语学院讲师，主要研究方向为英语教学法。

私下交流、公开发动态，还可以根据不同需要在不同范围的人群里建“群”，方便特定人群的交流。群里成员可以进行即时或延时互动，也可以共享信息或资料。以微信为例，教师可以班级为单位建立微信群，将通知、要求、作业、相关资料等发至群里，学生有问题也可以发至群里寻求帮助。在课堂上，微信群这个平台替代了现实教室里的黑板、屏幕、播放设备等，抛开了传统课堂上需要打印分发的纸质材料，还包含了即时互动，加强了师生、生生间的合作学习，既方便实用，又节约了资源，给教学活动多样化创造了无限可能。

其次，Word、PPT、Excel、PDF 等办公软件的手机版将手机变成了易于操作、便于携带的微型电脑，为智能手机应用于大学英语的课堂提供了保证。学习者可以利用手机查看 Word、PPT 等文档，也可以在手机上进行创作、编辑。同时，这些手机 APP 所带有的分享功能可以让使用者很容易把文档上传至指定位置，比如发送至微信群或利用邮箱客户端作为邮件发送出去。因此，无论是通过微信还是邮件，学生都很容易接收并阅读这些材料。能够进行文本阅读是课堂上进行移动学习的一个重要条件，是大量获取信息以及传递信息的一个重要方式。

再次，与英语学习相关的网站和手机 APP 以及微信公众号推送为英语学习者提供了丰富多彩的学习资源，例如，China Daily、VOA 英语、沪江英语、盒子鱼等。这些资源优势在于不仅能够提供平面化的文本，还能提供视频、音频等多媒体资源以及人机互动。音频训练了学习者的听力技能，文本强化了阅读能力，视频呈现语言使用的场景，有助于加深学习者对语言的理解和运用，使语言学习更加富有趣味性，学习者利用手机的语音输入功能进行口语训练或者将自己的写作练习上传到学习系统中，并由学习系统进行评分，从而达到听、说、读、写四种技能的全方位训练。在学习过程中，学习者可以选择读一篇英文小说，也可以选择看一部英文电影；可以选择读一本语法书，也可以选择看一个微课；可以选择自己解决难题，比如用工具性英文字典软件查找一个单词的用法，也可以利用网络搜索类似的问题和解决方法。这种基于移动平台的学习。可以发生在课外学生进行自主学习的过程中，也可以在课堂上由教师组织进行，而无须投入大块儿时间。教师根据课堂教学内容选择辅助补充材料，并将资源链接直接发至微信群中，学生点击链接即可获取材料。教师根据需要进行讲解或组织课堂活动，强化对知识点的理解，并获得课堂反馈。

最后，手机 APP 的某些课堂管理功能也有助于教师的课堂管理。比如，文华在线教育科技股份有限公司研发的交互英语 APP 的小工具中，就有教师点名、分组、投票等功能。教师可以实现课堂自动化点名，将学生分组进行课堂活动，或者让学生投票来收集学生意见。大班授课的操作难点之一便是统计出勤率困难，教师点名会浪费很多课堂时间。利用这个 APP 的点名小工具，教师可以设置点名距离和时间，设置好之后摇一摇就可以统计学生的出勤情况，大大简化了点名步骤，节约了时间，方便了教师的课堂管理。教师还可以利用工具中的分组将学生按照组数或者人数分组，进行课堂活动，方便小组评比。与传统课堂相比，课堂活动的组织更加清晰、直观。另外，只要填写投票主题和选项，就可以在课堂轻松发起投票，投票结果和详情可以秒见。在课堂内偶尔发起投票，收集学生对某个话题的意见和观点，可以使课堂活动多样化，提高学生的参与度，活跃课堂气氛，统计结果还可以作为教师安排教学活动的依据。

智能手机的发展既为人们的生活带来了便利，同时也带来了挑战。在一个信息发达、沟通顺畅、资源丰富的时代，有太多事物分散人们的注意力，但是，智能手机的发展也开拓了人们的视野，丰富了人们的生活，加强了人们的交流与合作。正是基于这种属性，教师才能把智能手机作为一种教学辅助工具被引入大学英语课堂，让语言教学更加生动、形象，让语言融入情境，让学生置身其中。也只有顺应这一潮流，利用好现代化的交际手段，才能活跃课堂气氛，提高学生学习英语的兴趣，最终提升大学英语课堂教学效果。

"产出导向法"指导下的大学英语课程教学设计

史　云*

摘　要："产出导向法"作为具有中国特色的外语教学理论体系，旨在提高大学外语课堂教学的有效性，培养学生的英语综合应用能力。本文以该理论体系为指导思想，以《新标准大学英语》综合教程 1 册为文本材料，尝试设计出一个单元的教学方案，探索改善课堂教学效果的有效途径。

关键词："产出导向法"；大学英语教学；课堂有效性

1　引言

为了适应新时代我国经济社会对外开放的要求，《国家中长期教育改革和发展规划纲要（2010—2020 年）》中提到要培养大批具有国际视野、通晓国际规则、能够参与国际事务与国际竞争的国际化人才 [1]，其中一项很重要的内容是提高大学生的英语水平。多年来，大学英语教学改革促使我国高校大学英语教学在教学理念、教学内容、教学手段、教学评价等方面发生了巨大变化，切实提高了大学英语教学质量。但是，课文至上的教学方式依然顽固，而英语课时不断被压缩，四、六级考试过级压力不减，导致教学中应试教育的痕迹仍然严重，正如文秋芳教授所说 [2]，课堂师生 /

* 史云，北京工商大学外国语学院讲师，主要研究方向为二语习得、教学法。

生生互动很少，为学生提供连贯表达语言的机会也少，教师误把教课文作为课堂教学的目标，而不是作为培养学生综合运用英语能力的工具。学生积累的大量惰性知识无法自动转化为产出能力，用于日常交际。“产出导向法”（production-oriented approach，POA）是文教授创建的具有中国特色的旨在改进中国大学外语教学效果的外语教学理论，已经过多轮教学实验，证明了其实效性，本文尝试以该理论为指导，以《新标准大学英语》综合教程 1 册 1 单元为例，展示一个单元的课堂教学设计。

2 理论介绍

经过 10 余年的发展，POA 从早期的输出驱动假设，到输出驱动 – 输入促成假设，再到 POA 体系的形成，已经成为一套成熟的理论体系，并在国内外语言教学类期刊和各类研修班得到推介，引起外语界的广泛关注，很多教师开始尝试应用，基于这一理论编写的《新一代大学英语》教材也已出版并被多所高校采用。POA 包括教学理念、教学假设和教学流程三部分，其中“教学理念”是其他两部分的指导思想；“教学假设”是“教学流程”的理论支撑；“教学流程”是“教学理念”和“教学假设”的实现方式，而教师的中介作用体现在“教学流程”的各个环节之中。[3] 教学理念有三大原则，即“学习中心说”“学用一体说”和“全人教育说”。“学用一体说”针对“教材中心”“课文至上”及教学实践中“学用分离”的弊端，主张边学边用，学中用，用中学，学用结合。

3 课堂教学设计

笔者任教的高校是北京一所市属综合院校，大学英语是全校基础公共课程。教学对象是来自财会专业的大一新生，共 60 人，英语水平属于中等，学生的语法和应试能力较强，但听说写译的产出能力较弱。笔者设计一个单元的教学方案，为期 2 周，每周 2 课时。开学初，新生接受 2 周的导学课，主要介绍大学英语学习要求和POA理论中包含的“学习中心说”“学用一体说”“全人教育说”的理念，讲解输出驱动、输入促成和选择性学习的具体做法及评价方式。教学遵循“驱动—促成—评价”的流程。

3.1 产出驱动

根据POA理论，驱动包括3个环节：①教师呈现交际场景；②学生尝试产出；③教师说明教学目标和产出任务。本单元的主题是“适应校园生活”，教师提供一段视频材料，呈现两段交际场景：场景1，新生、老生交流会上，你代表老生发言，谈论如何适应大学新生活；场景2，参加校园征文活动，从老生的角度谈论大学生活的感受、困难和建议。交际场景贴近学生的生活，能激起学生共鸣和表达热情。由于学生刚入学，知识和技能水平有限，尝试产出任务时会发现困难重重，从而产生学习欲望，这时教师说明单元产出目标，明确其包含的交际和语言两类目标，交际目标是完成个人演讲和征文写作：描述初入校园的经历和感受，阐述遇到的学习和生活困难，最后提出解决办法；根据“选择性学习”的要求，语言目标仅学习完成交际目标所必需的单词、短语和语法知识。

3.2 输入促成

为了降低难度，教师把产出总目标分成3个子目标：①描述入校第一周的经历；②比较高中与大学学习和生活的不同；③提供应对措施。每一项子任务都需要内容、语言形式和话语结构促成，除了课文的选择性学习，笔者还增加了一些音视频和文字材料，以更好地调动学生的学习积极性，提高他们吸收输入的效率。促成活动包括：阅读教材文本，查找细节信息，补全单词和短语；使用提供的单词、短语口述句子；对话填空；句子翻译；给家人或朋友写信；话语结构采用教师提供的范本。产出口语练习以学生课内开展对子和小组练习为主，教师从旁观察发现问题，练习结束时，请1~2

组学生全班展示，教师即时予以评估。随着子任务练习的逐步开展，学生逐渐熟悉流程，教师有意识地降低脚手架作用，以提高学生的学习责任感。

3.3 产出评价

采用 POA 理论创设的“师生合作评价”，目的是解决以往教师全批、学生自评、同伴互评和机器自动评分等评价方式效率低和效果差的问题。[4]学生需要课前将演讲和征文的文字稿件上交教师进行查阅，教师挑选典型样本，采用典型性原则、循序渐进原则和可教性原则确定评价焦点[5]，课上师生共评样本中的问题，引导学生发现问题、解决问题，并展示事先准备好的优秀范文，课下由学生自行修改初稿。课堂演讲采取教师即时评价，关注学生的语音语调、内容的切题和连贯性、现场感染力等方面。

4 总结

作为中国本土的大学外语教学新理论，“产出导向法”无疑更“接地气”，外语界同行的教学实践也证明了这种方法可以极大地提升学生的学习兴趣和课堂活动参与度，学生获得感得到极大满足。当然，大面积推广该理论目前仍存在很多挑战，例如，由于不同的教材单元内容与 POA 理论的契合度不同，导致有的单元在使用该方法时教师设计产出任务、促成活动存在诸多困难；目前通行的纸笔标准化考试方式不以考查学生实际的英语实践能力为主，难以全面评价学生的学习效果。即便如此，外语教师仍然需要积极尝试新的教学理论，不断改进教学理念，努力提高课堂教学的有效性。

参考文献

[1] 国家中长期教育改革和发展规划纲要（2010—2020 年）[M]. 北京：人民出版社，

2010.

[2] 文秋芳 . 输出驱动 – 输入促成假设：构建大学外语课堂教学理论的尝试 [J]. 中国外语教育，2014（2）：3–12.

[3] 文秋芳 . 构建“产出导向法”理论体系 [J]. 外语教学与研究，2015（4）：547–558.

[4] 文秋芳 .“师生合作评价”：“产出导向法”创设的新评价形式 [J]. 外语界，2016（5）：37–43.

[5] 孙曙光 .“师生合作评价”课堂反思性实践研究 [J]. 现代外语，2017，（3）：397–406.

基于 Krashen 可理解性输入理论的大学英语新闻听力教学实践及思考*

汤惠敏**

摘　要： 听力在大学英语教学中占据很重要的位置，大学英语四级考试新增英语新闻听力题型，英语新闻听力有其独特的特点。Krashen 可理解性输入理论为课堂教学提供了理论基础，基于可理解性输入理论的大学英语新闻听力教学实践已在笔者所在大学英语课程的部分班级中进行。经过对教学过程的观察和思考以及与部分学生的访谈，笔者获悉，尚需要对学生继续用可理解性输入理论和大学英语新闻听力课堂结合，帮助学生更好地获取和听懂英语新闻听力内容。

关键词： 可理解性输入；英语新闻听力；听力教学

1　引言

随着全球化进程的进一步加快，英语作为国际通用语的重要性也日益显现，我国的大学英语教学也备受关注。《大学英语课程教学要求》中指出大学英语的教学目标是“培养学生的英语综合应用能力，特别是听说能力，使他们在今后工作和社会交往中能用英语有效地进行口头和书面的信

* 本文得到“北京工商大学 2016 年青年教师启动基金”项目（编号：2016-09）的资助。

** 汤惠敏，北京工商大学外国语学院讲师，主要研究方向为外国语言学及应用语言学。

息交流”[1]，来适应我国社会发展和国际交流的需要。听力在大学英语教学中占据很重要的位置；大学英语四、六级考试作为大学英语的全国标准化考试，近些年也进行了一些改革和调整，听力考试部分占比从原来的20%提高到现在的35%，2016年大学英语四级考试又新增新闻英语听力题型。听力的重要性不言而喻，英语新闻听力也越来越重要。

英语新闻听力有其独特的特点。英语新闻听力语速较快，词汇量较大，使用了一些缩略词等；包含新闻导语和6个主要要素，结构呈倒金字塔结构，按照时间顺序来报道新闻事件；时态多用现在时，强调时效性。英语新闻听力还具有很强的文化特征，听的过程中应该与相关的文化背景知识相联系起来。

2 教学实践

Krashen可理解性输入理论为课堂教学提供了理论基础。他认为，输入的材料应该略高于学习者当前的水平。[2]基于可理解性输入理论的新闻听力教学实践已在笔者2016级大学英语课程的三个班中进行，参与者是大一学生，英语水平中等偏低，学期开始的时候，教师对学生进行了英语新闻听力的测试，通过布置课外英语新闻听力的任务及课堂进行新闻听力练习和小测试的形式来监督学生完成。学生在课后需要完成大量的英语新闻听力练习，在练习中注意到新闻听力的特点、要素及语言特征。课上新闻听力材料经教师仔细挑选，听力难度略高于学生现有水平，以此来强化学生的学习效果。通过课后任务、课堂听力练习和测试，项目自开展以来，取得了一定的成效，学生不像一开始那样害怕听英语新闻，较多学生英语新闻听力练习和测试的成绩也有一定的进步。

3 教学观察及思考

在听力教学中，笔者经过观察，发现了学生听力中的一些问题。学生的词汇错误/辨音错误/时态错误/人名错误比较多，词汇量匮乏，语音语调辨识能力较弱，文化背景知识缺乏。部分学生依赖听力原文，没有沉下心来听，好的听力习惯没有养成。部分学生学习态度不太端正，缺乏兴趣和动力。学生的听力基础薄弱，尤其是英语新闻听力基础很弱。不仅在词汇量上，在新闻所涉及的文化背景等知识上，在理解英语新闻的句式特点等方面，学生都有很大的困难。另外，由于长期以来缺乏听力训练，尤其是英语新闻听力训练，学生对听英语新闻有一种焦虑和畏难的心理，这样不利于听力教学的顺利开展，更不利于学生提高英语新闻听力水平。

笔者在与学生的访谈中得知，熟悉的话题（校园、经济、著名人物等）学生听起来感觉更容易理解和听懂。英语新闻听力材料具有特殊性，多取材于英语国家的新闻报道，总体来说，语速较快。学生感兴趣的英语新闻话题听力训练能激发他们学习的积极性，强化其学习动机，缓解他们的焦虑情绪。学生需要多听英语新闻听力材料，熟悉英语新闻听力的特点，对这些有了熟悉度再听就会感觉好很多，听写效果也会好一些。每周听写新闻听力和做听写练习，学生适应了听力的语速和节奏，听起来感觉也容易一些，听写的准确度也高一些。

教师应了解学生的不足，提高学生学习英语的兴趣；多让学生进行辨音练习和强化；要求学生读懂单词，这样才能听懂单词；强化学生的词汇量；督促学生养成良好的听力习惯。教师敦促学生听英语新闻，将精听和泛听相结合，学习地道的英语发音并模仿，提高他们的辨音能力及语感；帮助学生选择适合他们的难度适中的英语新闻听力材料，让他们获得可理解性输入。此外，教师要做好课前的准备活动，让学生熟悉相关的缩略词、专有名词和一些生词，并于听前了解英语新闻听力所涉及的文化背景知识，这样可以充分调动学生的积极性和主动性，帮助他们听懂更多的内容，有利于其自信心的确立。再者，教师要善于引导学生注意并熟知英语新闻听力的特点——倒金字塔结构、导语和六大要素内容等，让学生能够抓住关键信息，获取关键信息后再关注细节内容。

经过教学实践，笔者认为，尚需要继续使用可理解性输入理论和大学英语新闻听力课堂相结合，继续选用可理解性输入材料，同时还应加大输入频率和输入量；另外，将可理解性输入材料与不同的任务结合起来，帮助学生更好地获取和听懂英语新闻听力内容，进而使学生提高听力水平。

参考文献

[1] 教育部高等教育司 . 大学英语课程教学要求（试行）[M]. 北京：清华大学出版社，2004.

[2] ELLIS R. The study of second language acquisition [M]. Shanghai：Shanghai Foreign Language Education Press，1999.

情感教学法在大学英语分级教学中的实际应用*

陶　爽**

摘　要：情感教学法能有效应对大学英语分级教学中凸显的不利于语言学习的情感消极问题，培养良好的师生、生生关系，使学生更加积极、主动地进行语言学习，从而促进语言教与学。

关键词：大学英语；分级教学；情感教学法

1　大学英语分级教学现状

随着大学英语分级教学的不断推进，与之相适应的教学法也成了一线教师不断摸索和讨论的焦点。大学英语分级教学在提供因材施教和个性化教学的同时，也面临着自身模式所带来的挑战，如不同级别的学生的负面、消极、不自信等情绪，这些现象尤其出现在中、低级别的大学英语教学班级。如何在大学英语教学中充分发挥分级教学的优势，引导各级别学生积极配合教学，主动投入语言学习中去，从而取得良好的教学效果是教师尤其关注的问题之一。

* 本文为"2017 年北京市级大学生科学研究与创业行动计划项目"（编号：201710011064）的成果。

** 陶爽，北京工商大学外国语学院讲师，主要研究方向为外国语言学及应用语言学、语篇分析。

2 情感教学法

情感教学，就是指教师在教学过程中充分考虑认知因素的同时，充分发挥情感因素的积极作用，以完善教学目标，增强教学效果。[1] 情感因素包括关于自我的和他人的感受，Krashen 认为，主要的情感因素有三种，即焦虑（anxiety）、动机（motivation）和自尊（self-esteem）。[2] 学习者的情感状态会直接影响到他们的学习行为和学习效果。

国内研究者如戴曼纯、项茂英、朱纯等对外语学习者的动机、信念、焦虑感等及其与学习成绩关系的研究表明，情感因素在英语教学中作用突出。卢家楣教授对情感教学的理论基础、教学模式等也进行了系统的阐述和分析。中外学者的研究表明，情感对外语学习有重要影响和调控作用：积极情感，如自尊、自信、愉快等，能创造有利于语言学习的心理状态；而消极情感，如焦虑、沮丧、厌恶等，会影响学习潜力的发挥。情感策略能深入、持久地影响英语学习成效。

3 情感教学法在大学英语分级教学中的实际应用

本项目对北京工商大学 2015 级大学二年级三个分级教学班共 150 名学生进行了为期 18 周的跟踪调查与测试。三个分级教学班分别为六级一班、六级二班和六级三班。这些班级的学生来自学校不同的专业，并将在受试学期末参加国家的 CET-4 考试。在十级的大学英语分级教学中，六级的学生英语语言整体水平居中，要想短期内在 CET-4 的考试中取得 425 分及以上的成绩，这些学生还需在各方面进行较大的努力。在该项目中，以 CET-4 的真题题型和难度为准，对这些学生在学期的第二周、第七周和第十二周分别进行了跟踪测试和调查，并把他们每次的成绩与第十七周周末参加的国家 CET-4 成绩进行对比。在给这些学生进行的日常教学中，情感教学法得到了充分的运用，以此来观察、分析情感教学对学生语言学习中的作用及对学习成绩的影响。

在第二、第七和第十二周的 CET–4 模拟测试中，获得 425 分及以上的学生比例分别为 42%、64% 和 80%。在第十七周周末的 CET–4 考试中，共有 147 名学生参加，获得 425 分及以上的学生有 139 人，占总人数的 94.6%。从三次平时的 CET–4 模拟测试和最终的 CET–4 测试成绩不难看出，这些学生的成绩有了显著提高。在对学生进行的两次调查问卷中，86% 的学生认为教师对自己的支持和鼓励是推动自己坚持英语学习的最大动力，92% 的学生认为良好的师生关系和学生与学生之间的关系极大地提高了自己对英语学习的兴趣。

在此项目中，通过情感教学法，师生之间通过微信、邮件、电话等之间的交流增多，也让分级班级中的学生不再因为自己来自不同的专业班级而感到孤单，从而培养了良好的师生、生生关系，使得学生在英语学习上不再焦虑、消极、自卑，而是变得更加自信、有动力，在课堂和课后更加配合教师的教学。最终积极有效地促进了英语教学活动。

4 总结

积极主动的情感能够有效地促进语言学习，消极被动的情感不利于语言学习。情感教学法能够培养良好的师生、生生关系，调动学生的积极主动情感，从而有效地促进教师的语言教学活动和学生的语言学习。

参考文献

[1] 卢家楣 . 情感教学心理学 [M]. 上海：上海教育出版社，2000.

[2] KRASHEN S. Second language acquisition and second language learning[M]. Oxford：Pergamon Press，1981.

研究生英语课堂时间控制初探*

田 芳**

摘 要：英语语言课堂是语言学习实现的重要场所，课堂教学时间的控制与课堂教学任务的完成、教学质量和学生的学习投入都有重要的关系，与本科英语课堂相比，研究生英语课堂因为教学对象和教学任务的变化具有自身一定的特殊性，教师要从课堂环节控制和讲课速度控制两方面入手实现研究生英语课堂时间控制的最优化。

关键词：研究生英语课堂；课堂时间控制

课堂教学时间属于分配时间，是一种"有限"的可利用资源，它不能够"无限"开发，同时，课堂时间控制和管理的好坏与是否能够以及是否顺利完成课堂教学任务息息相关，也与教学质量和学生的单位时间利用质量有关。因此教师要高效、合理地利用课堂教学时间。

课堂教学时间的控制分为课堂环节控制和讲课速度控制。讲课速度控制取决于授课对象和授课内容。研究生英语的授课对象不同于大学英语的授课对象，学生的英语水平并不均一，且与听力理解和口头表达相比，相当比例的学生更擅长阅读。教师上课前需要了解学生的情况，选择合适的语速授课，对听力水平好的学生语速过慢会使课堂节奏过缓，气氛沉闷；

* 本文为 2017 北京工商大学学科建设与研究生专项"大数据背景下的研究生英语教学的课外模式研究"成果。

** 田芳，北京工商大学外国语学院讲师，主要研究方向为英语翻译、英语教育。

对听力水平偏低的学生采用正常语速则会使学生的理解大打折扣，进而影响到教学目标的完成。研究生不同于本科生的另一点在于他们往往对某一领域具有较深的研究和认识，若授课内容为授课对象所熟悉领域，速度自然要快一些。讲课语速可以快一些，语言所要表述的内容是学生熟悉的，他们并不需要花费过多时间在理解上，因此可以更多地把学生的注意力吸引到语言形式上，语速的适当加快可以使课堂节奏更紧凑。内容解释也可以快一些，在专业方面语言教师的知识储备往往不及学生，因此没有必要花费过多的时间在语言之外的内容上。若课文内容是学生不了解的领域，就要减慢讲课速度。语速要慢，在这种情况下，语言形式和语言所承载的内容一样重要，所以还要对内容进行必要的解释和补充。

课堂环节控制即根据课堂环节分配时间，在目标课堂中通常至少有三个部分：组织教学（教师和学生彼此明了即将进入上课环节）、讲授（教师将信息传递给学生）、总结（教师向学生总结课堂重点），其中，组织教学和总结是为教学目标服务但不直接体现教学目标，时间可控性强，重点要分配的时间在讲授环节。

在目标课堂中时间的组织通常有三种方法：按教学目标组织、按教学活动组织、将教学目标和教学活动相结合分配组织时间。按教学目标时，教师将课堂时间分配给每个教学目标来控制课堂时间，但有些步骤，如过渡、由某个课堂活动引发的讨论，并不明确属于某一个教学目标；同时，教学目标是靠教学活动实现的，教学活动并不总是和教学目标一一对应，一个教学目标可能是由若干个教学活动体现的，有时，一个教学活动又同时体现了若干个教学目标，由此可见，按教学目标组织课堂时间是有一定局限性的。按教学活动组织时间，对教师而言更容易操作，即将课堂时间根据课堂程序分配给每个教学活动，每个教学活动要在分配时间内完成，但这种时间分配方法不与教学目标挂钩，不够突出教学目标。将以上两种方法结合起来就是先根据教学目标进行一级时间分配，再根据实现每个教学目标所设计的教学活动进行二级时间分配，即使一个教学活动跨越了两个教学目标也没关系，因为每个教学活动也有时间安排，这样的时间组织方式既突出了教学目标，又便于教师课堂操作。

英语课堂属于目标课堂但又略有不同，英语课堂中经常看不到明确的三个步骤，即组织教学、讲授、总结，因为语言既是教学目标的实现方式，又是要传递的信息和知识点，即教学目标本身。因此按照课堂目标来分配、控制课堂时间并不适合语言课堂。传统英语课堂教学中通常从教学内容出发来管理课堂时间，以所讲解课文的展开顺序来推进课堂教学的进行，所讲授课文中的词汇、难句、语言点为课堂时间控制的依据，以教师为中心，教师控制课堂，进行课堂时间分配和控制，较易实现预设课堂时间安排。但研究生英语课堂与传统英语课堂不同，第一，研究生英语的教学对象为具有中高级英语水平、具有一定专业素养的成年人，他们不满足于传统英语教学中对具体语言知识点的单一讲解；第二，研究生英语教材通常具有一定难度和深度，单纯的讲解无法完全物（教材）尽其用。基于这两个原因，在研究生英语课堂上，如果仍然采用以教师为中心、课堂讲授为主的教学模式是不恰当的。课堂中心需要向学生转移，课堂活动和讨论必不可少，而且会是课堂目标的主要实现形式，因此上文所讨论的将教学目标和教学活动综合考虑对课堂时间进行二级分配的方式更为恰当。

课堂时间的分配和计划最终要落实在课堂上，课堂活动和讨论在进行中也不完全在教师的控制之下，会有突发情况的出现。课堂时间的管理和分配是计划性的，但不是不可变通的，管理课堂时间是为了完成课堂教学任务，达到课堂教学目标，约束教师和学生的课堂行为。若一个课堂活动进行顺利，比分配时间早完成，多出来的时间就可分配给本次课中较为复杂的活动。教师作为具体执行人应根据课堂情况灵活应变，以保证课堂任务的顺利、有效完成。

社会认知观的自我调节学习对外语教学的启示*

田 莉**

摘 要： 本文主要介绍了社会认知理论下的自我调节学习及其对外语教学的启示。

关键词： 自我调节学习；社会认知理论；外语教学

自20世纪80年代开始，自我调节学习（self-regulated learning）已成为西方教育心理学、学习心理学及社会认知理论中的一个热点。自我调节学习的概念是由Zimmerman在Bandura的社会学习理论基础上提出的，指的是学习者在一定程度上从元认知、动机和行为方面积极参与自己学习活动的过程。[1] 根据这一理论，学习者具有主观能动性，能够主动获取知识和技能，并对自己的学习加以指导，而不依赖家长、教师或其他教育机构。自我调节学习的研究目的是揭示为何有些学生在心理能力、社会环境和教育质量有限的情况下，仍能取得优异的学业成就；而有些学生在心理能力、社会环境与教育质量有明显优势的情况下却表现出学业失败。[2]

社会认知理论强调人的主观能动性。学习者并非被动地接受环境的刺激和影响，其行为是主观因素与环境因素共同作用的结果。人有选择和改变环境的机会，也可以通过反思调整未来的行为方式。

---

* 本研究为北京市教委2015年社科计划面上项目（编号：SM201510011007）成果。

** 田莉，北京工商大学外国语学院讲师，主要研究方向为二语习得、社会语言学。

班杜拉的社会认知理论认为自我调节是个体、行为和环境三种因素的交互作用。他提出了自我调节学习的三元交互理论。三元指个人的、环境的和行为的三个因素交互作用。个人因素包括目标、自我效能、已有知识、元认知及情感等。其中自我效能被认为是影响自我调节学习的一个关键变量，它指的是学生对自己是否具有实施某一行为的能力所做出的推测和判断。大量的研究表明，学生的自我效能感与任务的选择、在完成任务时的坚持程度等都有密切的关系。通常自我效能感高的学生能够更多地使用学习策略，并对学习结果有更多的监控。学生的已有知识既包括语言词汇等描述性知识，也包括自我调节知识。元认知指个体对认知活动及其影响因素的认识和调节。学习目标包括近期目标和远期目标。行为因素包括书面记录、报告等自我观察，对照目标评价行为等自我判断以及对自己进行奖惩等自我反应。环境因素包括经验指导、模仿学习、社会性援助等。经验指导是指从成功事件中获得描述性和自我调节的知识，提高自我效能感。模仿学习指通过观察他人自我调节策略的示范提高自我效能。社会性援助指向父母、教师或同伴等求助。

根据社会认知理论，自我调节过程可分为三个循环的阶段：计划、行为或意志控制和自我反省。在计划阶段，学习者主要进行任务分析和自我动机激活，确立学习目标，制订行动计划。在行为或意志控制阶段，学习者主要进行自我观察和自我控制。自我观察的主要目的是观察事先订好的计划是否得到执行。自我控制的目的是帮助学习者集中精力完成任务。在自我反省阶段，学习者主要进行自我判断和自我反应。自我判断是指学习者自行判断学习目标是否达成，并在此基础上进行归因。自我反应是指学习者基于学习结果进行的积极评价而做出的反应，它反过来又影响对未来行为的预测。

近年来，自我调节学习的大量研究集中于自我调节学习策略的研究。Zimmerman 和 Martinez-Pons 总结了十类学生常用的自我调节学习策略[3]，包括：学习进展与质量的自我评价、学习材料的组织与转换、制定目标和计划、寻求相关资料与信息、保持学习记录并监控学习过程、建构有利的学习环境、对学习的成败进行自我奖惩、采用有效方法复述与记忆学习材料、寻求社会帮助、复习记录等。研究表明，学生自我调节学习策略的使用与学业成就之间有很高的正相关。其中，使用复述与记忆、转换与组织以及寻求社会帮助策略的使用最能够预测学生的自我调节学习能力。

自我调节学习理论对外语教学有很多启示。首先，该理论强调学习者具有学习主动性，能够对自己的学习过程进行自我调节和控制，而不是消极地接受环境的影响。因此，在外语教学过程中教师要注意调动学生的积极性，发挥其主观能动性，使学生设定自己的学习目标，并对学习过程进行监控，在学习活动结束时进行反思。其次，教师在外语教学中要对学生的自我调节学习策略进行培养。自我调节学习不是自发产生的，虽然个体可以通过自我探索发展自我调节能力，但通常需要较长时间，而且收效甚微。他人的影响可以使个体获得自我调节能力。教师要传授给学生自我调节学习策略，使学生学会学习，能够有效地记忆单词，充分利用网络学习资源进行学习，并有效地向教师和同学寻求帮助。大学英语课堂教学时间有限，语言知识和语言技能的培养仅靠课堂教学很难完成。因此教师应当重视学生自我调节学习能力的培养，使他们学会自我调节学习。最后，自我调节学习不仅表现为行为操作，也能发展成为稳定的个性品质。因此，自我调节学习的培养能够促进学生形成良好的学习习惯，培养良好的个性品质。

近年来，有不少研究已将自我调节用于二语习得的具体领域，如词汇、阅读、写作及批判性思维，但考虑到自我调节学习的重要性，该领域的研究还有待进一步深化。

参考文献

[1] ZIMMERMAN B J. A social cognitive view of self-regulated academic learning[J]. Journal of educational psychology，1989，81：329–339.

[2] 张林，周国韬 . 自我调节学习理论的研究综述 [J]. 心理科学，2003，26（5）：870–873.

[3] ZIMMERMAN B J，MARTINEZ-PONS M. Development of a structured interview for assessing student use of self-regulated learning strategies[J]. Journal of American educational research，1986，23（5）：614–628.

运用语块理论进行有效词汇学习

王劲松*

摘　要：在英语学习中，词汇的重要性不言而喻。但如何进行有效的词汇学习和教学却是很多学生和教师要面临的问题。有些学生在词汇学习中花费大量时间和精力却事倍功半，结果与预期相去甚远，并因此影响了英语学习的积极性。语块理论为解决这个问题提供了可能。如果学生和教师都能够理解并运用这一理论，将会大大提高词汇学习的效率和效果。

关键词：英语学习；词汇学习；语块理论

在英语学习中，词汇量的大小对英语水平的高低有着至关重要的影响。词汇是各项语言技能的基础，是构成语言最主要和最基本的单位，与语音和语法构成了语言的三大要素。语言学家McCarthy说过，无论一个人的语法有多好，无论他的发音有多美，但是如果他没有足够的词汇来表达他的情感或者去理解别人的观点，就不能与别人交流。英国著名语言学家Wilkins曾经说过："没有语言，人们不能表达很多东西；而没有词汇，人们则无法表达任何东西。"[1]

词汇的重要性毋庸置疑，那么如何对词汇进行有效学习则是学习者和教师要面对的重要问题。所谓词汇的有效学习，是指不仅知道单词的读音和释义，而且能够恰当地运用。对此，有些学习者存在着较大误解，他们

* 王劲松，北京工商大学外国语学院讲师，主要研究方向为语言学、教学法。

追求的所谓词汇量只是知道一定数量的单词的读音和释义，但却忽略了词汇学习的终极目标——词汇的正确运用。

有些教师在词汇教学中也是把重点放在单词上。比较常见的词汇讲解方式是给出一个单词的词性、读音和释义，然后列出若干例句，学生在课下再去识记这些单词。这无形中误导了一些学生学习词汇的方式。有些学生甚至把英语学习的关注点完全放在孤立的单词上，他们在英语课上也只是背单词，任何与单词无关的讲课内容他们都不会听。他们用的单词书上甚至可能没有例句。这种词汇教学方式和学习方法在语言的输入和输出过程中都无法达到应有的效果。例如，在语言输入过程之一的阅读中，学生会遇到的问题是单词基本认识，但对句子的理解似是而非，从而无法理解语篇。而在语言输出过程中，无论说或写，学生都无法使用恰当的词汇清晰准确地表达自己的思想。

如何解决这个问题？如果教师和学生都能对语块理论有所了解并能运用该理论进行词汇教学和学习的话，会取得比较大的突破。

早在 20 世纪 50 年代，美国心理学家 George A. Miller 就提出了语块（chunk）这一概念。随后语言学家们纷纷对其展开研究，先后给出了不同的定义和分类。Becker 将其定义为预制语块（prefabricated chunk），并且指出语言的记忆与存储不是以单一词汇为单位，而是以固定或半固定的模块结构为单位的。这是自然语言的一个主要特征——模块性。Altenberg 发现并提出，日常口语中约有 70% 是预制语块。心理语言学研究表明无论是本族语者还是非本族语者的语言流利程度不是取决于大脑里存储了多少单词和语法规则，而是取决于存储了多少语块。语块是一个以整体形式存储于大脑中的连续体，在整体或部分改动后作为预制语块供使用者提取来进行交流。在提取时无须语法生成和分析，从而大大减轻了大脑的语言解码压力，使大脑能够做出快速反应，因此实现了语言的流利性。

根据语块理论，语言的基本单位不是人们长期以来一直认为的孤立的单词，而是语块。因此，学习者在记忆词汇的时候，不应该只是记忆单个的词汇，而应该是整个语块。这样才可以在使用时整体提取，不但可以避免结构与语义上的表达不当，而且可以做到流畅而地道地表达。

为了达到这样的词汇学习效果，在日常教学中，教师自身首先要有语块意识，同时也应该让学生对语块理论有一定的了解。对于非英语专业学生而言，由于学习时间和其他因素的制约，进行直接的语块教学比进行隐性语块教学的效果更好。教师可以根据自己的知识积累为学生提供语块并有意识地提高学生的语块敏感度，使他们逐渐可以识别语块。

教师在向学生提供语块的时候要充分考虑学生的英语水平。按照Lewis的分类方法，语块分成四类：①单词和多词结构，如by the way，upside down；②习惯搭配，如community service，absolutely convinced；③惯用句型，如I' ll get it；If I were you ...；④句子框架结构，如That is not as ... as you think。[2]可见，有些语块中包含的单词数量比较多，结构也相对复杂。所以对一些水平较差的学生而言，如果从要求他们记忆孤立的单词突然变成记忆一个句子会使他们觉得难度过大，容易产生退缩甚至排斥心理，因而很难记住，也就依然无法实现后期的提取成功，从而动摇他们对这种方法的信心。因此，教师向他们提供语块时要循序渐进。可以先向他们提供比较短的语块以便他们能够顺利地记住，然后为他们创造提取这些语块进行交流的机会。如果他们能够比较成功地完成上述两步，就会增强对语块学习的信心。此后，教师再渐渐增加难度，最终达到预期的词汇学习效果。

一直以来，教师在鼓励学生练习口语的时候都会说，大胆说，不用想语法是否对。因为如果一边想语法规则一边说话是不太可能做到表达流畅的。但是试想，如果学生记忆的都是孤立的单词，那么他在交流的时候怎么可能不去想语法规则？如果不想语法规则，他根据什么把记忆中那些孤立的单词组合起来呢？而运用语块理论来记忆词汇就可以在交流时不再纠结语法规则，从而流畅准确地表达自己的思想。

参考文献

[1] WILKINS D A. Linguistics in language teaching[M]. London：Heinemann Educational Books，Ltd.，1982.

[2] LEWIS M. The lexical approach[M]. Hove：Language Teaching Publications，1993.

大学英语四级考试新闻听力的特点和学习策略*

王秀珍　杨彦丽**

摘　要：大学英语四级考试（CET-4）是衡量非英语专业学生外语能力水平的全国性统一考试，听力部分中的新闻听力是难点。本文就 CET-4 改革以来 2016—2017 年听力新闻报道的试题特点和考点进行了分析，提出应对这部分考试的学习策略。

关键词：大学英语；新闻听力；学习策略

1　引言

大学英语四级考试旨在衡量在校大学生（特别是非英语专业大学生）的英语水平，是一种检验大学英语课程教学效果的手段。听力作为大学英语四级考试的重要组成部分，占了 35% 的分值。历经多次改革，2016 年 6 月开始新的听力题型，取消了短对话部分，取而代之的是 3 篇新闻听力。大学英语听力教材中很少涉及新闻听力，大学生也很少有听广播、看新闻的习惯，新闻听力尽管只占 7%，但是得分率很低。因此，新闻英

* 本文是北京工商大学大创项目“四六级考试新闻听力词汇和短语宝典”（编号：201710011058）的部分研究成果。

** 王秀珍，北京工商大学外国语学院讲师，主要从事第二语言习得、教学法和语言学等方面的研究。杨彦丽，北京工商大学外国语学院学生。

语成为大学英语四级考试的难点，如何提升新闻听力水平将影响到四级考试的成绩。

2 四级新闻听力的特点

根据大学英语四级考试近两年的真题，每则新闻听力通常由 2~3 个问题组成，笔者就官方发布的样题、2016 年 6 月、2016 年 12 月、2017 年 6 月的新闻报道听力试题做了一个统计，归纳为以下内容（见表 1）。

表 1 近三次 CET-4 听力试题统计

样本	News item 1	News item 2	News item 3
官方样题	explosion in central Nairobi	collapse of Woolworths	new cabs in Cairo
2016 年 6 月	rising unemployment worldwide	a rule for big fast-food chains	innovation culture in company
2016 年 12 月	storm in Scotland	rescue miners	closing post offices
2017 年 6 月	Google's self-driving cars	bees on the back of a car	a new species of snake

新闻听力涉及的题材有国际的和国内的政治、经济、文化、社会问题等。每篇新闻的篇幅在 150 个单词左右。语感通常比较严肃，专业术语比较多，也有口语化的文章。

新闻听力的词汇难度大，经常会出现一连串的专有名词，包括国名、地名、人名等，如 Kenya、Ugandan、Pakistan 等，以及一些专业术语或新闻常用语，如 blast、rebel、explosion 等。一些国际公司的名称和机构的缩略词也会出现，如 Pepsi Co.、Lipton、UN（the United Nation）、EU（Europe Union）等。此外，新闻语言的表达也比较专业，语法结构往往严谨而复杂。例如：After new legislation demanded their removal from the roads，a low interest loan scheme was set up with three Egyptian banks so drivers could buy new cars。其中，legislation、removal、interest loan scheme 都是比较专业的词汇，整个句子的语法结构也需要认真分析才能理解。

新闻报道的结构为倒金字塔形，由导语、正文和结尾这三个部分组成，通常把最重要的内容放在导语中播出，次要的内容放在稍后，一般首先交代谁（who），发生了什么（what），什么时候（when），在什么地点（where），然后介绍原因（why）或者相关背景（how）等。导语是新闻的精髓所在，通常是新闻报道的第一句话，其语言简明扼要，概括性强，重点突出，因此听懂了导语也就基本上听懂了报道的主要内容。在官方样题的第一则新闻中，有这样一句导语：Kenyan police say one person was killed and 26 injured in an explosion at a bus station in central Nairobi. 从中我们可以很容易就找出新闻发生的地点和发生的事件。再如：The New Year celebration in Thailand was shattered by violence，when 9 bombs exploded across Bangkok around midnight. 这句新闻导语中包含了 when（The New Year celebration，around midnight），where（Thailand，Bangkok），what（violence，... 9 bombs exploded）。

3 大学英语四级新闻听力的学习策略

根据大学英语四级新闻听力的特点，掌握新闻听力在结构、词汇、语法方面的特点至关重要，在学习中建议从以下几个方面不断积累提升。

3.1 平时要养成收听新闻的习惯，多听 VOA 和 BBC 等节目中的社会热点

"冰冻三尺非一日之寒"，新闻听力的提高也是如此。作为一个学生，在日常学习中要养成收听新闻的习惯，不仅包括英语新闻，更要关注汉语新闻。因为有了对汉语新闻的背景理解，将更有助于听懂英语新闻。建议每周至少听 3~4 次半小时的汉语新闻内容，坚持听 3~4 次 VOA 或 BBC 的英语新闻内容。

3.2 精听和泛听结合，做好积累

在听新闻时，做到精听和泛听结合。有空时，随便听听英语新闻，日积月累就会养成习惯。但要想提升听力水平，离不开精听。精听的一个重要练习方法是听写。建议按照以下步骤练习听力：第一步，总听全文，了解大意；第二步，细听意群，记录关键信息；第三步，精听单词，查缺补漏；第四步，对照原文，思考总结。

在听写训练中，尤其需要注意那些听错的地方以及原因。精听时注意选择难度适宜的材料。

3.3 仔细分析考试题型，在日常学习中掌握答题技巧

可以按照以下步骤进行练习。

（1）重视新闻首句。新闻首句俗称“新闻导语”，是对整个报道的浓缩和概括。新闻导语通常包含多个新闻要素，听懂了新闻导语，也就知道了新闻的主要内容。

（2）把握主旨大意。主旨大意题是新闻听力题型的常考题型，提问形式相对固定，通常为：

What is the speaker mainly talking about?

What is the passage mainly about?

（3）掌握新闻的六个要素。一篇标准的新闻报道必须包括六个要素，可概括为“5 个 W”和“1 个 H”：when（新闻发生时间）、where（新闻发生地点）、who（新闻涉及人物）、what（新闻事件）、why（新闻发生的原因）、how（新闻事件的背景、如何促成这一事件、后续情况如何等）。掌握了这 6 个要素必定有助于新闻的理解。

（4）学会预读选项。预读选项要与预测要点结合起来，通过分析选项的特点，预测新闻大意和出题方式。

（5）积累新闻词汇。尽管新闻报道所使用的词汇量很大，但其使用

的基本词汇是稳定的,比如,VOA的Special English常用词汇仅1500个左右。要想听懂新闻，有必要学习一些专门的新闻词汇，如Foreign Aid、vote、tension等政治类词汇，IMF、deficit、forum等经济类词汇。另外，新闻报道中常会出现一些人名、国名、公司名等专有词汇，若能熟悉一些热门的专有词汇（如Trump、Pakistan、IBM等），在听新闻时便能做到快速反应，准确理解。

应用输入强化和输出任务提升词汇应用能力

王秀珍*

摘　要： 输入和输出是二语习得中的两个重要概念。本文详细阐述了输入强化和输出任务的相关理论，针对教学中学生词汇学习不能学以致用的问题，介绍了自己的教学实践经验，以此提高词汇教学和词汇学习效果，进而促进学生提升写作水平。

关键词： 输入强化；输出；词汇应用

1　引言

输入和输出在二语习得中占有重要位置。因此，国内外学者提出了许多相关的概念和理论。如何把输入和输出的相关概念与理论结合起来促进第二语言习得，一直是研究者们关注的问题。

词汇是外语学习的重要组成部分。没有扎实的词汇功底，其他语言技能难以继续获得深度发展。大学英语教学中普遍存在的现象是尽管学生学了很多年的词汇，但在实际应用中出现的往往还是那些早期学过的常见词汇。尤其在口语和写作任务中，笔者很少见到学生使用低频词汇，更不用说词汇的多样性和丰富性了。分析其原因，一是没有完全掌握该词

* 王秀珍，北京工商大学外国语学院讲师，主要从事第二语言习得、教学法、语言学、翻译等方面的研究。

汇的用法；二是采取回避策略，因为毕竟用简单的词汇更容易、更有把握。因此，有必要探讨如何促进学生应用新学词汇、提高词汇学习效果、改善写作质量。

2 有关输入强化的相关理论

输入指的是学习者在学习过程中接触到的语言信息。输入强化这一概念最初被称为“consciousness-raising（意识提升）”，是 1981 年由 Sharwood Smith 最早提出的，指的是有意识地把学习者的注意力吸引到目的语的形式特征上，由此使学习者主动去发现目的语本身的规律和特征，然后逐步理解，以此促进语言习得。[1]学者们在如何进行输入强化的方法方面做了详细的研究，主要从输入流、书面强化、结构化输入活动及语法意识提升等方面探讨。

输入流的方法主要是通过增加输入频率的手段来提高输入效果，通常是在输入中提供很多目的语形式的典型例子，以此创造机会、让学习者去注意这些形式。书面强化主要以下画线、斜体、加粗以及改变字号等排印方式凸显目标形式的特征，以此吸引学习者的注意力，从而促进信息的加工和吸收。结构化输入是用特意计划好的输入来实现特定语言目标，其目的不仅是引起学习者对目的语形式的注意，同时还致力于改变他们在语言理解中使用不当的认知加工策略[2]，以便于学习者更好地辨认形式和意义的关联。语法意识提升是通过向学习者提供特定语言形式方面的关键信息，要求学习者利用这些信息进行语言实践，由此掌握目的语形式的某些特征和规律。[3]当学习者对某一个特定语法形式的意识获得了提升，在交际中就可能会更容易注意到它，最终彻底习得这一形式特征。

3 有关输出的相关理论

输出指的是学习者在语言学习过程中完成的任务。研究人员发现，想要在语言学习中获得成功，单凭语言输入远远不够，可理解输出是二语习得的必要条件。输出假设理论指出，输出对语言习得起到的作用体现在三个方面：第一，输出具有促进“注意”或诱发功能，因为语言产出的过程有助于学习者认识到自己已有的知识与输出时需要的知识之间的差距，这样，学习者可能会更多地注意到输入中的相关信息；第二，输出的过程可以使学习者假设检验所学目的语的结构以及语义；第三，输出能使学习者把语言知识牢固掌握。[4]

4 在教学中的应用

笔者在教学中发现，通过对词汇的相关形式特征加以凸显、增加词汇出现频率、用结构化输入的模式以及提升学生的学习意识等方式可以达到吸引学习者注意、进而实现强化输入信息的目的。输出任务主要是在学生接收大量的输入信息后，笔者通过布置任务的方式，促使学生完成产出。在教学中主要从以下两个方面开展活动。

4.1 输入强化

在词汇教学中，为了提升输入的质量和效果，笔者通常会针对目标单词给出 5~8 个示例，可以是英汉互译、填空选择等，以增加输入频率，促进吸收理解。与此同时，示例中目标词汇的用法和搭配都会用不同的颜色凸显出来，有时会用斜体、黑体、加粗等形式吸引学生的注意力。对于结构化输入，主要实践在词语搭配、语块学习方面。笔者在讲解单词时，通常会把固定搭配和常见的语块给学生呈现出来，而不是展示光秃秃的单词，这样便于学生在学习时掌握的是目标词汇的整体用法。在课后，要求学生针对目标单词，查找总结目标单词的用法、示例，包括同根词、近反义词、固定搭配、典型用法等，以此进一步扩大输入量。

以《新标准大学英语 1》Unit 4 *Can we live without mobile phones?* 为例。

笔者根据教学大纲，选定 bold、essential、extend、end up、impact、interfere with、whereas、 distract 这 8 个词汇和短语作为目标词汇。在课堂上，笔者会列出这些词汇的意思、典型范例、常见搭配等。与此同时，通过凸显、互动等方式吸引学生的注意力。

4.2 输出任务

在经过输入强化之后，为了进一步加强词汇学习的效果，笔者给学习者布置输出任务，主要体现在汉译英练习、造句及自由作文等方面。然后，笔者有目的地让学生去完成产出任务，要求学生有意识地去专门应用所学的目标词汇，对于应用较好的学生给予成绩上的鼓励。

对于上边提到的目标词汇，在课后，笔者会要求学生进一步巩固所学内容，除了以词汇替换、选词填空、汉译英以及摘抄句子等方式完成任务之外，还让学生做出以下词汇思维图（见图 1）。

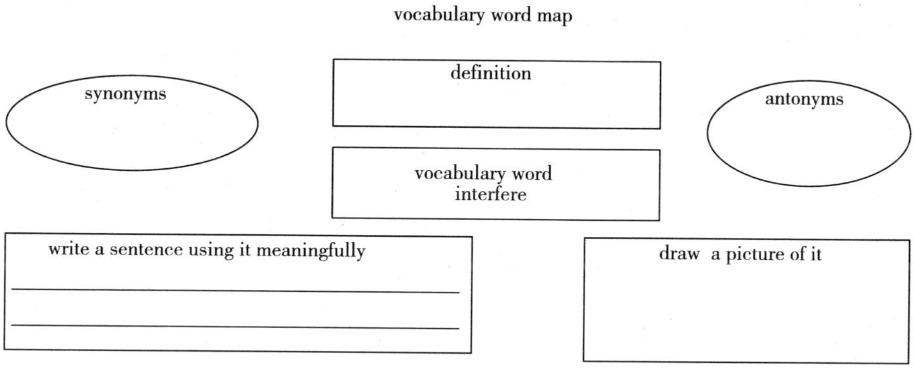

图 1 词汇思维图

在完成一系列的输入产出任务之后，笔者要求学生根据接触到的目标词汇信息，完成一篇作文，具体如下：请按照提纲写一篇题为 *Advantages and Disadvantages of Mobile Phone* 的文章，尽量使用学过的新词。

因为在输入信息的过程中，笔者不但提供了与目标词汇相关的各种内容，而且在学习课文时学生还接触了目标词汇在语境中的相关用法。因此，为了提升学生学以致用的意识，笔者设计了以上产出任务。经过不断的实践，学生逐渐培养了应用词汇的意识、体会到了应用新学词汇的好处，在写作中也逐渐开始应用新学到的词汇，作文的质量也相应得以提高。

参考文献

[1] SHARWOOD S M. Consciousness-raising and the second language learner [J]. Applied Linguistics，1981（11）：159–168.

[2] 于丽娟 . 四六级改革背景下输入的强化理论对大学英语教学的指导 [J]. 语文学刊，2016（2）：151–152.

[3] ELLIS R. SLA research and language teaching [M]. New York：Oxford University Press，1997.

[4] SWAIN M，LAPKIN S. Problems in output and the cognitive processes they generate a step towards second language learning [J]. Applied linguistics，1995（3）：371–391.

大学英语网络学习平台管理研究
——以北京工商大学为例

王雨辰*

摘　要：大学英语的网络学习已成为大学英语改革的一个突出热点。大学英语网络学习平台的管理也成了顺利开展网络学习的重点。本文通过对北京工商大学英语网络学习平台的管理方式进行分析，为更好地建设和管理大学英语网络学习平台提供实践指导。

关键词：大学英语；网络平台；网络管理；平台维护

随着大学英语教育改革的不断深入，在大学英语教学中充分利用多媒体和网络技术，使大学英语课程学习向自主式方向发展是大学英语改革的重要尝试。[1] 近年来，北京工商大学开创了大学英语十级教学改革形式，不断开展网络学习平台建设，学生网络自主学习也成为教师延续课教学的特色方式之一。因而，网络学习平台的合理建设和有效管理有着十分重要的实践意义。

1　北京工商大学英语网络平台概况

目前，我校主要使用 3 种不同形式的网络学习平台。由 3 台服务器保障平台系统运行。740 台客户端计算机供师生进行教学管理和学习。网络

* 王雨辰，北京工商大学外国语学院助理实验师，主要研究方向为电教管理、计算机与信息化建设。

平台由语言实践中心管理教师进行维护与管理。大一、大二年级学生每学期网络学习为 18 课时，课余时间学生可以自主上机。学生多、流量大，管理工作相对繁重。每学期平台都会进行内容和功能完善，管理教师需要不断跟进学习。

2 网络学习平台管理方法

我校大学英语网络学习平台管理主要包括课程管理、班级管理、账号管理三大方面，现就这三个方面的管理方法进行说明。

2.1 课程管理

课程管理也是教材分配管理。我校自主学习的学生有大一和大二两个年级，学生分为 10 个教学级别，每一级别的课程需要分配特定教材供自主学习使用。本着方便学生的原则，实践中心管理教师在每学期初都会删除过往课程，重新生成新课程，并根据级别要求，分配教材，注明课程名称，以便于学生、教师自主注册课程。

2.2 班级管理

在班级管理上，由于学生实行的是分级教学制度，即学生每个学期所在的教学班级都不一样，教师不一样，教材也不一样。这种教学模式导致管理平台下的班级里每学期学生成员都不一样。经过摸索，我中心在新建班级上多以授课教师名字及级别编号命名班级，方便学生选班，而且教师查询自己的班级也一目了然。班级内人员由管理员及任课教师定期管理。

2.3 账号管理

在新生开学季，管理员从任课教师处拿到所有学生名单，截取学生学号，通过批量导入的方式在各平台进行账号集中注册。统一规定密码，便于教师指导登录，避免学生遗忘密码。在我校使用平台进行自主学习的学生每学期有近 8000 人，当学生忘记密码无法登录或激活码有问题时，由管理教师通过管理平台上的检索用户信息帮其查找账号、密码及激活信息。

3 网络学习平台的管理经验

3.1 积极开展平台使用指导

学生尤其是新生使用平台，需要管理员及任课教师积极引导，然而学生人数众多，无法点对点进行引导，这就需要管理教师集中指导。通过不断摸索，语言实践中心采取制作网络版 Word 说明书的方式，将各平台的使用流程和常见问题汇总答疑，学生使用平台时，遇到问题随时可以在说明书中寻求指导或解释。遇到新问题随时更新，学生要解释查找也容易。这不仅解决了学生多、管理人员少的问题，也进一步加强了平台管理的精细化程度。

3.2 强化硬件配置及监督管理

近年来，学校不断加强多媒体教学的硬件配置、网络环境稳定性的开发，保证学生自主学习的顺利开展。管理人员及任课教师不断加强平台的管理和监督，规定学生登录网络平台的时间量，监管学生在平台上进行的学习任务和活动，并将之计入平时成绩，促使学生上网进行有效的学习，培养自主性[2]；同时不断培训教师进行网络测试的布置、收集及评估和反馈，课上观察学生在线学习的情况和轨迹，监控学生是进行自主学习而不是挂机凑学时。在日常管理中，管理人员还建立了微信交流群，让教师突破时间、地点的限制，可以随时随地与其他教师、管理人员、平台技术人员交流互动，答疑解惑，从而更好地促进平台管理、提高工作效率。

参考文献

[1] 张玮 . 基于网络平台的大学英语自主学习过程管理模式构建 [J]. 电化教育研究，2009，189（1）：74–75.

[2] 李蓉，曾纪伟 . 网络时代的英语教学与学生自主学习 [J]. 长春工业大学学报（高教研究版），2015，26（2）：56–57.

情感教学法在英语分级教学中的运用*

徐平平　殷　瑛　陶　爽**

摘　要：随着教育学和心理学的发展，情感因素在教育中的作用越发不可小觑，情感教学法也得到了高校的充分重视和研究，本文对英语教学现状进行分析，同时对情感教学法在高校英语分级教学中的运用进行了探讨，围绕分级教学提出了情感教学的几种运用方法，进而提出了一些建议。

关键词：高校；分级教学；情感教学法

1　引言

随着英语分级教学改革的不断推进，高校越来越重视情感因素在英语分级教学中的作用，如何将情感教学法和英语分级教学很好地融合，充分发挥学生的主观能动性，促进英语学习，是一个值得研究的问题。

* 本文为 2017 年北京市级大学生科学研究与创业行动计划项目（编号：201710011 064）。

** 徐平平，北京工商大学外国语学院学生。殷瑛，北京工商大学商学院学生。陶爽，北京工商大学外国语学院讲师，主要研究方向为外国语言学及应用语言学、语篇分析。

2 大学生英语学习现存问题分析

首先，部分学生对英语缺乏兴趣及信心。由于英语不是母语，有很大一部分学生认为英语不是必需品，而且，传统的应试教育使得课堂过于沉闷，学生只是被动地接受新知识，缺乏输出，严重打击了他们的学习积极性。其次，授课模式存在弊端。大多数学校非英语专业采用大班授课模式，教师无法照顾到每个学生的学习情绪及学习状况，课堂对英语学习起到的作用有限。最后，分级教学体系尚不完善。分级教学很可能会导致师资资源的配置问题。若按教师的水平与学生的水平对应安排班级，是不公平的。但若给经验丰富的教师配备级别低的班级，又会被诟病可能造成资源的浪费。分级教学还有可能影响学生的学习积极性，分到差班的学生可能心理负担过于沉重而丧失学习热情。

3 情感教学法在英语分级教学中的运用

有学者认为“所谓情感教学，是指在教学活动中，教师围绕认知因素借助于相应的教学手段并通过语言、态度、行为等负载教师正性情感的教学变量来激发、调动和满足学生的正性情感需要和认知需要以促进教学过程的优化、教学效果的增强和教学目标的完善的教学”。[1]还有的学者则将其定义为“教师在教学授课过程中，在客观条件无法改变的情况下，尽量充分发挥情感因素的积极作用，提高教师的教学及其学生的学习效果。情感教学是教师对学生进行互动，互相交流，进而真正提高教师上课效率，提高学生的英语学习效果”。[2]

3.1 对于情感教学法的认识

我们对大学生对于情感教学法的认识做了问卷调查，根据对 500 个大学生进行调查的数据分析，87% 的学生对于情感教学法这一概念还比较陌生。即使对于情感教学法感到陌生，但仍有 83.6% 的学生相信这一教学方法对于英语分级教学的实施有所帮助。

3.2 情感教学法的可取之处

首先，情感教学法要求教师在传授知识的同时，更注重调动和激发学生对于英语的学习兴趣，使其能够更加主动和积极地学习英语。其次，教师在运用情感教学法时，必须充分了解学生的状态，这两点的结合有利于加强师生之间的交流，进行针对性更强的教学。最后，情感教学法也给予了教师一定程度上对于课程难度调整的自由。教学课本的不断更新加大了教学难度，而情感教学法的配合实施给予了教师在课程进度以及内容安排上一定的自由权，有利于因材施教。

3.3 情感教学法的具体方案运用

首先，营造良好的课堂教学氛围，避免一贯的唱独角戏的教学风格，增强上课的趣味性，播放原版电影，组织学生进行角色扮演（role play）等，使学生在愉快的课堂氛围中学习英语，提高学生的学习兴趣。其次，加强师生、生生之间的良性互动。最后，教师可以根据学生的实际情况制订教学计划，调整教育思路；课后师生之间也可以进行学习各方面问题的交流，并且贯彻小组教学的方式，实现学生之间的互帮互助以及良性竞争。

4 总结

情感教学法的运用有利于弥补现阶段大学英语分级教学中的一些不足，在课堂中有效地利用情感因素，能够创造更加愉快的学习氛围，增强学生对英语学习的兴趣与信心，从而提高学生的上课质量。

参考文献

[1] 寇冬泉 . 我国情感教学研究：特点、问题与前瞻 [J]. 内蒙古师范大学学报，2006，19（2）：123–126.

[2] 邵玉英 . 情感因素在大学生英语学习中作用及有利创设的探讨 [J]. 湖北经济学院学报，2015（8）：211–212.

大学英语口语教学新模式探索
——“朗读者俱乐部”的组建与实施

许兰贞*

摘　要：针对口语课堂上学生们信心不足难以开口、时间不足无法开口的现状，作者效法央视《朗读者》节目，在口语教学中组建“朗读者俱乐部”并进行了初级阶段的实施，取得了一定的成效。

关键词：口语；朗读；小组合作学习

被赞为2017年文化清流节目的《朗读者》自2月18日在央视开播以来，引发了巨大的社会反响，受到观众及社会各界的一致好评。随着《朗读者》的热播，以朗读传情，享受文字魅力的理念也广为传播。

受《朗读者》节目的触动和启发，笔者大胆设想在大学英语口语课堂中引进朗读这一新模式，与几名得力的学生助手一起设计了“朗读者俱乐部”的小组合作活动方式，并进行了初步的实施，得到了学生积极的参与和肯定的回馈。

1　开展“朗读者俱乐部”的小组合作活动之前的设想

所谓朗读（read loudly and clearly）就是运用重音、节奏、语调等语音手段把语言材料中的思想感情表达出来，也就是清晰响亮地把词汇、句子、

* 许兰贞，北京工商大学外国语学院讲师，主要研究方向为大学英语教学法和应用语言学。

文章等语言文字材料念出来。多年的英语学习和教学实践证明，英语学习过程中，经常进行准确、有效的朗读能够大大促进听力和口语水平的提高，原因如下。

（1）准确的朗读可以改进英语语音语调和语言的节奏感。“哑巴英语”一直是困扰中国学生的一大难题，其实最简单可行的解决方法就是坚持大量的英文朗读。准确地模仿标准音频，及时纠正口型和舌位，大声朗读使说英语成为一种习惯，多加练习就能习惯成自然。而且，坚持练习准确朗读能够培养学生的语言敏感度，使他们辨别出同音异义词（weather & whether，principle & principal，night & knight），近音词（confirm & conform，abroad & aboard，illusion & elusion），也能有意识地注意连读、弱读、缩读、失去爆破等英语母语者经常使用的语言技巧，从而使学生的英语口语流畅、标准、地道。

（2）准确的朗读练习能够有效提高听力水平。中国学生对于英语听力的恐惧是无法忽视的，“聋子英语”是贴在他们身上的另一个标签，学生们似乎听到了听力材料的内容却没有真正听见或者听懂，因为听力音频中标准地道的英语和他们自身的英语相去十万八千里，仿佛他们说的不是同一种语言。准确的朗读练习是一个磨耳朵的过程，使学生的耳朵对于标准地道的英语提高熟悉度和敏感度，从而在听力过程中遇到听觉重现时，就能迅速提取有用的信息，获得正确的理解。

（3）大量而又广泛的英语朗读有助于培养学生的英语思维能力。作为教师，我们总是努力培养学生的英语语感，鼓励学生用英语思维，而这两者恰恰是中国学生非常欠缺和急需提高的。汉语是表意文字，我们在大脑中记忆汉语是以意义建立索引的，表意文字，看文字就可以理解准确意义。而与汉语不同，英语是声音语言，采用的是表音文字，是以声音建立索引的，英语为母语的学习者往往通过听声音就可以写出文字，因此练习英语朗读有助于不断增强学生的语感，提高语言能力，并逐渐培养英语思维能力。

基于以上几点考虑，笔者认为培养和训练学生的朗读习惯对他们的英语学习大有裨益，于是在 2017 年 3 月对其所任教的三个班级共计 148 名学生进行“朗读者俱乐部”的小组合作口语学习模式。

2 “朗读者俱乐部”的小组分组原则

根据笔者以往的教学经验，学生在进行合作学习的分组活动中，往往是以自由组合的形式选择那些座位离得近或者熟悉度比较高的同伴，他们互相了解，各自在舒适区扮演理所当然的角色，比如 A 同学擅长表演，B 同学擅长演讲，C 同学是个安静的听众，如此等等，他们会陷入一个约定俗成的怪圈，成员的合作学习很难有突破性的进展，鉴于以上种种局限，笔者有意尝试一种新的分组方式：教师按照“组间同质，组内异质”的原则指定小组成员，即每个小组综合水平相当，每个小组的整体成员特质构成相似，但是小组内部都有不同个性习惯和英语水平的组员，各小组人数相当，基本都是 6 人一组，个别小组为 5 人。组员轮流担任组长，轮值组长负责协调和管理小组合作学习。当然，笔者此次分组实践有一定的特殊性，因为其任教的三个班级已是第四学期，而且师生关系融洽，教师对于班里的每一个同学，不管是个性习惯还是英语水平都有相当的了解，所以学生们对于教师的分组原则非常认可，对于最后指定的各组小组成员也都非常满意，期间的合作学习过程也充满乐趣。

3 “朗读者俱乐部”的实践方法和步骤

（1）课前准备。为了使朗读活动的效益最大化，教师选择的朗读材料首先都有标准音频，便于学生反复收听和模仿。另外，文字材料语言地道优美，寓意深刻，一则有利于学生在反复朗读的过程中学习标准地道的英语；二则能启发学生，引导他们积极思考和讨论，在讨论中明辨是非、感悟人生。

（2）课前练习。教师或组长提前一周把选定的文字和音频材料发到各个小组微信群，要求各组员打印并熟悉朗读材料，反复收听音频，排除一切发音错误，在此基础上努力模仿音频中标准地道的语音语调。课前练习的理想结果是学生朗读声音洪亮、发音准确、语流顺畅、一气呵成。

（3）课内实践。小组实践活动分为两个步骤，首先小组成员依次朗读，其他组员认真倾听并评价打分，最后组长协同组员评出本组的“朗读之星”代表小组进行班级内的朗读汇报。之后，小组成员就朗读材料进行批判思考和分享，大家自由发言、各抒己见，可以就不同侧面提出自己的观点和想法，最后组长协调组员选出本组的发言人代表小组与其他小组分享交流。

（4）教师角色。在各小组进行合作学习的过程中，教师承担小组合作学习的监察员、指导员和评审员。教师应该在教室巡回观察，发现问题就要给予指导，保证小组合作学习的有效进行。另外，教师要多倾听、少干涉，要给予学生充分的合作学习时间，以便每个小组成员都有机会发表自己的见解。教师应该关注到每个小组的活动进展情况，尤其关注困难学生的表现，鼓励他们在小组中积极发言、大胆参与。最后，教师根据各小组合作情况和两位小组代表的汇报情况对各小组进行评价，评价的对象主要以小组为单位，评价的内容主要是小组成员的团结合作，积极参与和学习效果。

4 结语

在大学英语口语课堂中组建和实践“朗读者俱乐部”的小组合作学习，旨在增加学生的语言练习机会，提高学生学习英语的积极性和参与度。通过课前自主练习不断模仿和演练朗读到课内的分享朗读和讨论，使每一个学生都有更多的机会展示自己的英语水平，并在合作学习中看到自己的成绩和优缺点。此外，组员之间的讨论交流和思维碰撞创造了一种和谐的伙伴关系，有利于提高学生的学习自主性和合作学习意识，改进自己的学习习惯和方法，更好地促进英语学习。

查找资料导入教学的效果研究

许 艳*

摘 要：查找资料既是一种学习能力，也是一种有效的学习方法。经过一个学期查找资料的课外练习之后，笔者对学生进行了问卷调查，调查内容包括学生对查找资料练习的态度、主观评价、对教师反馈的需求、练习的客观作用等。调查结果从主观和客观两方面确认了将查找资料纳入教学的价值和作用，同时表明教师需要进一步引导学生发挥学习的主动性。

关键词：查找资料；外语教学；实效

资料对学习的必要性毋庸置疑。搜集资料作为一项必要的技能在《高等学校英语专业英语教学大纲》中有明确的规定，要求学生“能独立使用各类工具书和参考书，并有效地通过计算机网络查询资料，获取知识”。[1]不仅如此，查找资料也是一种有效的学习途径。查找资料的过程是广泛阅读的过程，要求学生根据“一个主题来搜集信息，使得泛读和任务有机结合，让泛读有了目的性和意义，能促使学生更好地理解文本的语法、词汇和篇章特点”。[2]将查找资料导入教学会对产生什么样的效果呢？

* 许艳，上海第二工业大学文理学部外国语学院副教授，主要研究方向为英语教育、翻译理论与实践。

1 调查研究对象和方法

本次研究的对象是上海第二工业大学英语专业三年级下学期的 72 名学生。笔者在“外贸英语函电”的课外作业中增加了查找资料，即查找信函的练习方式，希望通过这种方式促使学生增加阅读和分析信函的数量，提高品读信函的能力和写信的质量。学生共查找了五种信函，包括建交函、询盘函、报盘函、还盘函和成交函，作业至少有一周的时间来完成，要求学生通过邮件或者书面的方式在讲授相关内容前一到两天提交。所有学生都按时提交了作业。

本次调查研究采用的是问卷方式。问卷由 30 道选择题组成，并在结尾邀请学生自愿提出个人建议。30 道选择题中 28 道采用了改良型的李克特量表形式。另外 2 道选择题是多选题，以了解学生查找资料的来源情况。这次共发放问卷 72 份，全部收回，其中有效问卷 61 份。选择题部分有漏题的视为无效问卷，不在统计范围之内。

2 结果与分析

关于李克特量表的计分标准，正面问题为：非常认同 =2，认同 =1，基本认同 =0，不认同 =–1，根本不认同 =–2，分值为正值表示学生认同这种描述，分值越高表示学生的认同度越高；反面问题的计分为：非常认同 =–2，认同 =–1，基本认同 =0，不认同 =1，根本不认同 =2，分值为正值表示学生不认同这种描述，分值越高表示学生不认同度越高。为了便于分析，以下各表的内容均包括问题、总分和平均值三项。

2.1 认可程度与参与态度

表 1 的前 4 项是反面问题，后 3 项是正面问题。从该表可以看出，学生肯定了查找资料的意义。从总体来看，绝大多数学生认为这项任务是有意义的。同时，学生对这份作业任务是认真对待的，他们非常在意作业的质量、多样性，并在查找过程中进行了筛选，而不是抱着应付的态度敷衍了事。虽然在任务归属方面，大多数学生认为查找资料不是在代劳教师的任务，但是他们也表现出不是很愿意花时间来完成这项任务。

表 1 学生完成查找资料任务的态度

主观认可度测试项	得分	认可度
查找资料是教师的任务，不应该由学生代劳	43	0.70
查找资料让我感到很头疼	21	0.34
我认为查找资料没有意义，纯属浪费时间	61	1
就是为了完成作业，根本不在乎资料的质量	56	0.92
我愿意花时间查找资料	47	0.77
我在查找资料的过程中认真筛选	57	0.93
我注意查找资料的多样性	57	0.93

2.2 学生的主观评价

从表 2 来看，学生充分肯定了查找资料的作用。除了“能力提高”一项外，其余各项学生的总体评价在“认同”和“非常认同”之间。这说明这项任务的设计初衷和学生对该项任务的作用与价值的理解是一致的，这为任务的有效开展和取得预期目标奠定了坚实的基础。在对查找资料这种练习模式的作用方面，师生能达到这样的高度一致是非常难得的。因为学习能力的提高是一个渐进的过程，不可能一蹴而就，所以学生在该项的自我评价是比较客观、真实的，同时也肯定了该练习方式对能力培养的促进作用。

表 2 学生对查找资料作用的主观认识

主观作用测试项	得分	认可度
查找资料的过程是一个学习的过程	82	1.34
查找资料能扩大我的眼界	90	1.48
通过查找资料，能够提高辨别作品优劣的能力	63	1.03
查找资料的过程就是一个积累写作经验的过程	65	1.07
通过查找资料我感到自己的学习能力有所提高	44	0.72
查找资料也是一种预习	70	1.15
查找资料的过程是一个自主学习的过程	79	1.30
查找资料突破了课堂教学材料的局限性	67	1.10

2.3 查找资料的客观作用

表 3 的前 6 项是为了调查查找资料的练习可能对学习的其他方面产生的影响。从结果来看，该任务确实促使学生增加了阅读量、将输入和输出有机结合[3]、促进课内外的交流互动、开拓学习资源以及养成批判性阅读的习惯。[4] 这些对语言能力和学习能力的提高是毋庸置疑的，同时对自学能力的培养也是至关重要的。虽然一门课程的课外作业对这些相关能力产生的促进作用到底有多大还不能完全确定，但是这个结果至少表明这是值得高校教师尝试的一种方式。

表 3 查找资料对学生产生的客观影响

客观作用测试项	得分	认可度
我会认真阅读查找的资料	62	1.02
在完成相关的写作任务过程中，会回想自己查找过的资料	37	0.61
我会和同学或者朋友交流、比较查找好的资料	25	0.41
通过查找资料，我发现了更多的学习资源	57	0.93
在阅读查找到的资料时，我会考虑如果是我的话会怎么写	35	0.57
为了查找资料我会有意识地和同学、朋友、家长沟通交流	31	0.51
我清楚地知道自己为什么选用某一份资料	44	0.72
以前，即使教师不布置查找资料的任务我也会自觉地搜集相关的学习资料	–3	–0.05
现在，即使教师不布置查找资料的任务我也会自觉地搜集相关的学习资料	1	0.02

3 讨论与思考

查找资料的练习模式让学生从准备资料入手，因此学生是在获取了一定的学习资源的基础上参与教学活动的。因为有备而来，所以学生能够更好地参与课堂讨论，有利于开展有效的教学互动。但是，笔者在课堂教学中也发现，部分学生在信函分析的过程中不能结合自己查找的资料说明某种信函的特点。这到底是为什么呢？学生在主观上认为查找资料的练习方式对学习本身和个人能力的培养是有效的，但是从接受程度和参与积极性方面得出的数据远远低于主观评价方面的数据。不是所有的学生在查找资料的过程中或者在查找到资料之后有意识地联系自己的学习情况和学习内容进行反思，让查找的资料成为自己主动学习的有效内容。虽然查找资料的练习本身是有意义的，如果学生不能把有意义的任务认真地完成，那这项任务所产生的效果是有限的。如何通过任务引导学生主动学习、自主学习应该成为教学的重点内容。

教学过程是一个机制转换的过程[5]，这首先需要教师转变理念，逐步创造以学生为中心的教学环境。以学生为中心的教学模式要求教师“考虑学生作为整体和个体的需求，并鼓励学生参与教学的全过程”。[6]对教师而言，如何通过任务来驱动学生、如何引导学生自觉地把客观任务逐渐转化成主观动力、如何增强学生的学习能力和自主学习能力是提高教学效果、实现真正意义上的以学生为中心所必不可少的。针对查找资料这种新的练习方式，笔者思考如何组织开展学生之间的横向交流和合作，加强对信函特点的分析和把握。在信函点评阶段导入学生查找到的信函资料，把写作练习和查找资料练习结合起来，促使学生重视资料的质量。这样，通过强化查找资料的价值认识来提高任务完成的质量，从而让有意义的任务成为有效的任务。

参考文献

[1] 高等学校外语专业教学指导委员会英语组 . 高等学校英语专业英语教学大纲 [M]. 北京：外语教学与研究出版社，2000.

[2] GREEN C. Integrating extensive reading in the task-based curriculum [J]. ELT journal 2005，59（4）：306–311.

[3] KRASHEN S. The input hypothesis：Issues and implications[M]. London：Longman，1985.

[4] TRICIA H. Teaching and learning in the language classroom [M]. 上海：上海外语教育出版社，2002：213.

[5] WILLS J，WILLS D. Challenge and change in language teaching [M]. 上海：上海外语教育出版社，2002.

[6] JONES I. The student-Centered classroom [M]. London：Cambridge University Press，2007.

技术时代下对大学英语学习模式的优化探究

——以北京工商大学为例 *

杨　晨　梁桂霞 **

摘　要：随着信息技术时代的到来，英语课堂教育与学习有了多元的发展，从而使课程信息更加开放，师生互动更加便捷，学生能在课外灵活控制自己的学习进度，传统的“灌输式”教学模式已无法适应时代的需求。我们从学的角度来研究如何创建我校高效的大学英语课堂，探索新型高效的英语学习模式，以适应当下我校的分级教学模式。

关键词：大学英语；新技术；分级教学；学习模式；优化探索

在大数据时代背景下，在线学习、移动学习以及泛在学习使我校大学生的英语学习模式正悄然发生变化，英语学习呈现信息化、国际化、个性化等多元化的特点。互联网改变了人们的交往方式、生活方式、教育方式和学习方式。

* 本文是北京工商大学“2017 大学生创新创业项目——新技术时代我校大学英语分级教学模式的优化与探索”（编号：201710011057）的研究成果之一。

** 杨晨，北京工商大学经济学院金融学专业学生。梁桂霞，留美硕士，北京工商大学外国语学院副教授，主要研究方向为大学英语教育、跨文化翻译等。

1 大数据下的我校几种新型英语学习模式及其前景与推广

1.1 微课学习模式[1]

以网络为传播途径，以视频为载体，微课作为一种我校英语自主学习的网络资源，其课程体系的设计从学习者的兴趣和需求出发，充分考量课件素材的有用性和趣味性，满足我校学生的个性化需求。不仅尊重兴趣和个性化差异，而且也给我校学生自由、自主和求异的空间。

1.2 移动 APP 学习模式[2]

我校英语学习者利用智能手机与 WAP 协议，就可以访问服务器，包括 QQ、微博、论坛、词典、教师个人网站等，获得大量有效资料与英语学习平台，利于扩大学生的学习兴趣。而且微博、论坛或者教师个人网站中的英语作文预测，也能帮助我校学生获取更多的英语四、六级信息，收集更多的英语范文，丰富自身的英语写作资源。

1.3 新型学习模式的现状、前景和推广

对我校大学生学习英语而言，微课学习模式中的学习者有灵活的时间来巩固和记忆，并且可以在课余时间练习和实践课上所学，以便消化。微课学习者可以根据自己的学习和生活特点来选择微课英语学习的时间、地点和教课者。这种学习方式的转变可以更好地使我校大学生的英语课堂学习更为自由、灵活和个性化。

APP 学习模式对应我校大学生英语学习的课下部分，学生在学习英语时遇到困难也能通过手机 APP 发送短信，获得教师、同学的帮助，提高了解决困难的速度，也激发了学生的学习兴趣，大大地提高了学生学习的效率。

在平时课下的英语学习中，“百词斩”等单词类 APP 可以帮助我校大学生记忆词汇，纠正发音。本校有特殊准备的学生，如准备出国，可以利用“雅思哥”等 APP 在线上与本校教师、同学进行双向交流，以便有针对性地灵活学习，查漏补缺。

2 新技术时代下对应分级教学模式的学习模式的探讨

分级教学模式无疑是大学英语教学的趋势，各高校纷纷推广实行，正如上文所述，我校在这方面取得了一定成就，接下来我们将依托北京工商大学“大学英语十级分级教学”这一具体模式，探讨在信息技术时代下，我校学生该选取何种学习模式，以更好地提高自己的英语水平。

2.1 将英语学习落实到每日

大学课堂与高中、初中课堂的显著差异之一表现为，每门课的学时大大缩短，在高中，你可能每天都在接触英语，而大学则不然，往往一周只有一至两天会有英语课，每次上课时间也不过 90 分钟，学习时间的短缺是很多学生大学期间英语反而落后的原因。

在信息技术时代下，这一问题将会很好地得到解决。得益于上述微课堂、APP 软件的普及[3]，学生学习英语的门槛降低，与教师、同学互动的机会增多，因此英语的每日学习应当成为我校大学生学习英语的习惯，应当成为当前学习模式的一部分。在分级教学模式下，学生会对自己的英语水平有一个更客观、真实的认识，这无疑为本校学生的学习计划的制订提供了很好的帮助，使他们每日的学习更有成效。

2.2 充分利用碎片化时间学习英语

得益于终端设备的便携性，通过手机 APP、可以任意播放微课堂的视频播放器，我校学生几乎可以实现在任何地点、任何空闲时间进行英语学习。因此，谁能够抓住这些零碎的时间，谁就可以为自己减负，更好更快地提高自己。英语恰恰是一门适合在零碎时间进行学习的科目。

在分级教学模式下，往往更能激励我校学生努力学习英语，在高等级班的学生往往希望下学期还能留下，因此需要努力维持。在低等级班的学生当然也尽力想去高等级班，更需要努力超越他人。学习英语的时间哪里来呢？就是需要充分利用这些碎片化的时间。

2.3 在合作学习中实现共赢

在我校分级教学模式下，学生将与水平相近的同学分到同一班级，这无疑为合作学习提供了一个绝好的环境。[4] 没有歧视，互相学习，共同进步，当然，这些需要建立在大家有一定的英语水平的基础上，即我校的大多数学生符合。而对于那些级别较低、英语水平较差的学生，则可以“抱大腿”——主动请教老师与成绩优异的同学，当然这些也都可以得益于信息技术时代下便利的通信与学习工具，关键是学生要养成这样的学习模式，积极主动地进行学习。

3 结语

在信息技术时代下，我校大学生的学习模式需要尽快加以调整，须知“逆水行舟，不进则退”，依托便利的学习条件，努力好学的人将很好地实现英语的大幅提高。如今的分级教学模式在很大程度上提高了我校课堂的质量，但课下的学习亦不能少。每日学习、碎片化时间学习、自主学习、合作学习，优秀的学习模式必将锻造出优秀的学子。

参考文献

[1] 张翔 . 大数据背景下英语微课研究 [J]. 当代继续教育，2016（12）.

[2] 夏增亮 . 基于智能手机的移动学习在大学英语学习中的应用与探究 [J]. 湖北函授大学

学报，2013（3）.

[3] 沈潜 . 课堂的延伸——移动英语学习 APP[J]. 职教英语辅助教学探讨，2012（26）：187–188.

[4] 王劲松 . 对大学英语分级教学的思考——北京工商大学大学英语分级教学现状分析[J]. 青年与社会·中外教育研究，2012（9）.

浅析四级考试对大学英语教学的影响

张洪萍*

摘　要：目前大学英语四级考试越来越受到高校的追捧，以至于各校依据四级成绩排队，拿四级通过率来衡量学生英语学习和教师的教学质量，大学英语似乎成了以四级考试为目的的应试教育，其结果是学生的成绩和能力脱节，严重背离了设置大学英语四级考试的目的：推动《大学英语教学大纲》的贯彻执行，对大学生的英语能力进行客观、准确的测量，为提高我国大学英语课程的教学质量服务。故四级考试的不断热化必然会给大学英语教学，对学生英语实际应用能力的提高带来一定的消极影响。

关键词：大学英语教学；大学英语四级考试；影响

1　引言

大学英语四级考试（CET-4），是由国家教育部高等教育司主持的全国性教学考试，考试的目的是非常明确的：推动《大学英语教学大纲》的贯彻执行，对大学生的英语能力进行客观、准确的测量，为提高我国大学英语课程的教学质量服务。

教育部根据《国家中长期教育改革和发展规划纲要（2010—2020年）》和教育部《关于全面高等教育质量的若干意见》精神制定的《大学英语教

* 张洪萍，北京工商大学外国语学院副教授，主要研究方向为应用语言学、大学英语教学。

学指南》明确了其课程性质：大学英语课程重要任务之一是进行跨文化教育。学生掌握英语除了学习交流先进的科学技术，还要了解国外的社会与文化，培养跨文化交际能力；同时也明确指出教学目标为：培养学生的英语应用能力，使学生在学习、生活、社会交往和未来的工作中有效地使用英语。大学英语的教学要求为：教师要以英语的实际使用为导向，以英语的应用能力为重点。由此可见，在大学英语教学和大学英语四级考试二者关系中，前者是第一位的，是主要的；后者是为前者服务的。

2 四级考试带来的主要问题

四级考试至今已走过了 30 年的历程，大多数学校将四级考试与毕业证书密切相关，在每年参加四级考试考生人数空前高涨的同时也逐渐暴露出一些问题。

2.1 学生对四级成绩的过于执着而忽视了英语技能的培养

从 CET–4 的设置目的看，其目的是督促《大学英语教学大纲》的实施、推动大学英语教学。但由于 CET–4 与毕业证挂钩，其通过率也成为衡量非英语专业大学生英语水平的重要标准，教师和学生尤其重视考试的通过率而忽视应用能力。语言是交流的工具，学习语言的目的是更好地进行沟通和交流，但为了应试，教师脱离教材，觅窍门，搞题海战术，教试题汇编。即使学生高分通过大学英语四级考试，但其实际运用能力与成绩并不对等。两个学年下来，纵然通过四级考试，但很多学生觉得并没有实际提高自己的英语技能。

2.2 学习的可持续性被忽略

英语教学是一个长期、系统的工程，而以四级为主导的教学方式仅仅着眼于眼前，忽视了英语教学的可持续性，限制了大学英语教学的纵向深入和横向拓展。[1] 大学英语后续教学是以素质教育为核心，尊重学生的个性化发展，但很多学生抱着“过了四级万事大吉，从此再也不学英语”的心理，以应试为目的，一旦考过，英语学习的动力也就停止了，所以英语四级证书并不能给予其帮助，反而使其忽略英语学习的可持续性。大学英语的最终目标是使学生能够熟练运用英语交流信息，语言的学习必须常学常用，不能中断。

2.3 四级成绩与应用能力的脱节

语言测试伴随语言教学出现，语言教学目标决定语言测试目标。《大学英语教学大纲》规定：培养学生具有较强的阅读能力，一定的听力能力，初步的写和说的能力，使学生能以英语为工具获得专业所需的信息。[2] 四级合格证书并不能证明学生的英语水平达到大纲要求；并不能客观反映学生的外语能力。为追求通过率，教师的教学一切为四级考试服务，四级考什么，课堂上就教什么。许多学生在考试中放弃听力部分，靠其他题来得分，而口语更不在四级考试范畴，这与大学英语教学目标严重脱节，学生的成绩与应用能力有很大的差异。

3 建议

针对四级考试所带来的一些问题，笔者提出如下建议。

3.1 明确英语学习的目的

教师、学生、学校及用人单位都应意识到大学英语四级考试不是衡量学生英语水平的唯一标准。教师和学生均要明确教与学英语的目的，要转变传统的教学观念，树立以学生为中心的教育理念，积极引导其参与教学过程，最大限度地发挥学生的主观能动性。学习任何一门语言的最终目的就是应用，而不是在考试中取得好成绩，要加强课外语言环境建设，以激发学生学习英语的热情。避免让辅助大学英语教学的考试机制成了主导英语教学的风向标。

3.2 重视英语学习的可持续性

美国教育心理学家布鲁纳认为“学习”是一种过程，而不是结果，“学会如何学习”比“学会什么”更加重要。只关注四级分数，忽略对学生英语学习意识的培养，忽略对学习过程的关注，这种状态只会让英语教学的发展停滞不前。[3] 语言是其文化和习俗的载体，学习语言就应学习该语言的文化和习俗，将英语作为交流工具，才能做到可持续性的英语学习。

4 结语

大学英语四级考试影响广、参与考生众多，能在一定程度上反映学生的英语水平，促进英语教学。教师及学生应重新认识四级考试，让四级考试服务大学英语教学，提升学生的应用水平，让培养大学生的英语综合运用能力成为大学英语的教学改革的重点。

参考文献

[1] 刘座雄 . 四级后大学英语教学的调查与研究 [J]. 高等函授学报，2008（3）.

[2] 赵速梅 . 可持续性教育——大学英语四级后教学的实践与探索 [J]. 合肥工业大学学报，2000（9）.

[3] 牛强 . 现行高校英语测试中的问题［J］. 外语教学与研究，2001（2）：140.

非英语专业研究生英语口语教学与学习探讨*

赵 聃**

摘 要：探讨非英语专业研究生英语尤其是口语教学与学习的特点、存在的问题与根源，总结学者们对这一现象解决对策的探讨，并提出一些合理的改进方法，采用多种方式相结合的练习方法，激发学生的学习积极性，从而达到提高口语教学的最终目标。

关键词：研究生英语口语教学；特点与问题；策略探索

多年的英语教学学习改革已经给全国的英语学习和教学带来了天翻地覆的变化。而在最新的《国家中长期教育改革和发展规划纲要（2010—2020年）》中，政府继续明文指出教育要“培养大批具有国际视野、通晓国际规则、能够参与国际事务和国际竞争的国际化人才”。在这样“国际化”人才培养中，英语是桥梁也是基础，英语口语的实用性和重要性不言而喻，但就非英语专业研究生英语教学学习来说，尽管已经有了很大改进，但是仍存在不少问题。本文将从问题入手，分析出现这些问题的根源，再回顾学者对口语教学的一些探讨，并且提出改进方法以解决这些问题，从而达到提高口语教学的最终目标。

---

* 本文为2017北京工商大学学科建设与研究生专项“大数据背景下的研究生英语教学的课外模式研究”的研究成果。

** 赵聃，北京工商大学外国语学院讲师，主要研究方向为英语文学、英语教育。

1　研究生英语口语学习的特点与问题

研究生英语教学学习和本科生存在一定差别，研究生已经接受完本科教育，词汇量阅读水平都是比较高。此外，研究生心智远比本科生成熟，所以在教学方式上的选取也很重要。同时他们的自主性和灵活性更高。到了研究生阶段，学生英语学习的大部分时间会放在大量的专业阅读上，尽管词汇量大幅度提高、对专业知识的英语表述有所熟悉，但是仍然存在大量问题。

首先，大部分院校的非英语专业开设英语课是本科一、二年级，也就是说在上研究生之前已经有两年的时间没有大量频繁地接触英语，很多学生也不会主动使用英语。其次，考研英语是不含口语听力考试的，学生会把大量的英语学习精力放在阅读写作上，而不大重视实际的交流使用。最后，从研究生英语课程的设置来看，课时少、内容多、大班教学都是限制了课堂口语练习的原因。加上一般学校仅仅开设一学期的学习内容，学生的重视程度更是低。

所以研究生在英语口语水平上参差不齐的现象比较严重，可以说拥有较丰富的英语知识并不等于拥有了实际运用语言的能力。

此外从课堂效果来看，多数学生都是被动地回答问题，机械地完成课程活动，也没有办法与同学、老师配合，完全不存在交流。从学生英语表现形式能力来看，最大的问题不完全在于语音语调，更重要的是在特定场景下不能够系统连贯地发言，缺乏深度、内容浅薄、泛泛而谈。

所以，调动学生的积极性、提高口语水平，是摆在研究生英语教师面前的一项艰巨任务。

2　学者对研究生英语口语学习的探索

研究生英语口语的问题是学生所面临的挑战，更是作为教师要关注并解决的任务。很多学者从各种理论入手，采用多样方式，进行了大量有意义的探讨与探索。

其中，有学者提出可以在开学一个月之内组成25人左右小班开展一个月的全封闭口语练习。这种方式的确可以让学生在短期内通过高频、大量、强化、浸泡式的学习快速获得提高，而且对于接下来的英语学习大有裨益。但是也存在比如研究生人数众多、课程紧张、排课困难等实际问题，所以实操性并不是很大。

还有不少教育工作者通过展开对研究生英语学习需求的调查，基于学习者对语言学习的需求进行有意义的分析。比如，钟珊珊所做的调查数据表明，学生仍然认为口语技能（36.7%）和写作技能（43.4%）是最重要的英语能力，43.3%的学生认为口语学习最难，36.7%的学生对于英语口语提高兴趣很大。在一项多选题中，有33.3%的学生认为自己的语音语调需要提高，43.3%的学生认为是英语思维，46.7%的学生选择语法，最多的是56.7%的学生认为还是词汇量有待提高。但是这一调查标本数比较小，比如钟珊珊的调查对象人数仅为30人。此外，调查所提出的问题均是已知答案的问题，所以在问题设计上还存在缺陷。

学者邵新光等所做的调查是对2005级学生共计172人所展开的。这一调查涉及标本较多，并且是由著名语言学家所编制的，调查中共计有40道关于口语学习的陈述。使用了SPSS进行数据分析，从学习策略、社会策略两面入手，还分析了男女生的不同点。可见调查问卷无论是设计还是数据分析都比较专业，并且得出的结论十分细致。但是论文仅仅给出结论，对于策略意见，只是说需要调动学生的学习积极性。

同样是调查，魏静静等的切入点是学生在口语学习中的焦虑因素，借助了Horwitz等设计的“外语课堂焦虑标度”问卷，这一调查确实得出了一些焦虑等心理因素对学生口语的巨大影响，比如自卑、怯场或对自己期望过高。这的确是一个很新的切入点，但是就学者所希望的“怎样利用焦虑提高其口语学习”并没有给出任何建议。

近些年，随着网络普及化和信息数字化，结合研究生自身特点，一些学者尝试将线上学习和自身教学平台相结合，比如吴雪颖所在的天津师范大学就使用MOOC的线上英语学习平台，他们针对本校学生特点，进行整套课程教学设计，包括课前准备、课堂活动、课后论坛等，并且吴雪颖还就MOOC这种新兴也可谓是颠覆性的教学方式展开讨论，比如自主学习是否可以取代课堂教学，翻转课堂后学生、教师各自的角色变化，面临的各种阻力，对教师带来的巨大挑战，以及教师该如何在这种转变中提升自己的能力。可以说，信息化教学虽然不会取代传统课堂，但一定会成为将来课堂最大的助力，但也可能对一些教师来说成为阻力。所以这样的实验和探讨就十分有意义。

3 改进方式与策略总结

总结之前的探索，简单来说，就是要改变传统“讲授—操练”的被动教学方式，并且更新课堂活动模式，在教学过程中教学者要有意识地区分开口语教学和其他教学的方式。

因此本文认为，针对前文中所提到的研究生英语课时少、人数多的实际情况，最合理的课堂活动模式应该是小组活动，以利用同一个时间段增加每位学生交流锻炼的机会。

总的来说，改进方式与策略如下：

（1）个人与小组练习相结合。在分组上，一组的人数不能太多，一般来说，四到五人是最佳状态，人数过多会让很多人参与不进去或者不愿参与进去，人数过少会导致缺乏有效交流。

（2）口语与阅读、写作相结合。以阅读作为输入的后备，以口语写作作为输出的呈现。并且还需要适当补充相关句型等。

（3）课堂演示、演讲、背诵等多种方式相结合。教学者需要提前设计课程，丰富课堂内容。

（4）课上课下相结合。可以采用传统学习和线上教学、自主学习相结合，充分利用各种信息资源。

（5）多重话题相结合。首先，要从学生感兴趣、相对很熟悉、储备比较多的话题开始，比如校园生活、兴趣爱好等；其次，逐渐进入社会时事、热点话题等；最后，来到相对专业的主题内容。

对于教学者来说，在了解学习者的特点后，改变教学理念，丰富课堂，在教学实践中摸索、验证和发展，这样才能够真正地做到教学相长。这样才能让学生的积极性不受到压抑，让他们的潜能得以发挥。

教务管理系统在教学管理中的应用*

陈思伊　胡紫薇　武　悦**

摘　要：随着信息化管理模式的发展，高校教务管理系统成了高校教学中不可或缺的部分，特别是在当前高校本科教学改革的发展过程中，一个高效便利的教务系统对教改的推行和实施起到关键作用。本文就教务管理系统在教学管理中的应用进行分析，发现现存主要问题，提出改革建议，以推动教务管理信息化的进一步发展，促进教学管理效率的提升，顺应教学改革的发展。

关键词：教务管理系统；信息化；教学管理

随着科学技术的发展，信息化管理深入高校教务管理层面。教学管理信息化主要是指以教务管理系统为依托，通过网络信息化媒介进行教学活动的开展和管理。

教务管理系统相对于传统教务管理模式具有无可取代的优势：首先，通过网络平台进行教务管理活动，直接避免了传统的面对面且以纸质为媒介的工作方式，大大提高了工作效率。通过不同的使用终端（学生、教师、管理员）直接将信息分享到使用者，例如课表查询、成绩查询等，使信息分享更方便、高效。其次，便于数据保存和分析。教务管理系统将一切教学信息和数据，如学生成绩等电子化、无纸化，从而避免了纸质版材料堆

* 本文为“信息化规范化教务管理助推大学英语教学分级改革研”部分成果。

** 陈思伊，曼彻斯特大学会议口译硕士，北京工商大学外国语学院教学秘书，主要研究方向为教学管理、翻译研究。胡紫薇、武悦，北京工商大学商务英语专业学生。

积如山，节省空间，节能环保，更可以通过系统程序进行数据分析和管理，使数据保存时间更久，数据的查询与分析更方便。此外，信息化管理有利于资源整合。通过系统，可将教务管理各个层面的数据进行整合，避免重复劳动。如学生的学籍信息直接与课程班级名单挂钩，考试成绩库直接与学业预警挂钩等，将计算的任务交由计算机处理，减轻人脑压力。

以北京工商大学使用的强智教务管理为例，当前教务管理系统应用的教务管理层面包含以下方面：

（1）课程管理。从培养方案课程建设，到每学期前进行课表安排，到学生进行选修课选课，以及教师和学生查询课表信息等，统一都在教务管理系统中进行。

（2）成绩管理。任课教师在系统中进行成绩录入，审核通过后学生即可在系统中查看个人成绩，并可通过系统按相应条件导出学生成绩，进行成绩分析，且系统会根据相应的公式进行学生绩点计算等。

（3）学籍管理。学生从入学注册开始，学籍信息就进入教务管理系统，在校期间如若发生学籍异动均由系统操作管理。

（4）学业预警管理。通过学生的学籍信息、成绩信息等在系统中的整合计算，直接进行学生的学业预警处理。学生的学业审核，毕业审核均可在系统中进行。

（5）其他教务管理工作的应用，如教室借用、培养方案查看等。

然而当前教务管理系统依然存在诸多问题，好用便捷的系统会大大方便使用者，而如果限制过多，操作不便，对于非技术人员来说，频繁出错反而较传统方式更加耗时烦琐。从教学管理人员使用强智教务管理系统三年经验，目前系统主要问题有以下几点：

（1）使用环境限制。当前教务管理系统仅有计算机版，没有同步的手机或其他移动终端；仅支持 IE 内核，且只有在 IE8 环境下工作最为稳定，除了管理人员，教师和学生家用计算机会有各种浏览器和版本，经常发现登录不上或操作失败的种种问题。即便某些问题可以通过一些设置或安装合适的浏览器来解决，对于大部分非技术人员，与其试图解决这些技术障碍，还不如用传统方式更为简单。

（2）逻辑复杂。就目前使用感受来看，该系统操作界面不够人性化，不经培训很难学会如何使用。有时候一个简单的操作可能需要很烦琐的操作步骤才能实现。使用者每开发一项功能都需要专门的学习，无法自然地将教务管理系统应用在日常教学工作中，许多使用者懒于学习宁可不用。教务管理系统成为教师的额外工作任务而不是提供方便的平台。

（3）数据混乱更新不及时。当前的教务管理系统还处于初级试用阶段，许多内容和数据还不够完善，经常出现系统中的某些数据是不准确、不可靠的，无法让使用者真正依赖系统，摆脱传统工作方式，这样就起不到教务管理信息化的初衷。例如，学生名单的不准确，由于每学期存在大量转专业、退伍复学等学籍异动学生，该生在学籍部门办理手续后，系统没有及时更新，或更新不到位。我校大学英语实行分级教学改革，学生上课班级为分级班级，非自己本院系专业班级，如有学生进行了学籍异动，大学英语分级班级则会丢失或者误更，分级班级无法实时体现，系统中没有任何提示，只能够学生本人提出后由教务处相关人员人工进行分级班级名单的调整更新，每学期因学籍异动导致名单变动有时开学半个学期都无法完成。

（4）功能不够完善。当前教务管理系统的功能还有限，除了前文提到的环节外，还有很多领域有待开发，例如学生教材订购等。同时除了常规性的领域之外，针对本校办学特点也应该加强创新和研发，如专门适应大学英语分级教学的相关功能，根据学生成绩在系统中进行分级分班等，以减少人工分班造成的疏漏和麻烦。

（5）当前教务管理系统不稳定，崩溃、上不去的情况时有发生，给工作带来诸多不便，降低工作效率，技术维护有待加强。

要进一步推进教务管理信息化，提高工作效率，加强教务管理系统在教学管理中的应用，需采取一系列措施，首先，在系统技术层面，要研发教务管理系统应用环境支持，确保教务管理系统在多种浏览器下都可以良好使用；开发移动终端的应用，方便师生在手机上同步进行教务管理系统的操作。其次，需进一步扩大教务管理系统应用范围，例如，在课程信息中加入教材指定，由任课教师或课程负责人在系统中指定教材，学生即可从自己课程中查到，以便购买。开发适合本校特性的特色功能，例如，增设大学英语分级分班的程序，通过设置相应的分级标准，在系统中自动进行学生英语班级的分班等。最后，要强化教务管理人员的信息化技能培训，加强教务人员计算机操作水平和学习能力，以适应信息化教学管理的办公模式。最重要的是，支持自主研发，由既懂技术又懂教学的人来进行教务管理系统的维护和管理，既能够保证系统的适用，又能够提供强有力的技术支持。

新媒体视域下的大学隐性英语教育改革探究

刘明宇 *

摘　要：随着信息技术在我国的日臻成熟，中国社会正在迈进新媒体时代。大学生作为新媒体较为活跃的受众之一，深受新媒体的影响。传统显性英语课堂教育已经不能在新媒体环境下达到良好的教育效果，进行大学隐性英语教育改革势在必行。新课程标准将情感、态度、价值观作为大学英语教育的目标，为大学隐性英语教育改革提供了方向。新媒体虽然为大学英语教育带来了挑战，但也为大学隐性英语教育改革提供了载体和有效途径。因此，在新课改背景下，将新媒体应用于大学隐性英语教育改革，既符合信息时代的发展趋势，也是现代大学英语教育的价值诉求。对新媒体视域下的大学隐性英语教育改革进行探究，有助于发挥新媒体和大学隐性英语教育的优势，开拓大学英语教育的新空间。

关键词：新媒体；大学隐性英语教育；大学；教学改革

1　新课改背景下新媒体与大学隐性英语教育改革的关联性分析

1.1　新媒体为大学隐性英语教学改革提供了新机遇

新课程标准推行之前，我国大学英语教育以显性英语教育为主。显性

* 刘明宇，北京工商大学外国语学院讲师。

英语教育偏重于向学生灌输知识，教学方式单一，忽视学生主体性作用。虽然教育界已经逐渐意识到传统显性教育的弊端，并开始进行隐性英语教育改革，但是由于改革缺乏有效途径，导致大学隐性英语教育改革进展缓慢。而新媒体时代的到来则为大学隐性英语教学改革提供了新机遇。[1]首先，新媒体为大学隐性英语教育带来了丰富的教育资源。新媒体信息资源广泛，既包括政治、经济、文化信息，又涵盖诸多英语经典著作。新媒体能够为大学生提供视频、图片、文本等多媒体信息，丰富了大学隐性英语教育资源的渠道。其次，新媒体为大学隐性英语教育提供了多样化的手段和平台。微信、微博、QQ、飞信等社交网络平台的出现，使信息传播更为灵活便捷。将大学英语教育内容转化为图片、视频、语音、短文在社交平台中传播，更利于教师对学生进行隐性英语教育。最后，新媒体的超时空性扩大了大学隐性英语教育的覆盖范围。新媒体的信息传播不受时间和时空的限制，使大学隐性英语教育的空间更加开放。总之，新媒体的日渐普及为大学隐性英语教育改革创造了条件，提供了有效途径。

1.2 新媒体对大学隐性英语教学改革提出了新挑战

虽然新媒体为大学隐性英语教育改革提供了新机遇，但其为大学隐性英语教育带来的挑战不容忽视。[2-3]其一，新媒体平台中的信息资源良莠不齐。虽然新媒体平台为大学生提供了海量信息，但大学生处于世界观、人生观、价值观形成阶段，对多元化信息的判断力具有局限性，这为隐性英语教育造成了困难。在新媒体信息资源良莠不齐的大环境下，如何将主流价值观、正确的英语学习方式渗透入隐性英语教育当中，使学生潜移默化地形成正确的价值观念、正确的英语学习方式，成为摆在大学教育面前的难题。其二，新媒体导致大学生对虚拟环境过度依赖。大学生可以在网络社交平台中匿名浏览新闻发表评论，使得部分大学生在虚拟环境中停留的时间过多，脱离了现实的学习生活。而网络中的浅层次信息不利于学生独立、理性思考能力的形成。其三，新媒体对教师的隐性英语教学水平提出了更高要求。隐性英语教育不再是教师向学生单向输出知识，教师在新媒体环境下也是隐性英语教育的对象。这就要求教师不仅要有高超的课堂教学方法和坚实的英语教学理论基础，还要能够熟练运用新媒体技术，让学生在润物细无声中接受英语教育。因此，新媒体对大学英语教育提出了新挑战，更加突显出将合理运用新媒体进行大学隐性英语教育改革的必要性。

2 新课改背景下新媒体引入大学隐性英语教育改革的必要性分析

2.1 新媒体引入大学隐性英语教育符合新课程改革目标

《普通高中课程标准（实验）》的颁布，为大学隐性英语教育改革指引了方向。新课程改革以全方面提高大学生综合素质为核心目标，以塑造大学生人生观、世界观、价值观为本。强调通过英语教育改革，打造更适应学生心理特点，更符合时代需要的大学英语教育课程。然而，我国大学英语课程的实现和组织方式违背了大学生心理发展规律，导致大学生对大学英语教育产生了逆反心理。新媒体时代的到来，使得大学英语课程在新课程标准的指导下进行改革，加强大学隐性英语教育变得迫在眉睫。新媒体与隐性英语教育具有紧密的关联性，将新媒体引入大学隐性英语教育当中，可以充分发挥新媒体信息量大、传播速度快、隐蔽渗透性强的特点，使得学生自觉接受教育。既符合新课程改革目标，又为大学隐性英语教育找到了有效的实施途径。

2.2 新媒体引入大学隐性英语教育是互联网时代的趋势

2015 年 8 月出台的《第 36 次中国互联网发展状况统计报告》显示，

我国使用移动网络网民已经达到5.96亿人，其中手机端微博、微信等新媒体用户已经达到5.49亿人，并逐年上涨。2017年，李克强总理提出“互联网+”行动计划，极大地刺激了新媒体的发展，一个崭新的互联网时代正在拉开序幕。新媒体对人们的生活方式、工作方式、学习方式正在产生广泛而深刻的影响。根据《第36次中国互联网发展状况统计报告》可知，大学生作为受新媒体影响的最为活跃的群体之一，已经占到网民总数的29.7%，新媒体已经成为大学生生活中密不可分的一部分。大学生正处于世界观、价值观的养成阶段，在互联网时代成长起来新一代大学生更强调自身个性，对于传统显性英语教育易产生抵触情绪，而新媒体以及大学隐性英语教育则更容易被现今的大学生所接受。因此，将新媒体引入大学隐性英语教育改革，在互联网时代的大趋势下是必要的。

3 新课改背景下新媒体在大学隐性英语教育改革中的应用对策

3.1 把握新媒体舆论动向，传播隐性英语教育正能量

新媒体舆论动向是网民基于对社会现象以及社会事件的主观评价，而产生的情绪、态度和思想。舆论通过微博、微信、论坛等新媒体平台传播到大学校园环境当中，并影响大学生的思想和行为。教师需要从两方面把握新媒体舆论动向：其一，定期搜集校园舆论情况，通过微博、微信投票和网络问卷调查等形式掌握学生对于社会热点事件的所思所想，并对学生的反馈情况进行教学研讨，充分了解新媒体平台信息对学生思想造成的影响，以及学生在大学英语课堂中的兴趣点；其二，针对学生对社会热点事件、话题的反映，教师可以选取弘扬正能量、有利于英语学习的视频、文章推送至微博、微信、QQ等平台，或者制作相关内容的视频、PPT、文案、漫画，在新媒体平台中与学生分享，潜移默化地影响学生的思想观念和英语

学习习惯，引导校园舆论动向，形成浓厚的英语学习风气，传播隐性大学英语教育正能量。

3.2 借助新媒体通信工具，构建师生英语教学交流新桥梁

微信、微博、QQ、MSN是当下流行的通信平台，也是大学生热捧的社交工具，这些新媒体平台为师生之间、同学之间的交流提供了方便。合理利用新媒体搭建学校、班级的交流圈子，既可以建立师生思想交流的新桥梁，也能够通过新媒体平台对学生进行隐性大学英语教育。例如，学校可以以班级或年级为单位，建立微信公众号、微信朋友圈、公共微博、QQ群、百度贴吧等，并定期在这些新媒体平台上开展对社会热点有关英语学习的问题、英语学习中学生产生的心理问题、校园英语文化活动的讨论。教师与学生在新媒体平台上平等交流，相互交换意见，并穿插问卷调查、心理辅导，对学生进行隐性大学英语教育，塑造学生的价值观与人生观以及正确的大学英语学习方法。

谈《经济学人》对非英语专业学生英语学习的作用*

杨怀恩　方　玲**

《经济学人》（*The Economist*）出自英国伦敦，是期刊中的“日不落”，拥有174年历史，一般以BBC新闻的内容为主。对于母语为非英语的人来说，《经济学人》是一本比较晦涩难懂的杂志，文章中复杂句和生词比例的过大让主要读者群体集中于高级知识分子以及具备相当英语阅读水平的读者。近些年来，其宽阔的视角、客观的态度以及专业的语言特色也逐渐成了非英语专业学生学习英语的阅读资料。

1　非英语专业学生英语学习现状

1.1　学习效果未达到预期目标

针对目前大部分学生来说，能通过英语四、六级已经是非常不错的成绩，但很少有同学能在这个基础上达到英语精英水准，很多学生在努力熟记单词，按照教师要求完成各种学习任务，学习过程中虽然付出了辛勤的努力，但在外国网站购物或者看外国产品的说明时还是一头雾水，不知所云。

* 本文为2017年北京工商大学学科建设与研究生教育专项“特殊用途英语课程体系改革的研究与实践——研究生法律课程建设”的研究成果。

** 杨怀恩，北京工商大学外语学院教授。方玲，北京工商大学外语学院2017级法商英语专业研究生。

1.2 外语学习焦虑感

非英语专业同学英语基础薄弱，对英语学习停留在应付考试阶段，还有相关研究表明在学习非母语过程中还普遍存在焦虑的内在因素，即对如何更有效学习英语、如何让英语更上一层楼以及英语对未来从事的工作是否有用等的焦虑心理，尤其当对背景知识缺失、生词量大、无法读懂阅读材料时更是焦急不已，思想负担大，影响英语学习进度。

2 《经济学人》的内容特色

2.1 《经济学人》的主要内容

李满红以为，《经济学人》是一份能够动态地反映国际经济社会的变化，传播科技发展的动态，及时传送全世界的最新现象和信息的报刊。[1]《经济学人》每期的文章一般被分为 20 个板块，分别是 *The world this week*（每周新闻总括）；*Leaders*（重要文章，相当于报纸头版头条）；*Letters*（读者来信）；*Briefing*（世界情况简介）下，分别是 *United States*（美国要闻）、*The Americas*（美洲要闻）、*Asia*（亚洲要闻）、*Middle East and Africa*（中东及非洲要闻）、*Europe*（欧洲要闻）、*Britain*（英国要闻）、*International*（国际要闻类）；*A Special Report*（每周特别报道）；*Business*（商业类）；*Finance and Economics*（财经类）；*Science and Technology*（科学技术类）；*Obituary*（悼词）；*Economic and Financial Indicators*（经济、金融预测）以及 *Books and Arts*（书籍艺术评论）等。与此同时，《经济学人》也会附带几篇文艺性质的文章，可以说是集政治、经济、文化、艺术于一体。大部分读者对这种集群效果好的期刊基本没有免疫力，同时每期刊都会更新最新动态，这不仅为广大学生提供了非常丰富的阅读资源，也能让读者时时洞悉全球热点。

2.2 《经济学人》的语言特点

《经济学人》中的文章着眼当下时事政治，精挑细选出来的文章也很“接地气”，比如“共享单车（bike-sharing）”“二维码（a QR code）”等，《经济学人》意在用短小的篇幅让读者吸纳最有效的信息，往往一个标题就很有艺术感，例如，“*Obituary*”（悼词）中讲一名世界上最长寿老人去世时用“Ancient as the hills”表达出了文章主旨，再比如“Friction Lovers（经济政策之麻烦爱好者）”中用“It is time to impose a tax on efficiency（是时候对效率征税了）”言辞既庄重也不失幽默。由此可见，《经济学人》富有时代气息、短小精悍、犀利严谨、诙谐幽默的用语风格，能够使学生产生浓厚的阅读兴趣。

2.3 《经济学人》的词汇量密度

《经济学人》的定位是高知、有思想具有独到见解的高层次精英，包括一些准备考研、考博的同学。因此，对文章中出现的很多政治经济名词、专业术语，比如 The Iliad、catch-22、Phonology 、OP-Ed 等是没有注释的。一些生词难词如 diabetes、fungi、paparazzi 等也常出现，基础薄弱的同学，初看一遍基本不知所以，对这些词都需要一个个查阅，在此过程中会发现很多常用单词具有某些僻义。一些我们中国学生常见的使用率高、容易理解的词汇，母语国家会用别的词汇代替，比如用 loo 来表示“厕所、洗手间”。

学者刘曼曾从词汇量、词长、词汇密度、关键词以及词汇覆盖率的角度对《经济学人》进行过深入研究，研究发现：《经济学人》一篇文章里包含大量政治、财经、法律类词汇，还有许多首字母缩略词；这不仅可以培养读者自主学习查阅单词的能力，同时对有相关背景的知识也能自学了解，增加对阅读的理解程度。[2] 比如“摩门教”这个概念，如果对西方文化不了解，其中的生僻词汇并不一定能让读者通透地理解摩门教的教规教史。因此即便生词量大，但对于读者来说不仅是获取外国文化的渠道之一，也可以在读懂阅读材料后获得成就感，开阔视野，增加了知识储备，激发英语阅读的积极性。

2.4 《经济学人》的实用意义

最近几年来，不论是研究生入学考试还是大学英语四、六级考试，其内容很多都借鉴《经济学人》里面的文章，作为阅读和翻译的原始材料。搜狐网曾经做过一个简单的统计，历年考研真题中，前几名分别是 *The Economist* 8 篇、*Newsweek* 3 篇、*NY times* 2 篇、*Time* 2 篇。从中可以看出选自 *The Economist* 的文章几乎是另三者的总和。这显然可以成为学生阅读英语期刊的有利动机。

2.5 《经济学人》用语技巧以及长难句对翻译写作的帮助

例 1：As that becomes more apparent，the economic elation may subside.2017 年 4 月“Eyes bigger than their wallets”（随着这一点变得越来越明显，经济发展可能会消退。）这句话中“经济消退”我们一般常用 fade 或者 recession

例 2：What if the surge in confidence proves fleeting？（如果民众对经济形势激增的信心只是昙花一现会发生什么呢？）Fleeting 的意思是“飞逝的，转瞬间的”，在这里翻译成“昙花一现”更能突出美国当前的经济形势。

例 3：Eventually，America ran into trouble too. The tech-stock bubble burst in early 2000，prompting a broader share price slump. Business investment，particularly in technology，sank； and as share prices fell，consumers cut back. By early 2001 America，along with most of the rich world，had slipped into recession，albeit a mild one. 句中对表达“经济下滑”的词汇就很丰富，而不仅仅是我们常用的 fall、drop 了。对这些词汇平时在阅读的时候，多积累、写或说时，都可以让你的英文显得更加“professional”。

3 结论与启示

《经济学人》之所以能成为英国的百年期刊而屹立不倒，就在于它出版的是“良心”产品，不仅内容客观正派，立场鲜明，同时取材用心、遣词造句严谨认真、为每一位英语学习者提供了全面系统的定位，成为英语学习者心中的最佳资料。阅读《经济学人》是挑战，但更多是收获：一是通过大量阅读提高了英语阅读能力，扩大了词汇量；二是通过对政治商业背景知识的补充，深入了解了中西方文化差异；三是对高级词汇、经典词组的积累，增强了对英语学习的敏感度；四是通过对长难句理解能力，提高了翻译技能以及对语法的逻辑分析能力。虽然《经济学人》里涉及的专业术语、高频生词难词会给非英语专业同学带来一定的困难性，但在提升对世界文明整体意识，把握政治经济整体动态，洞察时政热点开阔眼界上有排他性的优势。非英语专业同学要结合自身能力，树立每天的阅读目标，分阶段学习，切忌焦虑焦躁。英语是门语言，需要日积月累，经过时间的沉淀，一定会有收获。

参考文献

[1] 李满红，梁艳，朱立新. 高等院校英语专业学生课外英语阅读调查研究 [J]. 西昌学院学报（社会科学版），2010.

[2] 刘曼. 基于语料库的《经济学人》词汇特点研究 [D]. 大连：大连海事大学，2015.

商务英语专业人才培养方案的问题及应对策略：以北京工商大学为例*

史岩林**

摘　要：本文以北京工商大学商务英语专业人才培养方案为例，分析了培养目标和要求与路径设定、课程设置、学分要求之间存在的问题，指出培养方案在实际应用过程中较难达到预期设定的目标和效果，并针对此类问题提出相应的改进意见和应对策略。

关键词：商务英语；培养方案；问题；策略

商务英语专业人才培养方案是商务英语专业人才培养工作的纲领性文件，是按照国家中长期发展战略、学校设定的人才培养目标、社会所需的人才标准以及德、智、体、美、劳五大人才要素的形成发展规律，对培养过程、培养方式、课程体系和知识框架进行的总体设计，是学校保证教学质量、安排教学任务、进行教学管理的基本依据。因此，商务英语专业人才培养方案在大学开展人才培养工作和商务英语专业发展的过程中发挥着举足轻重的作用。

* 本文得到北京工商大学"基于商法英语翻译的平台项目"（项目编号：1900142）资助。

** 史岩林，北京工商大学外国语学院副教授，主要研究方向为英美文学、当代西方文化批评、英语翻译和教育。

1 制订商务英语专业人才培养方案的时代语境

众所周知，英语专业在大学本科教育中有着较长的历史。它在20世纪八九十年代初期经历过辉煌，一度成为人们的理想专业选择，也在21世纪以来遭遇过低谷，成为就业难的几个专业之一。在辉煌期，英语专业主要讲授语言文学知识。作为补充，英语专业也开设一些诸如外刊选读、外贸函电和外贸口语课程，讲授商务知识。那时，商务英语被称为外贸英语，隶属于英语专业的范畴。尽管当时英语专业的学生学习的商务知识有限，但由于彼时大学教学质量较高、毕业生较少且用人单位有完整的培训体系，因此英语专业的毕业生仍旧供不应求。21世纪以来，随着世界和中国经济结构的变化、教育产业化的发展、英语教育的普及和国民英语语言能力的提高，英语专业的发展遇到前所未有的挑战。教育产业化将教育与市场紧紧捆绑在一起，一方面，市场需求促进教育规模的盲目扩大，很多大学和私人机构在软硬条件都不具备的情况下开设英语专业，导致英语专业在全国遍地开花；另一方面，以育人为终极目的教育成为市场产业化延伸的一部分，沦为赢利的工具，教育质量无法得到保证，大学教育严重偏离教育目标，走向异化。原有的大中专职业教育在产业化和院校合并的浪潮中消失殆尽，致使大多数大学教育不得不承担起职业教育的功能。但是，本科教育面临的难题是，由于大学教育的固有特点，不能完全按照职业学校的教育模式，使得一方面市场需要一毕业即可投入工作的人才产品，而不愿意承担额外的费用来培养新近大学生适应职场；另一方面，各大学为了经济效益而拼命扩招，每年有大量毕业生进入职场，形成无法调和的供需矛盾，使得大学教育面临两难的尴尬境地。在这种情况下，调整英语专业，拓展它的方向和设置，以适应市场需求，培养既懂外语、又熟悉国内外贸易规则的涉外商务英语人才，成为大学英语本科专业教学改革的一种趋势。2007年对外经济贸易大学率先设立商务英语专业，并成功申报本科专业，成为与英语专业并驾齐驱的专业，这标志着商务英语专业的正式诞生。此后，国内其他高校以对外经济贸易大学的人才培养方案为模板相继申报并设立此专业。

2 商务英语专业人才培养方案存在的问题

北京工商大学于2013年设立英语专业（商务方向），并于2014年正式设立商务英语专业。商务英语专业人才培养方案要求本专业学生经过学习获得以下三大类知识和能力：具有扎实的英语语言基本功；熟悉经、管、商、法等相关学科的基本理论和知识；熟练掌握商务英语知识和相关技能，具备较高的人文素养和宽广的国际视野，具有较强的跨文化交流能力、批判思维能力和创新能力。方案提供的培养路径主要是课堂理论教学、课堂模拟实践环节和以英语学科竞赛与学术讲座等活动为主的第二课堂。方案提供的主要课程包括英语语言技能课、商务英语语言技能课和商务知识与技能课。学时分配为，第一课堂的课程教学为120学分，通识教育课程与专业教育课程的学分比为1∶3.4，选修课学分占课程教学总学分的比例为25%，集中实践教学环节为9学分，实践教学与理论教学的学时之比为3.5∶6.5。第二课堂的教学总学分为8学分。

从理论上讲，这样的方案设计符合目前教育部要求各高校缩减课堂学时、增加实践学时的要求，也契合学校集中发展经管优势学科的实际状况，而且可以在有限的条件下让优势资源发挥最大的效用。但在实践操作环节中，受产业化逻辑的支配，机械化的实用主义人才培养理念大行其道，使得培养预期与实际效果存在差距。原因有三：一是由于课时的限制，英语专业原有课程被大幅调整，如语音、听力、语法、词汇学、学术论文写作、报刊选读被取消或调整，英语精读、泛读、写作、第二外语课时被压缩，英美文学、语言学改为选修，欧洲文化入门、英语国家概况、英美文化基础教程被合并，使得原有的知识体系和框架被打破，导致知识零散化和碎片化，基本功不扎实；二是商经法学科知识难度较大，需要较长时间消化吸收，且在现有框架下无法与其他课程构成完整的知识体系，很难达到培养“厚基础、重实践”的复合型、应用型和创新型的专业人才培养目标；三是由于文学、语言学、文化课程的压缩和削减，方案很难正确处理好“立德树人”与产业化、职业化教育之间的关系，因为“立德树人”要求培养熟悉国外文化、了解国际政治经济形势、具有批判性思维和文化自信的人才，而产业化教育的最终评判标准就是就业率，而德育是很难在短时间内转化为就业能力和经济效益，导致遵循教育教学规律和人才成长规律，以国家经济建设和社会发展需求为指引成为空谈。

3　解决商务英语专业培养方案问题的途径

从长期发展的目标看，人才培养方案要打破实用主义的培养理念，重新树立德、智、体、美、劳全面发展的人才培养理念，并将其贯穿于人才培养方案的始终。在现阶段，德育是人才培养方案首要达成的目标。要培养大学生树立正确的价值观、人生观和世界观，让他们具有良好的道德品质、正确的政治观念和思想方法，全面理解和掌握社会历史的发展规律，自觉地投身到社会主义现代化建设中。要充分发挥政治、思想、文学和文化课程的主渠道作用，使学生全面理解并掌握批判性的理论武器，形成批判性的思维，破除金钱至上、消费主义享乐的神话。坚持理论知识、实践能力和思想素质的协调发展与综合提高，拓宽教育广度和深度，强化课程宽度和厚度，构建知识传授与探究、实践能力培养与提升、人格塑造与道德修养为一体的本科教育培养模式，培养学生的社会责任感，提高学生的综合素质，为学生的终身学习和继续发展打下良好基础。

从短期发展的目标看，要夯实基础学科，拓展专业学科，培养宽口径的人才。加强英语基础学科的教学，增加学科课程课时，适度恢复原有课程，开设新的特色课程。整合商务（经济学原理、金融学、管理学、法学、会计学等）课程种类，强化商务课程的教学质量，使之与英语专业课程形成完整统一的知识有机体。搭建商务英语专业与优势学科融通融合的平台，开展商务英语专业与二学位联合培养的试点工作，增强经管法学科与商务英语专业的交叉渗透，突出专业学科与优势学科相结合的原则。针对商务英语专业开设特定的通识教育课程，拓宽通识课程的深度和广度，逐步搭建并完善基于专业分类的通识课程群，培养商务英语专业学生的专业素质和人文素养。最后，坚持学校教育与社会教育并重，搭建专业课程教学与社会实践教学衔接紧密的公共平台，使学生接受本学科基本知识与技能训练的同时，提高学生的社会适应能力与就业适应能力。

“一带一路”背景下校企联合培养外语人才模式的现状

——基于校外企事业单位的调查*

明 焰**

摘 要：“一带一路”战略的实施为外语人才提供了新的发展机遇。校企联合培养人才的模式旨在以实践推动教学，提高学生的应用能力，满足新形势对复合应用型外语人才的需求。本文从校外企事业单位的角度出发，对高等院校的校企联合培养外语人才模式的现状进行调查分析，指出该模式存在的一些问题，提出一些粗浅的建议。

关键词：“一带一路”；“五通”；校企联合；校外企事业单位

1 引言

第一届“一带一路”国际合作高峰论坛于2017年5月在北京举行，产生了深远的国际影响。“一带一路”倡议是习近平主席2013年提出的，即共建“丝绸之路经济带”和“21世纪海上丝绸之路”，旨在通

* 本文为以下项目的成果：北京高等学校教育教学改革立项项目（2014-ms189）、北京信息科技大学教改重点项目（2014JG20）、高教研究项目（2015GJZD01）。

** 明焰，北京信息科技大学外国语学院讲师，主要研究方向为英语语言学、文体学、英语教育。

过加强国际合作、对接发展战略、实现优势互补、促进共同发展。“一带一路”战略的核心理念是政策沟通、设施连通、贸易畅通、资金融通、民心相通。

“一带一路”倡议的实施，给高等院校的外语教育带来了新的发展契机。语言是人类的沟通工具和文化载体，许多学者都认识到语言在“一带一路”建设中的重要作用，并就如何为互联互通提供语言服务进行了积极探讨。要想实现“五通”，首先得语言互通。“一带一路”，语言铺路。[1]语言是“一带一路”的前置条件，需要先行。[2]语言文化融通是“一带一路”建设的基础工程、先导工程和民心工程。[3]

“一带一路”沿线涉及国家60多个，官方语言达40余种，我们不但要推进外语语种多元化，也要继续加大英语这一世界最通用语言的教育培养力度。然而，近年来英语专业毕业生的就业率、薪资、就业满意度较低，英语本科专业连续五年被列进就业红牌警告榜单。[4]英语专业风光不再，原因在于以“语言技能”为主要培养目标的教学模式，已不能适应市场经济对语言人才的需求，更难以胜任“一带一路”对复合应用型外语人才的需求。如何更好地服务于“一带一路”这一重大战略，是新时期外语人才培养，尤其是英语人才培养中亟待解决的问题。

2 校企联合培养外语人才的现状

校企联合培养人才的模式，是利用学校与校外企事业单位（以下简称“校外单位”）两种不同的教育环境和教育资源，采取课堂教学与校外实践有机结合，培养适合不同社会需求、具有全面素质与创新能力的人才的教育模式。开展校企合作，实现资源共享，通过校外实践帮助学生将理论知识内化为专业素养，是培养复合型外语人才的有效途径，符合“一带一路”对复合应用型人才的需求。

《国家中长期教育改革和发展规划纲要（2010—2020年）》和《教育

部关于全面提高高等教育质量的若干意见》（教高〔2012〕4号）均把“促进人的全面发展，适应社会需要”作为衡量教育质量的根本标准，明确提出了“加强实验室、校内外实习基地、课程教材等基本建设”“创立高校与科研院所、行业、企业联合培养人才的新机制”。[5]自此，高校理工科专业在校企合作方面成绩斐然。而外语专业在合作规模、模式、管理、效果等各方面均落后于相关学科，严重影响外语专业的发展。外语专业校企合作模式存在什么问题？如何通过校企合作，提高学生的综合素质和就业竞争力？如何培养出时代需要的复合应用型外语人才？带着这些问题，本课题组通过互联网问卷平台对国内10余个省市的82所高校的英语专业师生以及会用到外语人才的文化、出版、教育、传媒等企事业单位分别进行了问卷调查，并对数据结果进行分析。本论文将从校外单位的角度，探讨校企合作模式的现状和问题，探索新形势下推进外语专业校企合作的新思路和新举措。

3 研究设计

3.1 研究问题

（1）外语专业校企合作实践的内容和形式。

（2）校外单位对外语专业校企合作的参与度和评价。

（3）对外语专业校企合作实践的建议。

3.2 研究对象

北京、贵州、山东、天津、安徽、四川、浙江、湖南、陕西、黑龙江等10余个省市中会用到外语人才的文化、出版、教育、传媒等相关企事业单位。

3.3 研究方法和过程

本研究借助问卷星平台设计、发放和回收问卷，针对设有校企合作和尚无校企合作的校外单位分别设计了 A 卷和 B 卷，A 卷为校企合作现状调查问卷，了解现有实习基地的操作模式和校外单位的评价；B 卷为校企合作意向调查问卷，了解其创立实习基地的意愿和设想。最终回收有效问卷 82 份。

4 调研数据分析与讨论

4.1 受访者基本状况

82 份有效问卷来自 68 家不同地区、不同性质的校外单位，但均开展与外语相关的业务。问卷第一部分为受访者的基本信息。第二部分为 A 卷和 B 卷，A 卷对已有实习基地的单位进行现状调查，B 卷对未设立实习基地的单位进行意愿调查，本文重点分析 A 卷的调查数据。

受访者均为大专及以上文化程度，其中硕士以上的 40 名，几乎占总数一半；从职务上看，36 人为中高层管理人员，46 名为普通职员。

4.2 校外单位对校企联合培养人才的参与度

82 位受访者中回答“已建有实习基地”的只有 17 人，回答“尚未建立”的有 48 人，另有 17 人表示“不清楚”。其中回答“参与实习基地工作较多”的只有 6 人，占 18%；“没有参与过”有 10 人，高达 53%。而即便是参与了实习基地工作的受访者，多数对合作院校数量也不清楚。至于该单位第一个校外实习基地的设立时间，17 位受访者中只有 4 位填写了具体时间。在之后问卷中涉及实习内容和操作模式的具体问题中，选择“不清楚”的受访者占大多数。

回答“尚未设立实习基地”的 48 位受访者中，32 位表示“希望设立实习基地”，只有 16 人表示“不希望”，原因包括指导实习生需要大量时间精力、实习期太短不能给单位带来效益、需支付实习工资等。

综上可知，校外单位对校企合作模式普遍持积极欢迎态度，但对实习基地的了解和参与度均有待加强。另外，小部分单位出于自身生产效益、生产安全考虑，对校企联合培养人才热情不高。但是，其中也不乏成功例子，比如，最早建立校企合作的四川某信息技术有限公司，2004 年至今与十几个省市的 20 多所高校建立了外语校企合作实习基地，并取得了良好效果。

4.3 校外单位的实习内容和操作模式

对建有实习基地的校外单位，调查通过一系列问题重点了解其现有实习内容和操作模式。

根据调查，受校外单位欢迎的实习生依次是专门用途外语、翻译方向、外语教育方向。而实习生被安排最多的工作依次为翻译工作、本单位的核心业务、办公室文秘工作和后勤保障工作等。

调查还涉及实习规模、时长、报酬及实习指导等问题。 在为数不多的了解情况的受访者中，选择“每年承担 10 个以下实习生”较多，占 24%；“希望实习生在岗实习两个月”达到 21%，只有 3% 选择“一到两周”。实习费用方面，只有 6% 的实习单位会收取合作高校费用，而 41% 的实习单位愿意给实习生报酬。在实习生的指导问题上，“高校配备专门的带队教师”占 38%，约 56% 的实习单位会派专门的指导人员负责。

综上可见，实习单位青睐的外语人才，除了具备扎实的语言基本功之外，还需要对某个专业领域有一定了解。另外，实习单位普遍希望学生实习能持续较长时间，这样实习单位、高校和学生才能真正从中受益。实习单位对实习费用问题不是特别在意，也愿意给实习生配备指导员带领他们尽快熟悉工作。

4.4 校外单位对实习生的评价

为了解校外单位对外语实习生的评价，本问卷设计了三个问题，调查实习生的欠缺之处、实习基地对学生的帮助作用和校外单位对实习生的评价。

实习单位对实习生的表现满意度较高，“非常令人满意”和“比较满意”共占56%，“一般”占15%，“满意”和“比较不令人满意”为0，“不清楚”占29%，尤其对实习生的语言能力有较强的认可度，但也指出实习生在专业知识的实际应用能力、职业规划、工作态度、人际关系处理、应变处理能力等语言知识之外的诸多能力方面较为欠缺，需要加强。受访者普遍认为，实习基地的设立有助于学生提前知晓市场需求，让学生们真实地了解未来的工作环境以及工作岗位对其专业技能与人文素养的要求，从而帮助学生在专业知识的实际应用能力、职业规划和工作态度等方面得到提升。

4.5 校外单位对校企合作模式的评价

校外单位对校企合作模式的态度，对实习基地的发展至关重要，也是本次问卷中最主要的部分，统计结果及分析如下。

高达88%的受访者认为实习基地对学生将来就业帮助很大。实习基地的设立确有必要。同时，受访者认为招收实习生能给实习单位带来诸多好多，比如能提高本单位的知名度、提供一定数量劳动力、带来新的想法和创意、提前为本单位网罗优秀人才等，认为该模式是实现学校、学生、企业“三赢”的人才培养模式。

另外，受访者指出当前实习模式中存在的一些问题：高校对校外实习重视不够、资金投入有限；实习时间太短，学生走马观花、收获不多；高校教学内容与校外实习内容不对口或脱节；高校缺少具备丰富教学经验和实践经验的“双师型”带队教师；部分实习单位积极性不高、实习基地缺乏稳定性和连贯性。

B 卷也设计了同样的问题，了解尚未设立实习基地的受访者理想中的实习模式，结果和 A 卷基本一致。

4.6 发展建议

综合调研结果，对于校企联合培养外语人才的发展模式，建议如下：①高校应改进对校外实习的理解和认识，加大对实习项目的资金和人力投入，加强与校外单位的联系，建立一条稳固的纽带，为学生提供良好的就业方向，为校外单位输送人才。学校可以开设一些社会实践课程，通过修学分的方式增加学生的积极性。并培养 专业的指导教师，为实习生做好带队工作。②校外单位应加强人才带动效益的观念，积极招收高校实习生，吸收新鲜血液，为各部门提供专业知识及技术支撑，为本单位创造效益，实现企业和高校间输送人才与吸收人才的双赢。

5 结语

本文通过对现有校企合作的活动设置、实施过程和评价体系进行调查研究，认为校企联合培养外语人才的模式能实现高校与合作单位之间的优势互补、资源共享，为外语专业学生深入生产和管理一线搭建更广阔的平台，为高校外语教学的产学研相结合开辟更广阔的空间，是适合现代社会发展的行之有效的实践教学模式。但当前该培养模式比较单一，资金问题、师资问题、实习内容及指导问题悬而未决，需要校方、企业和各地政府的共同努力。

本文旨在抛砖引玉，希望能提高相关人员对校企联合培养人才的意识，为高校外语专业充分利用社会资源、发挥自身优势、打造自己办学特色等方面提供借鉴，从而推动培养具有创新意识的、高素质的复合型外语人才。

参考文献

[1] 李宇明．“一带一路”需要语言铺路 [N]. 人民日报，2015-09-22（7）.

[2] 王铭玉．语言文化互通是“一带一路”建设的前提 [J]. 中国人大， 2017（4）：34-36.

[3] 赵世举．“一带一路”建设的语言需求及服务对策 [J]. 云南师范大学学报（哲学社会科学版），2015（4）：36-42.

[4] 王婷婷．“一带一路”背景下就业导向型英语人才培养初探 [J]. 语文学刊，2016（6）：105-108.

[5] 李淑琴，王靓．基于 iNews 网站的校企合作培养学生翻译能力之探索 [J]. 大学英语（学术版），2016（2）：114-117，122.